《走近科学》精选丛书

考古大发现

郭之文 主编

上海科学技术文献出版社
Shanghai Scientific and Technological Literature Press

图书在版编目（CIP）数据

考古大发现 / 郭之文主编． —上海：上海科学技术文献出版社，2019（2021.8重印）
（《走近科学》精选丛书）
ISBN 978-7-5439-7968-0

Ⅰ．① 考… Ⅱ．①郭… Ⅲ．①科学知识—青少年读物 Ⅳ．① Z228.2

中国版本图书馆 CIP 数据核字（2019）第 168484 号

策划编辑：张　树
责任编辑：付婷婷　曹　惠
封面设计：合育文化

考古大发现
KAOGU DA FAXIAN
郭之文　主编
出版发行：上海科学技术文献出版社
地　　址：上海市长乐路 746 号
邮政编码：200040
经　　销：全国新华书店
印　　刷：常熟市文化印刷有限公司
开　　本：720×1000　1/16
印　　张：17
字　　数：249 000
版　　次：2021 年 8 月第 2 次印刷
书　　号：ISBN 978-7-5439-7968-0
定　　价：68.00 元
http://www.sstlp.com

目录 CONTENTS

茶园山古墓事件调查

1. 重返人间

一个穿越时空的人，在地下沉睡了 700 年，整个都是完整的，他的体内为什么出现不明物质？是什么原因让他身体不腐？

时间回溯到 30 多年前的 1986 年，在福州茶园山一个建筑工地出土的 700 多年前的古尸引起了考古工作者的极大兴趣，它不仅为我们提供了尸体保存成功的实例，也为研究古代历史、古代尸体保存技术、墓葬方式和葬法提供了十分难得的实物资料，具有很高的历史和科学研究价值。

林果（福州市考古工作队队长）：“从事考古工作，有时会有跟古代人对话的感觉，我们将跟随考古工作者去调查古尸身上隐藏的秘密。他从哪里来？是什么智慧使他能够在阴冷潮湿的地下完美地保存 700 多年而不腐烂？”

林果：“从年代来说可以确定它是在端平二年，也就是南宋马上要灭亡时死亡的。”

他离开人世的时间是 700 多年前的公元 1235 年，700 多年后保存完好的古尸在我国非常罕见。今天我们看到，他依然完好如初，皮肤湿润，体态安详，肌肉富有弹性而且血管起伏依稀可见，仿佛刚刚入睡不久。

一具来自南宋时期、保存完好的宋代男性尸体

沙漠非常干燥，利于尸体保持不腐

大自然中的生命都遵循正常的生死消亡规律，可是，在那个没有生命的躯体上，大自然正常的腐败过程为何停滞了呢？这个人在历史上究竟是谁？是如何抵抗岁月的侵蚀，跨越700多年来到今天呢？

在世界上拥有出土古尸最多、天然保存最好的地区之一，就是中国的新疆地区。其中广为人知的是2005年5月在罗布泊发现的古墓群。其中，这里发现的一具女性干尸的脸上有着楚楚动人的睫毛，露出神秘的微笑。这里出土的众多古尸成为研究人类学、民族学、考古学和医学的珍贵资料。之所以新疆出土的古尸众多，是因为这里气候干燥、雨量稀少，特殊的自然环境为尸体保存提供了良好的外部环境。

然而，位于福建省东部沿海的福州市，介于北纬25° ~ 26° 之间，属海洋性亚热带季风气候，全年温暖湿润。在福州出土的这具古尸是一具湿尸，它的保存难度比干尸更大。在这样的环境中保持尸体完好不腐多达700多年，这令人匪夷所思。

这个现象与马王堆考古极其相似。1972年，长沙市东郊一座古墓的横空出世，让马王堆成为一个震撼世界的名字。马王堆里出土了丝织品等大量国宝级文物，而一号墓主人辛追更是宝中之宝。在此之前，保存千年以上的古尸都是木乃伊，是事先处理好的干尸。而辛追夫人创造了世界纪录，是保存2 000余年而不腐的湿尸，她的形态完整，皮肤保持弹性，部分关节还可弯曲。这是人类历史上的一个奇迹。

马王堆女尸出土后引起全球科学界的强烈关注。许多国外科学家希望参与到女尸的科研中来，甚至有专家提出要一根或者半根古尸的头发。由此可见，这样保存完好的古尸样本，哪怕一根头发丝中都蕴藏着极其珍贵的信息！

在福州市考古队的工作者，则有幸见证了一次完整且珍贵的古尸发掘和研究过程，在这个过程中，每一个细节都不容忽视。

林果："那时候是最热的时候，每天的温度在摄氏三十七八度。"

林果在1986年那个炎热的夏天，他把这具700年前的古尸重新带回人间。

林果："到我去的时候已经被撬起来了，我们也利用小的木头轻轻撬开看了一下，可以看见里面有些棺液。"

从以往的考古发现中可以发现，棺椁内的液体主要有几个来源。第一，古人为了保护尸体而注入棺木内；第二，棺木外的水渗透进入；第三，尸体自身腐烂之后形成的液体。现在判断这些液体的成因还为时尚早，但林果直觉感到，这个棺木里可能有些异常。

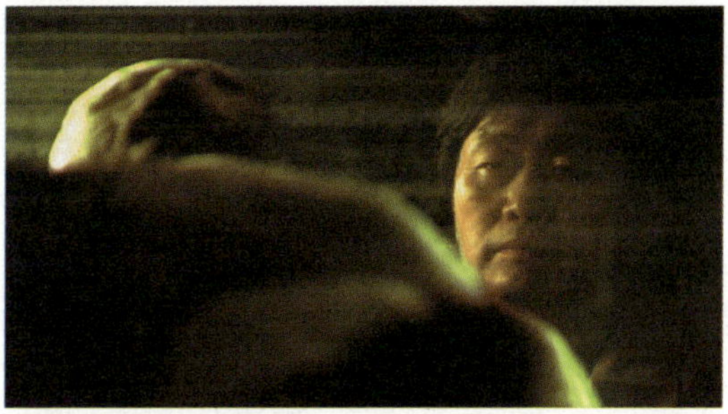

林果在观察保存完好的男性尸体，解读其死因

当林果再度接近那个棺材裂开的缝隙时，看到了一个令他毛骨悚然的情景。

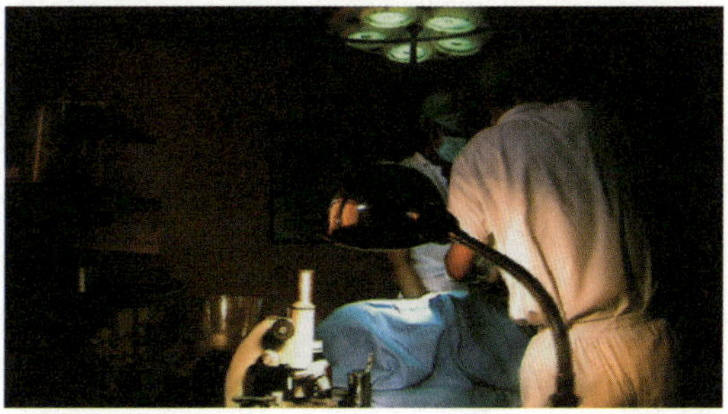

医学院专家正在对男尸进行解剖，试图解读其突然死亡的原因

林果："当时尸骨的额头这一部分是在水上飘着的。"

小河墓地不腐女尸的脸部特写

在注满液体的棺木内看到人的额头，对于考古而言是一个重大发现。人体被埋入地下，一般在3～5年之后，肌肉就已经腐烂干净，只剩下人体骨骼。现在，这个700多年前的古墓中，竟然有保存完好的额头浮出水面，说明棺椁里的人体和随葬品极有可能保存完好。这对于考古研究意义重大。

这个现象令考古工作者立即联想起长沙马王堆汉墓中2 000多年前的辛追夫人，她外形完整无缺，全身柔软而有弹性，往她体内注射防腐剂时，她的血管还能鼓起。就像刚刚去世的人。辛追夫人的出土震惊了全世界。那么，福州这座700年前的古墓中，也会有令人惊奇的发现吗？考古人员心中充满了期待。

在1986年的发掘现场，林果也是怀着极大的好奇在观察着、期待着。30多年过去了，当年发掘现场的种种细节林果依然记忆犹新，历历在目。

林果：“清水里面加一点点牛奶，还没有完全化开的颜色。就像墨汁滴到水里面有一些晕开，当时就是那种情况。”

棺液的特殊色泽引起了考古工作者的关注，这些液体看上去和正常的水有明显的区别，这究竟是一种什么液体，盛放在棺材中有什么特殊的作用呢？

林果：“我凑上去闻了一下，味道就像气焊、气割的乙炔的味道。”

乙炔属微毒类，具有麻醉和阻止细胞氧化的作用。浓度高的时候会排挤空气中的氧，引起人体窒息，缺氧是致人死亡的主要原因。

考古专业科班毕业的林果清楚地知道这个后果，当感觉到乙炔的味道之后，他立刻远离棺椁，避免受到伤害。对这种奇特的棺液做进一步研究势在必行，但在此之前，人们必须首先将出土文物运离现场。

林果：“我们担心那么热的天气，如果再热下去，东西都坏掉了。”

现在他们面对的是高温，加上一个盛满不明液体和气体的棺椁，让人们感到在这个荒郊野外的黄土高台并非停放棺椁的适合地点，必须要尽快把它取下进行进一步研究。但接下来，意想不到的事情发生了。

林果：“我们叫了一辆解放牌的吊车，解放牌吊车说是能吊起4吨的重量，连那个椁一起吊起来。吊着要起来的那个瞬间，汽车翘了起来。”

这一幕把林果吓了一跳，因为现场的那辆吊车可以吊起4吨的重量，然而它吊不起这个棺椁。根据肉眼判断，这具棺椁长约2米、宽约半米多，这样大小见方的棺椁居然重量超过4吨，里面究竟盛放了什么东西？

然而就在棺液慢慢流出之后，林果看到了一个令人震惊的景象。

林果：“面部看上去很可怕，因为有一部分没有泡在水里面，皮肤比较黑。”

小河墓地出土的完整女尸

医学院专家正在对男尸进行解剖

考古人员在研究出土的丝绸衣物

正如之前人们猜测和期待的那样，这个棺椁中真的保存着一具完好的古尸，这是继1972年之后，中国考古界发现年代最早且保存完好的湿尸，考古工作者亟待研究的是这具古尸如何抗拒了700多年的腐蚀，完好保留至今的呢？

人体是由无数的细胞所组成，当人停止呼吸之后，细胞将会慢慢地逐渐死亡，之后分解。要是人体多年之后依然保持不腐，那是因为身上的细胞停止了分解，以一种固态长久地存在下来，从而保持人体的形状不变，也就是尸体不腐。

但将人体放置在水中，非但不能固定细胞的形状，还有可能加速它的分解过程。简单地说，水不可能保持尸体不腐。那么除此以外，还有什么保持不腐的原因吗？为了确实了解古尸的保存状态，考古队决定对这具尸体进行医学上的严密检查。

福建医科大学是我国东南沿海最重要的医学科研机构之一。为了发现古尸身上的奥秘，当时科研处的钱正松处长召集了外科学、解剖学和寄生虫学方面的专家，共同解读这个700年前的神秘来客。

钱正松（专家）："尸骨的整个皮肤、肌体都是完整的。"

就在褪掉他层层衣服的时候，医科大学的教授们发现了异常情况。

林果："我们看到了一些白色的物质。"

当时谁也不知道，这些白色物质是什么。但随着工作的进展，人们发现这些白色物质不仅存在于臀部两侧，而且白色物质的部位出现了严重腐烂。

林果："周围的一些随葬品的包裹也被腐蚀了。"

为什么整具尸体和大部分衣服都保存完好，仅仅是在局部出现了严重腐烂？如果说，这具古尸经过了精细处理，才得以保存700年不腐，那么这个部位出现腐烂的现象，是防腐处理的疏漏还是另有原因？那种特殊的白色物质究竟是什么？

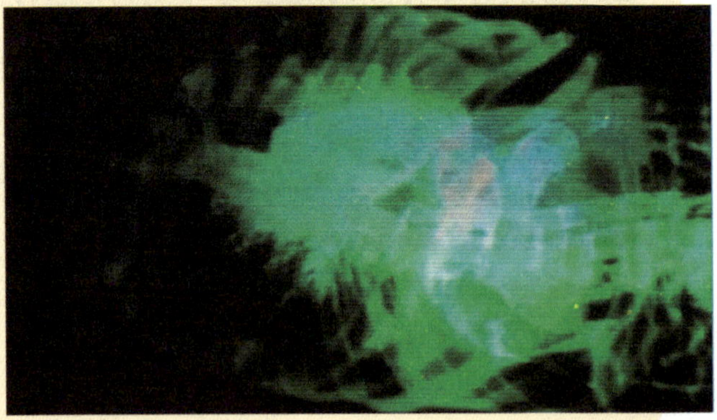
男性尸体的腹腔X线片，医务人员在其中发现不明物质

在对这些白色物质化验后发现，这并非奇怪的东西，而是从体内流出的脂肪。

林果：“尸骨身上的脂肪从最里面的皮肤一直渗透到最外面的衣服上。”

朱滨（专家）：“尸骨的油脂可能比较多，把衣服跟尸体都粘在一起了。”

人体的脂肪渗出体外，就是人们常说的尸蜡。从医学上判断，这个人在死亡后3～6个月之间曾经出现过腐烂现象，但为什么后来腐烂的进程突然停止了呢？700多年前的古人，究竟使用什么方式阻止了正常的腐烂？

在历史上，保持人体不腐最典型的方法就是古埃及木乃伊保存法。埃及人在制作木乃伊时，把大脑和内脏完全取出，然后用椰子酒和捣碎的香料填到人体里之后，再将人体缝合。

在今天看来，这也许是一个残忍恐怖的过程，但古埃及人却是用一种虔诚的心情在完成这个神圣的工作。把人体内脏取出，将芳香的草药放入体内，表示将这个故人送上了去往美丽未来的路，而且他们相信，终有一天，离开的灵魂还会归来，返回这个保存在人间、芳香四溢的身体中重新开始美丽的生活。

在20世纪初，人们就对尸体的腐烂有了科学认识。人体的腐烂主要是由外来的腐败细菌和自身的蛋白酶造成的。然而，令人不解的是马王堆古墓的棺液竟然对这两种东西都有抑制作用。难道西汉古人已经能够配制防腐药水了吗？尽管马王堆棺液的成因至今仍存有很大争议，但如果福州出土的古尸身上能够找出防止尸体腐烂的药物，至少说明在700年前的古人，已经掌握了配置防腐药物的科学知识。辛追夫人千年不腐已经成为一桩悬案，那么，这具700年前古尸保存完好的秘密能否成功破解呢？这将是一项具有挑战性的工作，专家们对这具保存完好的尸体进行了全面、细致的检查。

通过X射线观察，他内脏器官保存得极其完整，令人不敢相信这是一个700年前的人。这个时候，专家们几乎可以肯定，这具尸体与马王堆辛追夫人一样，是一个外表和内脏都保存得极其完好的古人。然而，就在拍摄完腹腔的最后一张X线片的时候，奇怪的现象终于出现了。

专家：“他的肋骨保存得非常完好，心脏、肺脏、肝脏也完整无损，没有损坏。”

钱正松：“在体内的下腹部，在肠子的下段有一些小米粒大小的亮点。”

仅仅依靠照片，现在很难判断腹腔内的是一些什么东西，但专家认为，这些亮点是金属物质的可能性非常大。

暂且假设这是金属。那么一个正常人，他的体内怎么可能有这么大量的金属颗粒存在，这些东西又从何而来？

钱正松："不知道是不是灌进去的。"

假设如此大量的金属从食管进入体内，医学常识告诉我们，这些物体一定会严重地伤害肠胃，使肠胃出现大出血，最终危及生命安全。

这是一个身强体壮的人，他离开人世的年龄应该是在 40 岁左右，如果他今天依然活着，年龄应该超过 800 岁。他在死亡后被完整地保存了下来，然而有关他的信息却消失在时光里。

人们通过 X 线透视发现，在他体内存有大量的不明物质，这种不明物质究竟是什么？是导致他死亡的缘故，还是尸体得以保存不腐的原因呢？

2. 死因调查

根据 X 线确定的位置，医学专家开始对这个男性尸体进行解剖观察。

钱正松："当时好像没有发现他的皮肤有什么异常，有一定弹性，关节还可以活动。"

随着解剖的进展，他们越来越感到震惊。虽然这是在研究一个古人，但在这些医学教授面前，他和刚刚死亡的患者几乎没有区别。

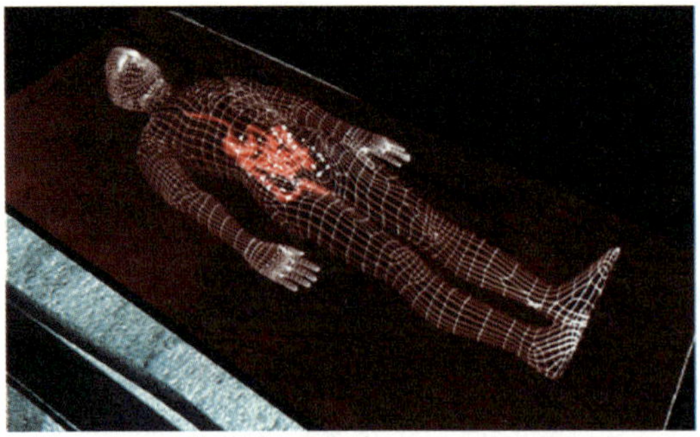

根据考古发现，用动画模拟水银在男性体内的位置，并推测死亡原因

钱正松："那些器官就像鲜尸尸体的器官。"

就在打开腹腔的时候，林果看到了照片上那些奇怪的东西。

林果："最小的大概只有小米粒大，大的有 1 厘米长。"

专家们看到在腹腔内布满了许多闪亮的颗粒，这些颗粒就是从X线片上看到的未知金属。从已经看见的情况判断，这些物质满布在腹腔之内。

将要把水银灌入小白鼠体内，观察水银与死亡的关系

经过专家鉴定，这种大量分布在死者腹腔的金属颗粒就是水银。水银是一种银白色的液态金属，对人体消化道有强烈的腐蚀作用。当水银被人体吸收后会对肾脏发生损害，进而导致毛细血管损伤和血浆损失，甚至发生死亡。这些水银是致其死亡的原因吗？

一只体重约400克的医用小白鼠，专家按照每100克体重1毫升水银的比例，将4毫升的水银强行灌入小白鼠的胃中，在短时间内，小白鼠死亡。

服食水银无疑可以令人致死，这是否说明水银就是700多年前这名男子死亡的原因呢？

从解剖的结果看，这些水银大量存在于腹腔之中。专家分析，如此大剂量水银出现在体内，应该排除主动误服的可能。但也有人提出，古代所指的吞金而死，很可能不是吞服贵重且没有毒性的黄金，而是吞服水银，水银进入食管会造成汞中毒。水银很可能是导致他死亡的主要原因。

在接下来的解剖中人们惊奇地发现，这些东西不仅是在胃中存在，而且在其他部位也发现了水银的踪迹。

钱正松："在他体内的下腹部，肠道的下段充满了水银。"

胃部、腹腔和大肠内都满布水银，这个发现令专家感到震惊。如果说死于水银中毒，不可能有这么大的量存在于体内。

回到刚才那个小白鼠实验，4毫升的水银将白鼠置于死地，但对它进行解剖后发现，沉重的水银几乎将小白鼠的胃坠破。这个实验结果表明，如果大量水银从人的消化道进入体内，胃被撑破之后，水银则进入人体腹腔，散布在腹腔内的各个角落。

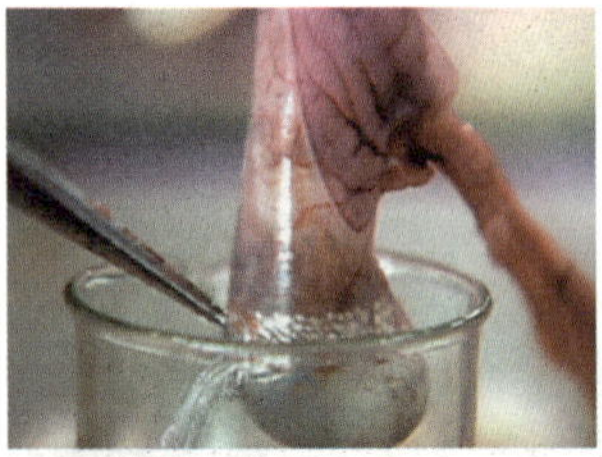

解剖小白鼠，其肠胃中的水银是其致死原因

解剖小白鼠肠胃之后倒出的水银

用于小白鼠实验的水银被导入量杯

假设这位宋代来客当年真的是吞服大量水银而死，那么他在死前必然会经受巨大的疼痛和折磨。而现在人们却看到他神态安详，这个情景让人很难想象他当年死于一种令人发指的行为。

如果说水银不是导致死者身亡的原因，那么，死者体内为什么会出现这么多水银呢？有人提出，水银会不会与尸体保存有关。

在与墓主人生活的宋朝同时存在的契丹王朝，流传着一种特殊的葬俗，人死了以后就将水银灌入尸体保持不腐。当年契丹王朝的第一位皇帝耶律阿保机死后，由于墓穴还没有开始建造，他的尸体曾经停放了整整5年，相传，当时就是使用水银来保存耶律阿保机躯体不腐的。人死之后灌注水银的风俗当年在甘肃、宁夏地区非常流行，甚至有些老人去世以后，还要想方设法找到一点水银灌进去。

关于水银能够防腐、保存尸体的传说，在我国古代曾有过很多记载。据《史记》记载，秦始皇在死后，就是以躯体浸泡在水银棺中的方式进行保存。20世纪末，中国考古专家曾在秦陵地宫表面检测出大片强汞区域，其结论是秦始皇陵地宫里可能确实隐藏着大量的水银。

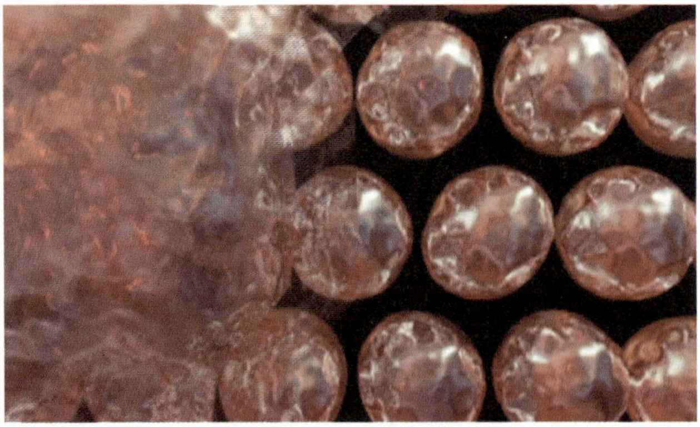

用动画解释血液在人死亡后的状态

而到了明代，水银防腐技术用于保存尸体已经普遍使用，大小贵族均知尸体防腐之术。据说在明初时期，很多征战边关的将士，阵亡后均被运回家乡，他们就是采用水银防腐的方法。明代将领沐英在云南阵亡，当时从云南到南京需要8个月的时间，然而其尸体最终被完整运回南京。由此看来水银是那个时代常用的防腐剂，但是水银为什么能防腐呢？

人体是由无数个细胞所组成，细胞失去生命力腐烂，意味着人体的解体。寻找人在死亡后保存完好的奥秘，就必须找到保持所有细胞在死亡后不腐烂的方法。

纪小龙（武警总医院病理科主任）：“水银是自然界的金属里唯一以液态出现的金属，而且是重金属，它可以起到完全跟空气隔绝的作用，跟细胞膜结合起来，细胞膜不破，就会起到防腐作用。”

从解剖发现的水银，以及史料的查证中，考古工作者相信，死者腹中的大量水银并不是他致死的元凶，而极有可能是一种令尸体不腐的技术。正当医学

在尸体内发现的银色水滴，检验后发现是水银

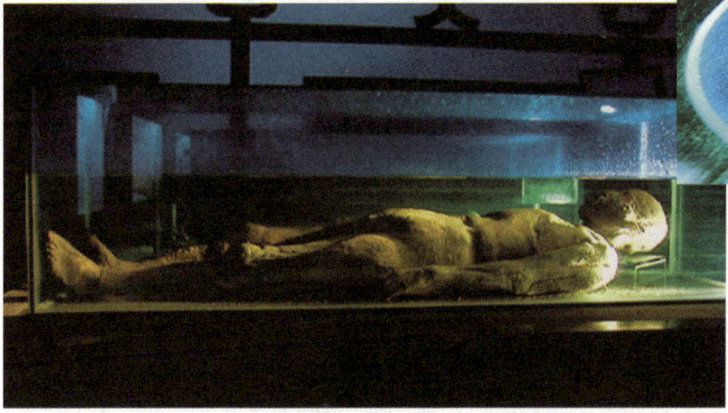

在福州市博物馆中的宋代不腐男尸

专家和考古工作者为这个研究成果感到兴奋和激动的时候，考古工地上的新发现却令所有人重新陷入迷茫，因为，新的发现几乎完全推翻了他们之前的论断。令尸体保存完好的原因似乎另有蹊跷。

在同一个墓穴里，在与第一个出土的棺木并排的位置上，考古人员发现了另外一口尺寸比较小的棺椁。根据之前的发现他们猜测，在这口棺椁里极有可

能出现另外一位栩栩如生的古人。如果是那样，我们将得到更加丰富、有价值的古代信息。这时，人们屏住了呼吸等待奇迹降临。

保存在福州市博物馆的宋代不腐女尸

朱滨：“当时打开的瞬间看不见里面有什么，因为有很多液体。”

打开棺木之后，发现整个棺材内部注满了液体，一些丝织物漂浮在上面。考古人员慢慢把水排干，将水中的东西捞起来仔细观察。

在把那些包袱清理之后，一具保存完好的女尸赫然出现在人们面前。现实竟然按照人们心中所期待的那样发展。现场震惊了，在这座墓穴之中，竟然同时出土两具保存了 700 年之久的、完好的古代湿尸，这是中国考古史上前所未见的重大发现！

在把陪葬品清理出棺木之后，与这个女性直接面对面时，人们发现这是一个身材矮小的年轻女性。考古专家判断，她死亡年龄应该是在 30 多岁。

林果：“可以感觉到不是特别的老，从她的脸部特征可以看得出来。”

钱正松：“这具女尸外观上很完整，头发是乌黑的，皮肤比较白皙，一按还有弹性。”

同一座墓穴之中，出土了一对保存完好的古代夫妇。这个现象足够让人感到惊讶，因为在福州这座靠近海边、全年冬短夏长、温暖湿润的城市里，怎么可能把 700 年前的古人保存这么完好呢？

如果说考古专家之前的研究表明，尸体保存完好的原因是在死者去世后灌注了水银，那么，人们相信，这对夫妇一定是采用同样的方式进行保存的。也就是说，在女主人的体内，也应该保存有大量水银。考古工作者急切地希望之前的研究成果在女主人身上能够得到验证。届时，他们不腐的原因将真相大白。

在对这个女性进行全身透视检查之后，医学教授们发现，女尸外表没有任

为了寻找历史的证据，考古人员遍查古籍

何创伤，然而，更令人惊奇的是通过扫描，体内并没有发现人们想象中的之前他们在男主人体内发现的那种金属颗粒。

两具尸体的保存方法怎么会有如此巨大的差异呢？这种巨大的差异令接下来的解剖格外漫长。

钱正松：“没有发现哪些器官受损，病理学上的一个个器官打开看也没有受损的痕迹。”

一遍遍细致地搜寻过后，人们失望地发现，在这具女性躯体之内，的确没有任何水银的踪迹。

如果说男主人采用水银来保持尸体不腐，为什么在这个女主人身上却没有任何水银痕迹？采取两种办法来处理同处一个墓室里的夫妻，从逻辑上来看是不可能的。

没有发现水银，这个结论推翻了很多人所认为用水银保存尸体的猜想，至少在这个保存完好的女主人身上没有采取水银。这是一个奇怪的现象，如果说水银能够杀死细菌，保存尸体，为什么这种方法仅仅用于男主人身上？另外，没有使用水银的女主人为什么也能够同样保存完好呢？

难道水银并非保存不腐的必要条件。这个结果使我们怀疑，男性体内的那些水银究竟是保存的手段还是将他置于死地的毒药？研究工作似乎转了一个圈，又回到了原点。

此时，林果联想起解剖男性尸体时的一个细节。

林果：“在解剖男性尸体的时候，我们发现了很多白色物质。”

在对这些白色物质研究后发现，这并非异常的物质，而是从体内流出的脂肪。

这位 700 年前的男性身体壮硕，皮下脂肪丰富。在一般情况下，如果因慢性病死亡，患者应该有一个消瘦的过程，从生病到死亡，人体的脂肪是逐渐被消耗殆尽的过程，最终留下一个消瘦的躯壳，即便有皮下脂肪，也是剩余很少。

然而今天，出现在人们眼前的却并不是一个消瘦的躯壳，这个现象，似乎说明这个男主人的死颇不寻常。

林果：“属于突然死亡，不然不会这么胖。”

然而，在解剖过程中，医学教授们并没有发现任何外伤，而这名男子死亡的年龄在 40 岁左右，是什么使得他在短时间猝死，腹腔内的水银难道是他突然死亡的原因吗？

林果：“水银的蒸汽是有毒的，对周围细菌等物质会有抑制作用，但是作为整个保护来说，它肯定是其中一环，但不知是不是起到了绝对作用。”

目前的发现让人无法去确凿地下结论，水银究竟是男主人死亡的原因，还是保护躯体不腐的技术。可是，从新出土的女主人全身保存完好、体内没有发现水银的现象来看，在没有水银的情况下，尸体一样可以保存数百年而不腐。当前的研究如何才能得到突破，他们的死因是什么？又是什么方法使得他们得到了不腐的身体？

3. 血渍研究

他们已经被泡在甲醛里长达 30 多年。据参与考古的人员介绍，他们出土的时候同睡着的人一样，保存得非常完好。

他们的出土为研究古代历史、研究古代防腐技术等提供了十分难得的实物资料，具有非常高的历史和科学研究价值。

经过考古队和医学院的联合研究发现，男性尸体内部出现了水银。如果说水银是保存尸体的因素，可是保存同样完好的女性尸体身上，却没有发现半点水银的踪迹。那么令尸体不腐的原因究竟在哪里？

福建医科大学承接了不腐尸体的解剖研究工作

令人惊讶的是，在茶园山宋墓内不仅尸体不腐，而且还有跟随着两个墓主人重见天日的大量保存完好的文物。那些文物是什么，里面是否隐藏不腐的奥秘？

女尸身上保存的衣物，衣服上绣有金色的丝线，精美绝伦

众所周知，在古墓里，服装类的软质文物是难以保存的。因为古代丝绸纤维中的动物蛋白质极易腐烂。在考古中发现容易腐烂的软质文物保存完好，那么就意味着墓葬内的绝大部分东西都会保存完好。

震惊世界的马王堆汉墓，出土了一百多件丝织物，那些衣物色彩鲜艳，其质地及纺织技术都让现代人称奇。从这件衣物中，人们可以看到西汉时期的织造工艺已经达到了非常高的水平。

福建医科大学专家正在解剖女尸，寻找死因

茶园山宋墓虽然年代不如马王堆久远，但 400 多件宋代织品同时出土，在中国考古史上实属罕见。它们又是如何抵御时光之手的侵蚀？保存这些文物的方式与墓主人的保存方法一定有着某种相同之处，通过对它们的研究，是否能找到墓主人躯体不腐的奥秘呢？考古队接下来对那些文物进行清点。

在清理一个包袱后发现，尽管

多年未见阳光，但当光线掠过，它们却闪耀出炫目光芒。

林果：“整个是用金的图案绣的，用的都是真金绣。”

众所周知，金箔和黄金一样自古是帝王贵族的专利，制作金箔和金线的服装都是为皇家服务的。在古代社会的某些阶段，民间穿戴金线的饰物是违法行为。但在这个棺材里，我们却看到女主人身着如此名贵的衣服，专家推测，这对夫妇的身份在当年应该是非常高贵的。

对于丝织物，当年马王堆内的服装脆弱异常，质地像豆腐般一碰即碎。但令人惊异的是茶园山宋墓女尸身旁的那些布料却大不相同。

林果：“麻织品是裹尸用的，很厚，非常坚硬。我们当时在水里面拉都拉不断。”

这个现象说明，茶园山宋墓的防腐手段也许更为高明。采用不同的防腐手段，使得两具尸体和丝织物都能完美保存。古人是采用什么方法做到的呢？

女主人身上没有防腐的水银，难道浸泡着她的那些液体是经过特殊处理的药水？如果真的是这样，古人对于尸体防腐的理解就已经非常先进了。林果把现场采集的棺液转交给了福建医科大学。

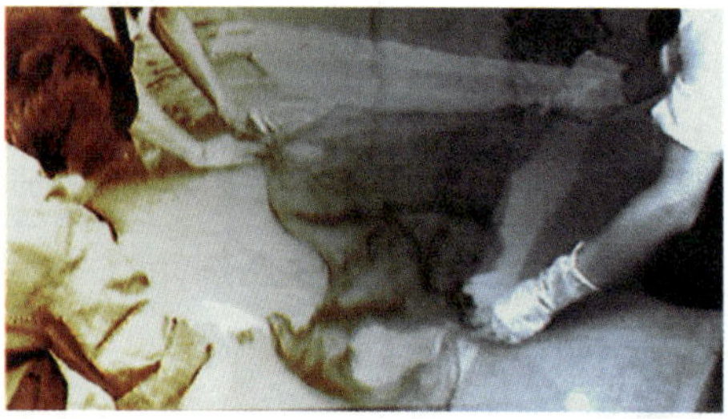

考古人员正在仔细漂洗衣服，希望发现其中的蛛丝马迹

考古人员正在寻找其中的不腐秘密

林果：“当时化验没有发现特殊的物质，棺液也没用药水之类来保存。”

化验的结果大大地出人意料，这是一个很奇怪的事情，体内没有水银，棺液没有发现异常，究竟是什么东西使得这个女主人保存完好呢？现在，除了这400多件衣服没有化验之外，棺木中已经没有其他的可疑物品保持尸体不腐了。

当时，古尸被送到医学院之后，考古队把古尸身上的衣服和所有陪葬品都放在福州的闽王祠进行一次彻底调查。因为根据历史经验，身上的衣服和布料有可能也是防腐的奥秘所在。这种做法有助于隔离空气，对尸体的腐败有一定抑制作用。但 30 年前的考古队却没有拿衣服去化验，而是采取了一个看起来匪夷所思的举动，准备用清水来清洗那些出土衣服。

林果："因为它本身是处在潮湿的状态下，如果不洗就摊开，遇到干燥的环境就会变硬。"

虽然这么说，林果确实是一个胆大心细的人。除了客观上抢时间保护文物之外，林果觉得，在这些大量出土的服装上应该或多或少记录下一些当年历史的蛛丝马迹。因为尸体能够保存下来，在贴身的衣服上就很可能会留下相关信息。因此，在清洗过程中，他们对织物上的所有细节或是特别的现象都格外关注。

林果："我们做了一个很大的池子，有四五十厘米深。我们把水龙头的水接到里面，一头高一头低，我们清洗的这头在下边，这样脏水就能全部流出去了。"

清洗古代丝绸具有非常大的风险。在过去，考古人员对于出土服装的保护，很难保证在对这些脆弱的丝绸进行清洗的过程中不会发生意外，往往采用直接真空包裹的方式与空气隔绝，最终达到保存效果。

果然，问题出现了。在清洗的过程中，林果看到大量闪闪发光的东西，竟然脱离衣服，沉入水底。那些是什么东西？难道在女尸的衣物中存在水银吗？如果是这样，两具尸体被水银保存下来的结论也许就能成立了。

然而当考古人员用手触摸那些沉入水底的闪光物质，希望捞起来观察时，那些东西竟然奇迹般地粉碎了。

林果："当时我们捞也捞不上来，因为它很细密。"

考古队员意识到，那种随波荡漾的东西，肯定不是水银。那是什么东西呢？

当考古队员又慢慢清洗那些衣物，再次看到那些附着在衣服上的一些东西，继续慢慢地脱离衣服纷纷沉入水底。经过仔细观察，人们发现，那种闪闪发光的东西竟然是黄金。

林果："那些是很碎的黄金，类似金箔一样沉在水底。"

1克黄金可以打制成约0.5平方米、厚度不足0.12微米的纯金箔，它软似绸缎，薄如蝉翼，比一张纸烧成的灰还要薄。这种东西飘落到水里，用手是无法抓住的。

非常轻薄的金箔被装饰在服装上，可想其做工繁复

眼看着那些珍贵的金箔消失于流水之中，现场的工作人员感到震惊的同时又束手无策，是保护衣服上的金箔还是继续清理衣服上那些沉积的污垢？反对清洗的声音越来越强，因为失去了金箔，这些衣服的文物价值就会出现巨大损失。可是如果停止清洗，那么这些衣物损失的可能不仅仅是金箔，而是全部！

林果：如果清洗不当，损失就大了。

这400多件珍贵文物的安危就取决于这么一个决定，是清洗还是原地不动，这是一个需要抉择的时刻。

这400多件非常华丽的衣服，让人瞠目结舌，而且大多数都是出现在女尸的棺椁之中，有些衣服是已经完全做好的成衣，而有些仅仅是裁剪了之后，并没有缝制。考古人员推测，是她在下葬的时候急匆匆地就被埋了进去呢，还是当地的一种非常特殊的风俗呢？在当时的条件之下，面对这样的衣服，考古人员不知道该怎么清洗怎么保存，只是硬着头皮，进行了一些紧急处理。

林果：“对保护一种东西，我们觉得舍弃一点是正常的。”

这就是清洗之后留下来的衣服，在衣服的绲边上，有些地方由于金箔的脱离变成了深色，有些地方的金箔依然存留在上面。要是轻轻地触摸，手感和今天的衣服几乎没有什么区别。林果认为选择清洗的方法是正确的，因为只有这样，这些衣服才有继续保存下来的可能。

一条女尸身上的围裙，上面布满了黑色的痕迹。清洗干净，提取残留物研究后发现，是一条保存完好的印银花围裙。

有些衣服，同样布满了规则的黑色印记，但有别于那条围裙的是黑色印记上的东西原来是黄金描绘的图案。

林果：“我当时洗的时候，发现掉了很多金粉。”

一件绣金边细纱罗上衣，除了局部保留下耀眼的光芒以外，其余的已经全部失去。

纱罗，是中国特有的具备传奇色彩的民间织造工艺。纱罗多以蚕丝做原料，工艺复杂独特，用它制作的织物较之绫罗绸缎还要名贵，多为贵族所用。纱罗的织造兴起于新石器时代后期，汉唐兴盛，至南宋时达到顶峰。

汉张骞通过“丝绸之路”将纱罗带至西方，因为纱罗非常细薄，被西方称为“上帝之物”，从此名扬天下。由于多被贵族文人雅士所采用，在潜移默化中赋予了纱罗闲适、唯美和艳丽的高贵品质。

尸棺木中保存的衣服，不腐且做工精致

而茶园山出土的大量纱罗，生产的时间正好是我国历史上纱罗工艺最为鼎盛，却寿命短促的南宋年间。因此，这批文物可以说价值连城。

越是价值连城，对于考古队而言压力就越大，因为任何一个闪失都会造成无可挽回的损失。现在，考古队已经从清洗后的衣服上看到了文物的价值，但在这些织物上却始终没有发现防腐的秘密。难道织物与尸体一样，也是毫无理由地保存至今吗？

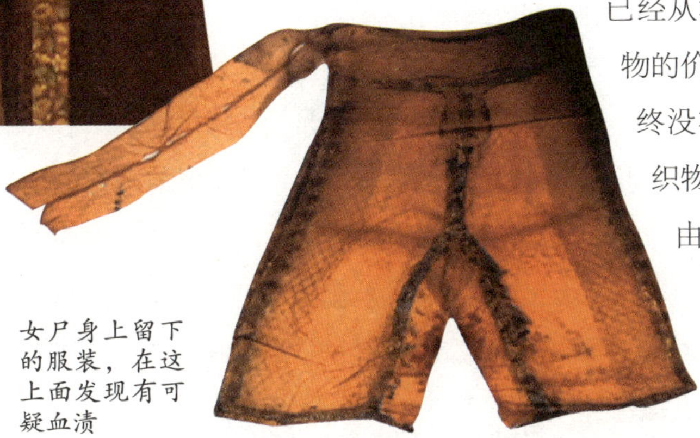

女尸身上留下的服装，在这上面发现有可疑血渍

在早期的木乃伊制作过程中，缠绕在木乃伊身上的布条起着重要的防腐作用。他们首先将布条浸泡在树脂里，之后用那些浸过树脂的亚麻布条将遗体紧紧包裹起来。布料的防腐措施主要侧重于保持遗体与环境隔绝。林果回忆，当时茶园山古墓女主人身上也是层

层包裹。

林果："有一部分拿不下来，我们就把整个褪下来，有的还拿剪刀剪开过。"

那么，这些曾经紧紧包裹在女尸身上的服装是否也有类似木乃伊的防腐处理吗？

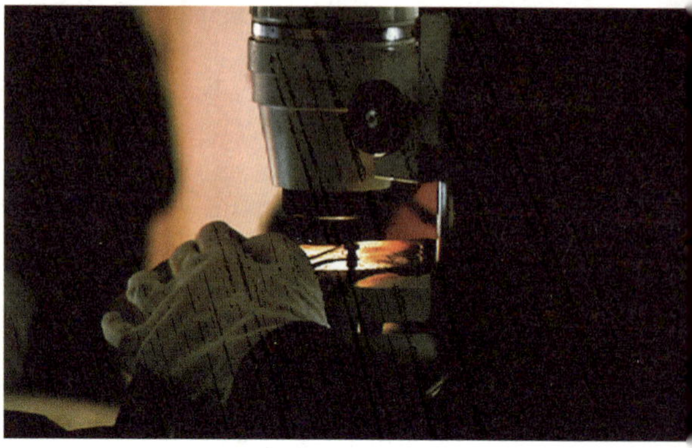
考古人员用显微镜观察衣物上残留的血迹

在女主人身上的一条印花裤子，布面上印满了浅色花纹，周围还有提花。裤子上也是星罗棋布着黑色的印记。

林果："那个图案有一些暗花，在当时我们也没去认真研究。"

当他继续往下观察的时候，觉得这条裤子上的花纹有些不太正常。他心中出现一个疑问，这些斑点是布料上的花纹还是其他东西？

林果："那些斑点有 1 厘米左右。"

不仅如此，在经过清水的漂洗和过滤之后，林果发现，这些圆点的颜色开始与其他的图案渐渐区别开来。那些图案呈现黑色的印记，而这些圆点在水洗之后，颜色竟然渐渐变淡，透出幽暗的红色。

出人意料的是，在衣物里尚未找到任何防腐处理的迹象，却发现了来历不明的血迹。在女尸衣物上的血迹，是她生前带来的吗？可是，按照中国丧葬习俗，人去世之后，要为死者清洁身体，换上干净的衣服，怎么可能将带有血污的贴身衣物留在死者身上呢？

由此判断，这些血污应该不是死者生前就有的，可是，血污是从哪里来的呢？

张海东（中国政法大学法医病理学研究室主任）："法医病理就是再现人死亡的过程，就是让死者告诉人们，他当时是在什么状况下死亡的。"

研究发现，人要是在生前出血，由于血液形成的纤维素网与布料纤维可以发生紧密结合，所以用水是很难洗掉生前流出的血液的。

张海东："血液在死后会有变化，血管里的红细胞在体液进去之后就会被破坏，导致红细胞的破碎。”

人死亡后，沉积在体内的红色物质已经不是血液，而是体液与血红蛋白的混合液体，如果流出体外，人们是可以轻易将它洗掉的。

林果：“我们就在水里面用手轻轻地碰，那些血液就被打出来了。”

张海东：“人死亡之后，血管就不会流血了。如果人死亡之后被拉开一个口子，是不会流血的，因为他的心脏已停止搏动了，血液在血管里处于静止状态。”

不会流动的血液怎么会跑到体外呢？

研究发现，由于尸体的肠道内有大量的腐败细菌，因此尸体腐败通常是由腹部开始的，最早出现的征象就是腹部膨胀。这是由于腐败细菌产生腐败气体，引起肠道胀气。这时，由于人死亡后肛门的括约肌变得松弛，当腹腔内压力达到一定程度的时候，尸体内的东西就会被向外排挤，最终通过人体下部器官排出体外。

因此，福州茶园山的这具女尸身上的红色印记，很可能就是因为内部腐烂导致腹部气压过大，最终把体内的血红蛋白与体液混合体，通过人体下部器官排出体外。由于都是红色的液体，所以考古人员把裤子上的红色痕迹误认为是血液。

此时，考古队已经找到了一个明确的思路，既然内部导致的腐烂未能引起全身腐烂，那种阻止腐烂蔓延的力量应该存在于外部。那么，这种外在的力量又是什么呢？

4. 致命瞬间

为了弄清真相，专家们决定对两位古人的身体做一个更彻底的医学研究。

钱正松：我们把各个

福州，安静的生活已经距离出征将军渐渐远去

器官，从脑部、胸部和腹部整个组织器官逐个地拿起来观察、解剖。

X 线再次对他的躯体扫描。

钱正松：“X 线，是检测骨头的一些变化。”

专家们从 X 线照片上发现，男主人的腰部脊椎上有些异常。

在 X 线片上显示，男主人的脊柱有脱位现象。所谓脱位现象就是脊柱已经不是完整的一根，而是有断裂错位。这个发现使得专家们感到震惊。

林果在观察甲醛中的宋代不腐男尸

林果：“当时看不到有外伤的痕迹。”

之所以专家们对这个现象如此关注，因为脊椎断裂是一个致命伤，如果这个脊椎断裂得以确认，那么这个结论将会推翻之前他死于水银的猜测。

脊柱是一个有弹性的骨头，上接颅骨，下至骶骨，由 24 个脊椎所构成。人体的这条脊柱支撑着我们身体的大部分重量，看起来非常坚硬，其实它极其容易受伤，因为它的结构并非一个严实的封闭结构，而是由多块椎骨连接而成，如果脊柱断裂，人体的所有指令将无法得到传送。严重时会出现死亡现象。

为了证明这个 X 线照片的结果，医学教授们将继续对男主人的尸体进行解剖。这是一个令人感到不安的时刻，那位男主人极有可能是死于非命。

这是一个重要的发现，这个发现解开了考古人员之前对男主人死因的所有疑惑。因为脊柱突然断裂，这个男主人肯定是在短时间内死亡，这就是为什么男主人身体壮硕，根本看不出受到长久病痛折磨而出现消瘦的原因。

林果：“一个人正常人死亡，如果患病就一定有个消瘦过程。”

脊柱断裂应该就是这位男主人死亡的根本原因。尽管发现了这个重要证据，但在这一刻，却让医学专家感到前所未有的迷茫。因为这么严重的伤很难想象

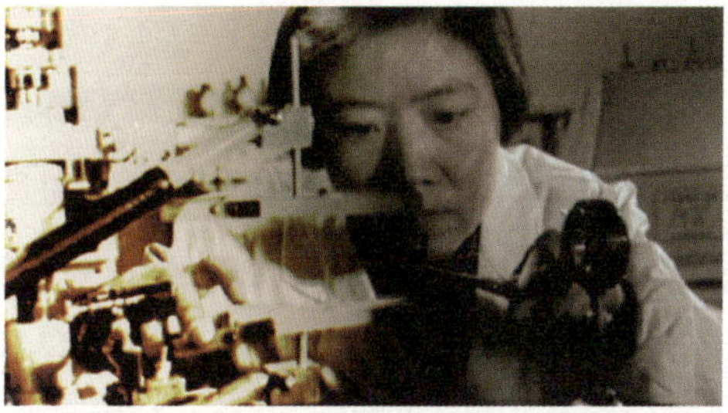

医务人员在对马王堆汉墓出土文物做科学鉴定

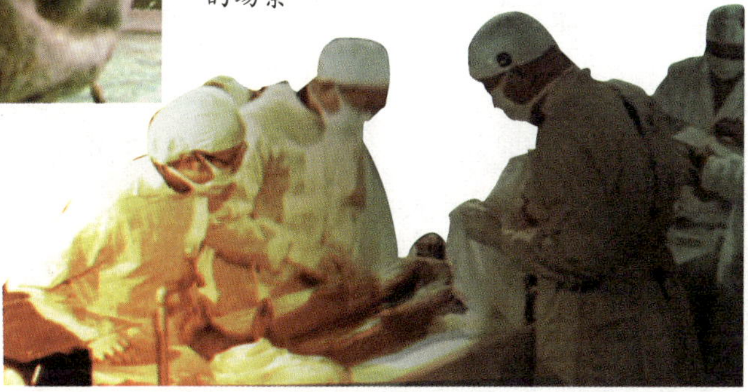

马王堆考古发现后，医务人员对辛追夫人进行医学解剖的场景

是在不经意中发生的，那么他生前最后的时刻，究竟发生了什么意想不到的恐怖事件？

钱正松：“我们发现他腰椎的部分有打击伤。”

林果：“那应该就是穿着衣服的时候非常大的力量打过去，因为从背上看的确看不出什么东西来。”

朱滨：“我们推测有可能是脊椎被打断了以后死亡的。”

专家们猜想，当时死者的背部肯定受到了一股意料之外的力量冲击，而且很可能就在顷刻之间，他的脊柱断裂成两节，导致他在短时间内痛苦地离开人世。

林果：“我们所能做的工作只是很大一部分工作中极小的一部分。考古工作也是很遗憾的工作。”

令人失望的是，医学专家在对男主人体内做了仔细检查之后认为，已经没有更多的水银在他体内了。可是仅仅靠这些水银来保存尸体不腐，这显然不可能。那么，除了水银之外，是否还有其他令躯体保持不腐的手段呢？

1972 年，长沙市马王堆出土的辛追夫人，是保存 2 000 余年而不腐的湿尸，其形态完整，皮肤保持弹性，部分关节还可弯曲。这是人类历史上的一个奇迹。研究发现，当初马王堆女尸出土时，她的棺材里注满了一种特殊的棺液，其中含有多种可以防腐杀菌的中药成分和乙醇。科研人员认为，这种神奇的防腐液，正是让马王堆女尸得以千年不腐的主要原因。

林果回想起第一次闻到茶园山古墓棺材里散发出的奇怪气味。

棺液的色泽和质地特殊，看上去和正常的水有明显区别，而且这种液体有一种特殊的气味，这究竟是一种什么液体，盛放在棺材中有什么特殊的作用呢？它是否与辛追夫人棺椁中的茶色棺液一样，是保持尸体不腐的奥秘所在呢？

林果：“当时我们就怀疑过，就取了一点样品交给医学院去化验。”

钱正松：“棺材的液体拿到中心实验室，进行微量元素的分析和元素的测定。”

从化验的结果看，这些棺木里提取的液体并非原来想象中单纯的水，而是包含了重金属，那种重金属就是专家们寻找的水银。

钱正松：“水银的含量比较大，几乎浸满了三分之一的尸体。水银和棺液混在一起，沉在下面。”

正是因为棺木内有水银和大量积水，当时起重机没能正确估算棺木的重量，选择好正确的角度和位置，导致起吊的时候发生汽车翘起的情景。

人们猜测出这个男主人在生前最后瞬间可能发生的情况：首先，他死于一个来自背后的致命打击，这一击使得他脊柱断裂，短时间内离开人世。在他死亡之后，人们将水银从他的口腔灌入，水银沿着食管进入胃肠和腹部，并且在收殓的时候，在他身旁也放置了大量水银。

水银将部分遗体浸没起来，之后人们将棺椁密封，葬入地下。我们知道，1 毫升的水银可以让 1 080 立方米的空气达到汞饱和状态。也就是说水银可以蒸发成为有毒气体。棺木内的有限空间中很快成为一个充满毒气的状态。很明显，当时的人们是有计划、有步骤地对他实施防腐处理。现在，他能跨越时空来到今天的奥秘基本被解开，但这个故事并没有结束。

当时茶园山古墓现场，棺木被发现之后的真实景象

专家们无法回避的另一个问题就是，出土于同一墓坑之中的女主人躯体也保存得同样栩栩如生。可是，专家已经确认她的身体和棺木里没有水银和采取任何其他的防腐措施，显然她是采取了与男主人完全不一样的方法来保存尸体。那么她又是如何保存不腐的呢？

黄老师：“把尸体埋在土里面，在它腐败过程中有细菌会把一些活组织消化掉。”

尸体的腐败主要是有细菌的存在，而空气是细菌能够存在的前提条件。如果说女主人的棺椁在被打开之前，是一个被水淹没的缺氧环境，那么这个女主人的棺椁内怎么会变成一个没有空气的缺氧状态呢？

黄老师：“如果有水，应该是不可能保存下来。”

林果：“就像我从事水下考古一样，船板沉到海底下很多年，在淤泥当中仍保持它原来的状态，看上去很新。”

福州考古队在研究茶园山出土古尸的生平记录

林果是国内经验丰富的水下考古专家之一，根据多年经验，他清楚地知道水下沉船数百年不腐最关键的因素并不是水，而是大量的海泥隔绝了木船和海水中的游离氧和微生物，造成了一个无氧环境，将木船与水下的腐蚀细菌隔绝，使得这些古文物在水下的泥沙中保存得非常完好。

古尸体内取出的水银，人们怀疑这些水银是致死原因

那么是什么原因使得女主人的棺木内部缺氧呢？

方炳桂（考古专家）：“棺材做好了，第一道漆的是油灰，凡是有缝的地方都涂得水泄不通，绝对不能漏出去。”

如果仅仅是这口棺木，是否能够达到绝对的密封呢？但方炳桂的判断已经把研究女主人不腐的疑问从研究躯体防腐手段，引导到了棺椁乃至整个古墓的密封问题上。

但问题是，根据林果的回忆，当时在他们到达现场的时候古墓已经被挖开，整个古墓的原貌是什么样的呢？

朱滨：“我们去的时候已经挖开了。”

林果：“撬掉剩下看得见的棺材部位，旁边的板也被撬掉一些。”

朱滨：“因为要把棺木抬出来必须要把上面的顶掀掉，顶的周围有很多三合土。”

三合土，是考古队员在黄土下首先接触到的古墓材料。

朱滨：“因为那些三合土，所以棺木很难撬开。”

历史记载，在宋朝时期民间出现了一种以“三合土”为主的防盗墓葬，整个浇筑墓穴的方法，使墓穴被一层又一层的石灰、三合土等紧密包裹，增强了墓葬的密封和防盗性能，由于这种方法费时、费工但非常坚固，所以在官僚士大夫阶层尤其流行。

在三合土的下面，林果回忆还看见断裂的石条，那些石条应该是被安排为一个立方体。

这些石条里包裹着约10厘米厚的松香，而这些松香紧紧地将石条与里面木板粘在一起。

林果：“松香里面是

在棺椁中出土的纸质团扇，没有被棺液浸泡的部分已经腐烂

墓椁板，墓椁板里才是棺材。”

三合土、石条、松香、棺椁、棺材，一共有五层人为制造的东西把墓主人严严实实地包裹起来，这样的设计使得棺木内部得到紧紧的密封，和外界空气的隔绝避免了细菌对尸体的侵蚀。

有专家提出疑问，仅仅密封就能立刻消灭细菌达到防腐效果吗？

朱滨：“当时打开棺木的时候，里边全是水，只能看见一把团扇，这让我印象很深。”

团扇非常特别，制作精良，全长 27.5 厘米，由扇骨以及细的竹丝制成，扇面为一层薄薄的纸质材料。

朱滨：“当时团扇一半泡在水里面，一半在上面。露在外面一半已经氧化了。”

朱滨当时认为，浸没在水中的下半部分可能与上半部分一样已经腐烂。但出人意料的是，他看到的这个地方却是整把扇子损坏最严重的地方，水下的部分，在经过 700 多年后，纸质的扇面却依然完好，根本没有腐烂的痕迹。而女主人与扇子的下半部分一样，都浸没在这水中而保持不腐。可以肯定，棺液是保存尸体的关键。

但棺液从哪里来的呢？

朱滨：“棺木里面有水，外面却是干的，水怎么跑进去的我们也不大清楚。”

有人猜测，棺液并非封棺前就注入的防腐液，确切地说是埋葬后墓室内的水蒸气渗入棺内凝结起来而形成的。由于时间经历 700 多年，那些凝结的水滴完全可能在慢慢聚集之后，积少成多，最后将尸体淹没。

今天，我们已经不能完全知道这些液体的来历，但可以肯定的是这两个棺椁在下葬之后，在短时间内棺椁内的空气耗尽。之后尸体慢慢被水淹没，而且，松香、石条、三合土将棺椁紧紧密封，隔绝了空气。棺椁内部从此变成了一个真空的状态，使得尸体停止分解，也使得这对夫妻的尸体能够奇迹般地保存下来。

5. 生死相随

动画模拟宋代繁荣的市井生活和贸易活动

如果是两者先后下葬，在考古现场却没有发现二次葬的痕迹。通过 5 重烦琐工序，当时的人们将他们封存在地下，使得他们安全地跨越 700 多年，重返人间。

按照古代的风俗，一般死于非命的尸体是不会被刻意保存下来的。研究肯定，墓穴中的男主人受打击而死，女主人也是忽然死亡，在这个前提下，保存尸体就一定另有隐情。他们是谁，死因是什么，出于什么目的将他们保存下来？

朱滨：“当时我们打开墓室时没有发现墓志铭，也没有墓碑。”

考古专家推测当年墓主人的生活是幸福富裕的

专家们意识到这可能已经不是一个单纯的考古或者医学问题，而是需要通过已经得到的证据，把破碎的事实拼凑起来，还原发生在这对夫妻身上那段也许是非常残酷的历史真相。众多的证据已经被发现，但突破口在哪里呢？

也许机会永远就在眼前，只不过考古人员还没有注意到而已，但方炳桂注意到了大家都忽略的一个现象。

方炳桂："一般棺木前面的头要翘起来，两边都向外翘，鼓起来，而不是四四方方的。从这个棺木来看，有点像中原棺木，本地棺木肯定不会是这个样子。"

根据这个发现，方炳桂确定这对夫妻根本不可能是福州本地人，不是本地人又是哪里人呢？他们来福州的目的是什么？

他们生活的南宋年间，当时的海运贸易使得东南沿海各港口城市得到迅速发展。福州，这个海上丝绸之路起点之一的地方已经发展成"百货随潮船入市，万家沽酒户垂帘"的东南大都会。

随着商业交流的频繁，在福州做生意的商人们财富也随之剧增。这对夫妻应该就是当时的有钱人，因为从他们穿着的衣物来看，这些丝绸制作精良，根本不是一般人家所能穿戴的。

不仅如此，在这个墓中，出土了四百多件保存完好的各式珍贵服装，考古队推测这对夫妻很可能是在福州做生意的富商。

林果："有这么多东西，可见当时生活的富裕程度。"

脊椎被打击断裂，丧命于这样的暴力中，这种飞来横祸难道与他们所拥有的巨大财富有关？如果他们真的是有钱人，为什么在墓葬里却没有发现金银珠

女性棺椁中保存的银质胭脂水粉盒子，盒内有丝绢质粉扑

男性棺椁中保存的木质漆金腰带，彰显墓主人身份（一）

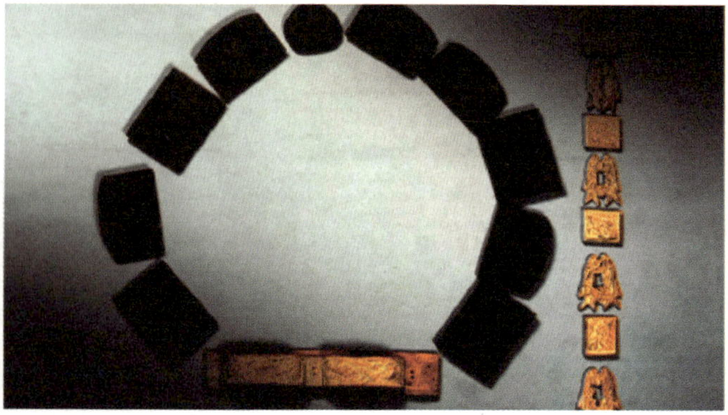

男性棺椁中保存的木质漆金腰带，彰显墓主人身份（二）

宝等随葬呢？

方炳桂：“按照福州的丧葬习俗，即使是有钱人，陵墓做得很大，除了一些很必要的东西以外，不会把很多东西作为随葬品。”

林果认为，研究这对夫妻身份的时候，应该放在那个时代的背景之上，不应该仅仅关注福州发达的商业带给当地人的财富，更要从整个国家的层面上来考虑。

今天的福州是中国最宜居的城市之一，背靠大山面临大海，整个城市洋溢着传统的恬静和现代的活力。不仅是今天，在历史上的福州不仅是商业重镇，由于气候宜人而且远离中原腹地，更是一个躲避战乱的上佳选择。来到福州避难的不仅有各方的富人，在最后的时刻，南宋皇室也由临安就是现在的杭州迁到福州。因此，无论是出土文物还是从历史背景分析，都支持这对夫妻是由外地来到福州的富人设想。

林果认为，除了墓志铭以外，最有可能存在墓主人信息的地方应该就是棺椁中的随葬品。古人经常会在自己使用的东西上雕刻一些和自己有关的信息，特别是官宦或者有钱人家更是如此。考古队能发现随葬品中的奥秘吗？

林果：“有五件漆器，应该是当时墓主人活在世上的时候用的。”

打开漆器之后，专家们发现了一些物件。那些都是当年女主人使用的化妆用具。由于在地下埋藏多年，这些银质的器皿都已经变色。令人惊讶的是，在这个银质容器里居然还有一个完好的丝绸粉扑。透过这个绣工精细的粉扑，不仅说明女主人对于自己容颜的重视，更是“女为悦己者容”的注解，这对夫妻当年应该是非常幸福的。

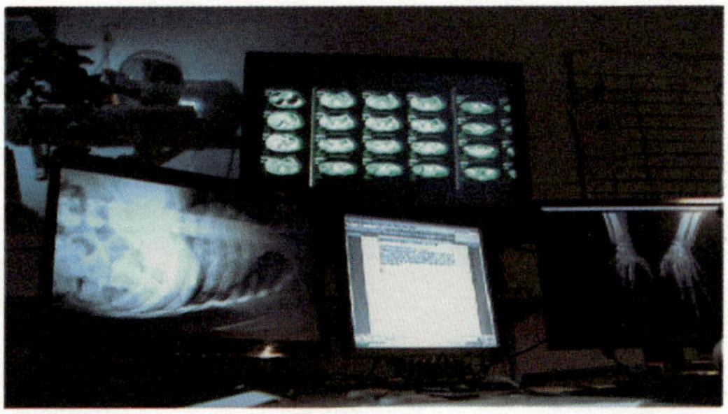
研究人员对出土文物和墓主人医学照相进行分析研究

林果：“我们还发现了一些指甲，指甲长了以后剪了也搁到盒子里头，因为过去这些东西都不能随便乱扔。”

然而，就是在这些主人每天都会使用的器物上，专家们也同样没有发现任何与主人相关的信息。接下来怎么办，突破口在哪里？

林果似乎依稀记得在男尸的腰间有一个丝绸包裹着的东西，但这个东西到底会是什么呢？

经过整理，人们发现了一个玉带金光闪闪，这个现象说明墓主人在宋朝很可能是三品以上的高级官员。这个结论使得专家们眼前一亮，因为在这上面肯定还记载着其他信息。

考古专家推测墓主人下葬的情景

考古专家随后发现，这些金光闪闪的装饰物竟然是木头制成的。不仅如此，按照常规，在玉带背面应该刻着官员的官阶、供职的衙门等身份信息，但在这上面却是一无所有。难道这是一个假的玉带？这个墓主人为什么会随身携带一个假的玉带呢？

林果认为，当时墓主人下葬的时候，是家人故意没有将他的玉带随葬，而是另外仿制了一个木头的玉带用来陪葬。联系到那些出土的珍贵服装，他推测，这个男主人在当时很可能是一个级别很高的官员。如果他是一个高级别的官员，什么原因使他死于这么剧烈的打击呢？

但林果也知道，要最终证明墓主人是高级官员猜想的唯一途径就是在随葬品中真正找到文字上的证据。

林果：“如果文字上的证据都能落实的话，墓主人身份就比较容易找。”

朱滨：“我们一直在找证据，结果找不到，文字没有提到他姓什么、年龄多大。”

衣服也没有发现信息，但专家在清理男主人棺椁中成卷的丝绸时，发现了一个带着夔门文字的丝绸残片。

夔门，又名瞿塘关。两岸高山凌江夹峙，是长江从四川盆地进入三峡的大门。这里河宽只有百余米，把滔滔大江紧束得像一条沟壑，而通过的流量往往多达每秒五六万立方米。

这个地势险要的地方与福州相隔千里，难道墓主人与这个地方有什么关系？但无论如何，这个信息令考古人员兴奋万分，因为发现了带着文字的残片，就意味着当年肯定会有更多的文字信息被放入棺椁中。这是一个良好的突破。

当考古人员将多个收集到的残片拼接、洗净后发现，这竟然是一首诗，准确地说是一位姓吴的进士为男主人写的一副挽联。挽联显示，墓主人的家人每天都在急切地盼望他从夔门归来。

林果：“男棺的墓主人，他死的地方应该是在湖北一带。”

这个发现让所有人大吃一惊，因为墓主人的死亡地点确切地说应该是距离福州 1 200 千米以外的长江夔门一带。这是一个突破性发现。一个朝廷高官，为什么离家千里，在远离福州的夔门死于非命，这究竟是怎么一回事，当年那里发生了什么？

他死亡的年代是南宋端平二年也就是公元 1235 年，对于南宋而言是一个噩梦开始的时候。1235 年 6 月，蒙军决定大举南下灭宋。兵分三路沿长江而下，但驻守四川的南宋军队在面临强大的蒙古军队时，一路败退，一直沿长江退至夔门。这里是宋元战争中，西线的最后一道屏障，战略地位非常重要。当时的夔门是一个重要的战场，难道这个男主人是一位死于战场的高级将士？

没想到，这些帛幡碎片竟然是解开这一系列奥秘的重要钥匙。

首先，他是一个豪爽正直的军人，是一个善于用人、赏罚分明的将军。

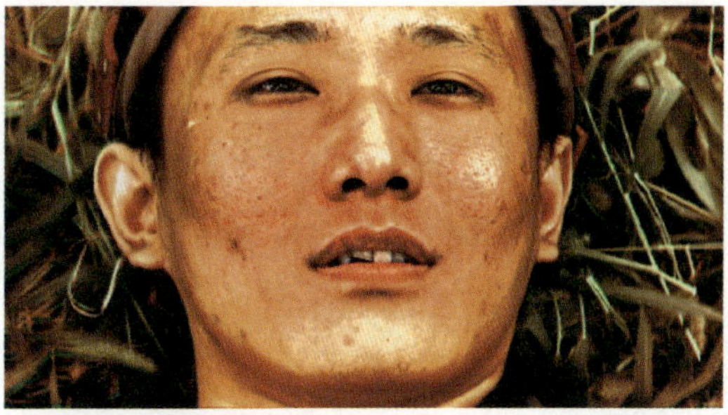

据考古发现，专家推测男主人的死因

但非常遗憾，人们最终也没能找到这个将军的名字，就算是这个吴姓进士的相关资料也没能发现。但是，就目前所掌握的材料而言，男主人的身份已经渐渐明朗起来，专家们勾勒出他生命中的最后时光。

据考古发现，专家推测女主人的死因

根据情景模拟，这个将军肯定是在毫无防备的情况下，他的身后出现了一个人，而这个人将会结束他生命的旅途。当将军远在战场的时候，福州的家人心中一定非常牵挂。然而家人也许不知道，战场上的他已经身负重伤。

人们不知道他在弥留之际想到了什么，从眼前的幻影中又看到了什么，但有一点是可以肯定的，回家，是他最后一个愿望。但这个将军明白，千里的旅途并非能够轻松跨越，回家对于他而言将是一条无比艰辛的漫漫长路。

林果：“如果把尸体运回家乡最少也得花上一两个月的时间。”

不管是一个多么坚强的人，在死亡后的数天里都会开始腐烂。1 000 多千米的回家路，腐烂的尸体对护送他的军士而言将会是一场噩梦。为了能把这个将军有尊严地完整送回到他爱人身旁，当时的人们对他的尸体进行了处理。

在中国古代有用水银防腐的传说，不管传说是否可行，这至少是当时能够想到和做到的办法。

据说在明初时期，很多征战在边关的兵将，在阵亡后均被运回家乡，就是采用水银防腐的方法。专家认为不仅仅是明代，南宋的时候军队里就可能使用水银运送阵亡的将士。当时的军士们不仅将水银从将军的口中灌入体内，而且还把水银倒入棺椁内，使得水银将身体浸泡。

军士们将主帅送上回家的路途。经过1 000多千米的长途跋涉，这位将军终于回到了福州，来到了他夫人的身边。但遗憾的是，根据目前的研究发现，他回到福州的前后几天很可能也是他夫人离开人世的时候。

至于那位夫人，目前最接近真相的结论是她很可能是自然死亡。但她留给我们的谜团依然无法完全解开，那就是在时间上为什么如此巧合，与她的丈夫几乎同时离开人间。这可能将是一个永远的秘密。

不管当时是什么原因，他们夫妻俩终于团聚在福州。但这个时候，团聚的方式已经变换，他们被同时密封进两个棺木，分别放入棺椁，之后用松香、石条、三合土层层密封起来，最后埋入福州茶园山上的黄土之中。他们从那个时候开始，双双离开了挚爱亲朋，携手开始了另外一段奇妙的旅程。

来到地下的他们，由于棺椁内的空气被迅速耗尽，外面的空气再也无法穿透这些厚厚的密封层和棺木中失去氧气的液体。于是他们的身体和容貌就被时间永远固定了下来。

福州的茶园山在今天已经整体消失，成为一片厂房。

他们，在一起努力地穿越了时空，历尽艰辛来到今天，带给人们许多难以置信的故事。

这是一个极其重要的考古，仅凭借目前发现的400多件保存完好的宋代服装，就已经开启了中国考古的新纪录。

如果这位将军能看见，700多年后他的夫人仍然坚定地守候在身旁，与自己相伴相随，他一定会意识到，当年那段艰辛的回家路不过是另一段幸福路程的起点而已。

（董浩珉）

金字塔之谜

金字塔惊现江西省崇仁县。建在一千多米的高山顶上，占地 2 200 平方米，全部用巨大石块堆砌而成，是谁如何将庞大的巨石建筑，建在这千米高山上？

一次偶然的机会，我们从报纸上得知，在江西省崇仁县有一座 1 219 米的高山，当地人称它为相山。在相山的山顶之上，有一座奇特的建筑，之所以说它奇特，是因为有人称它为金字塔。

最早认定相山山顶上的建筑像金字塔的人叫杨跃雄，是崇仁县原文管所的所长。几经打听，我们联系到他。在得知我们此行目的后，第二天一大早，杨跃雄和崇仁县桃源乡地质所所长邹轶强一起，陪同我们上山了。

抵达山顶的道路崎岖陡峭，路途遥远，异常难走，队伍中即便是最年轻力壮的小伙子都感到非常吃力。杨跃雄说照这样速度，至少需要 5 个小时才能到达山顶。

当我们千辛万苦终于爬到山顶时，一座巨大的建筑映入眼帘：这是一个全部用密密麻麻的青色石头堆积而成的建筑，虽然我们不知道它历经了多少年的岁月和风雨，但是在群山之巅中，我们仍然感受到了它的宏大，它占地有 2 200 平方米，足足有五个篮球场那么大。

远看像一个金字塔，引人震撼

当阵阵山风裹挟着山野气息扑面而来时，这些青色的石头和宏大建筑，似乎散发着种种压抑和神秘。难道这就是传说中的金字塔吗？

在建筑学上，金字塔指角锥体建筑物。一般情况下，金字塔的侧面由多个三角形或梯形的面相接而成，顶部面积非常小，甚至成尖顶状，像一个金字。

虽然这个建筑的上部，没有成尖顶状，不像完整意义上的金字，但是从它的整个造型上看，还是符合金字塔建筑物的定义。同时，据杨跃雄介绍，他眼中的金字塔，还有更加奇特的地方，那就是在建造时没有使用任何胶粘材料，全部用巨大石块堆砌而成，巨石上面还刻有神秘文字。那么，究竟是谁修建了这个巨大的建筑？建在这高山之顶的目的又是什么呢？

说起金字塔，人们自然会想到埃及的金字塔，它是古埃及国王为自己修建的陵墓。最大的金字塔是第四王朝第二个国王胡夫的陵墓，它建于公元前 2690 年左右，现高 136.5 米，塔身由 230 万块石头砌成。

在中国的历史上，用巨大的石块来堆砌陵墓建筑同样也出现过。早在 2003 年 3 月，内蒙古吐尔基山中出土了一个轰动一时的契丹女尸墓，这个墓就是用不规则的大石块堆砌而成的地上墓葬。

江西省崇仁县相山上的这个巨大建筑，同样全部由石头堆砌，呈金字塔形状，这不仅给人们一个强烈的暗示，这个金字塔也有可能

棋盘将金字塔建筑追溯到周代

建筑从下至上逐渐变小，有一层一层的层级

是一座陵墓。

如果相山金字塔真是一座陵墓，埋葬在其中的人一定是一个地位显赫的人，那么这个人会是谁呢？在金字塔建筑的巨石上，我们看到了4个神秘的文字，这让我们十分地兴奋，这奇特的文字会带给我们有关墓主人身份的线索吗？

山上的线索没有理出头绪，我们决定从相山的周边进行调查。在上山途中，曾远远望见过一群建筑，那里能否找到一些线索呢？然而，当我们走近时才发现，它是一座废弃的村庄。正在我们感到好奇的时候，迎面走来一位大叔。

老汉说这个村叫响石村，村里有两块巨大石头，到了晚上会发出嗡嗡的响声，所以这个村叫响石村。由于这里山高路远、人烟稀少，交通、生活很不方便，这几年村民都已经陆续搬走，而大石块发声的事情再也没有人提起过。

老汉说他从小就听老人说山上有一座石头建筑，很大，年头很长，小时候经常上去玩。自从搬走后，就没有去过那里。至于山顶上为什么会有建筑，修建于哪年，那就更是说不清楚了。

筑全部由上吨重的巨石堆砌而成

虽然在响石村，我们没有得到有关于金字塔的任何信息，反而新添了更多令人疑惑不解的问题。在当今科技十分发达的年代，响石村的村民还会因为山高路远、人烟稀少，交通、生活不方便，离开祖祖辈辈世代居住的地方，去到外地重新开始生活。那么，在遥远的某个年代，在科技十分不发达的古代，人们会在这山高路远、人烟稀少的偏僻大山之中，去修建一个类似金字塔的陵墓吗？这巍巍的高山之中究竟隐藏着多少不为人知的秘密呢？

虽然崇仁县相山山顶上的巨大建筑，全部由石头堆砌，呈金字塔形状，似乎符合古代陵墓的特征，然而，就此推测这里就是一个陵墓，还存在许多疑团。首先，我们在建筑的内部反复地寻找，并没有发现作为陵墓应该有的棺床和墓志铭存放的位置。

当我们来到金字塔的后方，在一片空地上休息时，无意发现一块奇特造型

建筑所用的巨大石块全部是就地取材

的石头上有许多规则的痕迹。

邹所长："这是个棋盘，已经风化得很严重了。"

象棋棋盘在中国历史上最早出现于周代，这个金字塔建筑修建的年代，最早可以追溯到周代，但是它具体的修建年代，从这个风化严重的棋盘上我们找不到答案。然而，棋盘的出现，更让金字塔建筑是陵墓的推测迷雾重重。

如果墓主人生前是一个象棋迷，那么这个棋盘作为陪葬品，应该放置在建筑内部的主要位置，不可能出现在金字塔的后方。在庄重肃穆的陵寝之地，也不太可能出现休闲玩乐的娱乐场所。

同时，中国古人强调用封土堆的大小来体现墓主人爵位的高低，但这些只是在平地上，在平地上修建的墓葬，无论是墓穴的挖掘、取土，还是材料的运输，都可以方便地进行。即使陵墓依山势而建，也会选择在小山岭。

相山的高度有 1 219 米，道路崎岖陡峭，人们就是徒手上山，至少需要 5 个小时才能到达山顶。因此，相山金字塔的修建也让人感到不可思议。

曾怀民发明的原始搬运机

虽然相山的金字塔没有埃及的大金字塔雄浑壮观，但是，它也是由无数的大小石头堆砌而成，其中大的石头重量达到一吨。因此，它带给人们种种的疑惑：要搬运几吨重的巨石上山，就是在科技发达的今天也是一件艰难的事情；那么，在科技不发达的古代，人们又是怎样将上吨重的巨石运上这一千多米高的山顶之上的呢？

专家告诉我们，在距离崇仁县不远处有一个丰城市河洲街道，据说这里有一个叫曾怀民的老人，他曾经发明过一个原始搬运机。这个搬运机最大的特点就是可以搬运几吨重的石块。

曾怀民老人发明的原始搬运机可以解决搬运巨大石块的难题。然而，当年工匠们是否就是利用与它相似的设备来完成石块的搬运工作，我们不得而知，但是有一点可以肯定，当工匠们千辛万苦把巨石搬运到山顶之后，修建相山金字塔的工作才刚刚开始，要把这些石块堆砌成历经风雨而不倒的建筑，依旧困难重重。

在不使用任何胶粘材料的情况下，要将不规则的大石块堆砌成金字塔形状，看来这里的工匠是懂点建筑学的。

我们发现建筑物上半部分的石块越来越小。

在门和边角的地方，随处都能看到上吨重的石块。

几个并排的孔洞，推测这里是军事堡垒

专家仔细观察，在建筑墙体的缝隙里还使用了许多边长几厘米的小石块，这些小石头完好无损地支撑着上吨重的巨石。

虽然相山金字塔的外形符合陵墓的特征，但是，在遥远的某一个时期，人们会在人烟稀少的偏僻大山之中，费时费力在一千多米高的山顶上修建一个陵墓吗？由此可见，相山金字塔建筑是一个陵墓的推测，似乎有些牵强。

然而，这里如果不是陵墓，那当时的古人为什么要花费这么大的气力，去修建一座如此浩大的工程呢？

在刀光剑影的冷兵器时代，堡垒是防御敌人的最好掩护。相山上的金字塔建筑，居高临下，有一夫当关万夫莫开之势，即使敌人攻到眼前，金字塔巨大的石头也能抵挡敌人的箭矢。

那么，相山金字塔会是一座古代的军事城堡吗？建筑墙体上几个并排的孔洞，引起了专家的注意。

在建筑的内侧墙壁底下，还能看到深不见底的洞穴。

经过现场观察后，专家初步判断它像是一座用来防御敌人的堡垒。然而，如果它是用来防御敌人的，应该扼守在交通要道，而修建在山顶之上，没有任何的意义；如果是作为烽火台使用，这里应该有好多座，连接成线。同时，这里从古至今人民安居乐业，从未发生过大的战役，也没有发现军事要道，因此在这里孤单地修建一座古堡显然是不符合情理的。那么，这个巨大建筑的真正用途究竟是什么呢？

就在我们为相山金字塔之谜困惑的时候，当地老乡的一番话让我们发现了新的线索。

女村民："听别人说是想家里要生男孩呀，求平安呀，还有读书呀，它就会保佑你的。"

老乡的回答给金字塔蒙上一层神秘面纱，难道它是个用来祈福的庙？而且在建筑里面，有人工搭建的痕迹，正对拱的下方，还供奉着神像，看上去确实像一个庙。那么，这里是后人改建的庙，还是一开始就是修建成的庙呢？现场唯一可以找到证据的这个门梁上，那4个神秘的文字再次引起了我们的关注。

一位名叫张孝祥的人奉钦命为栾巴等4人修建的一座道观建筑

杨跃雄："道教要找最高的山，最险峻的地方，来体现它的天人合一的思想。"

我们来到南昌市图书馆，找到《崇仁县县志》。在书中有一张相山地图，从地图中可以看到，在古时候，相山一带并不像现在这样人烟稀少，当时山中胜迹很多，寺院林立。在图中，我们找到了相山金字塔的位置，它是当时最为出名的四仙祠。

真相似乎在一瞬间就明朗了，相山的金字塔是古人修建的一个道观。然而，相山离最近的村庄也有几十千米，在偏僻的大山之中，要完成这样异常浩大的工程，需要耗费巨大的人力和物力，必须由政府出资。那么，道观里供奉的 4 人究竟是什么样的人呢？

在一本《中国人名大辞典》中我们找到了栾巴，书中写道："栾巴，后汉蜀都人。"相传东汉年间豫章太守栾巴在任时，除暴扬善，品德高尚，人民安居乐业，后人为了纪念他，就把这里叫巴山。

杨跃雄："在东汉，栾巴在这里修行，根据这个情况，人们叫这座山为巴山。到宋代的时候，县令孙茂为了尊重栾巴，避免用它的名，改称相山，建祠祭祀。"

专家带着我们将金字塔的神秘面纱揭开：它是在东汉年间，当时一个名为张孝祥的官员，奉命为栾巴等 4 人修建的一座道观建筑，后来成为百姓们祭祀和道教生活的一种建筑遗存。虽然相山的金字塔建筑不同于埃及的金字塔，但是，从它建筑的规模、修建的难度，充分体现了中国古代劳动人民的智慧和艰辛。

（王文君）

青花迷局

如果不出意外，这将是世界上最重要的博物馆之一，是成千上万人心中的圣地。因为它宣布馆内收藏着19件元代青花瓷器，而且其中不乏举世孤品。19，在数字的海洋里如同沧海一粟。但当您了解以下的数据之后，心脏必定会与我们一样感到异常的跳动。

时间：2005年7月12日

地点：英国伦敦

这个瓷器被拍出1 568.8万英镑。按照当天汇率，这个罐子价值约2.3亿人民币。在那一天，这些钱可以购买到整整两吨重的黄金。

2.3亿元只能购买这件27.5厘米高、33厘米宽的瓷器。如果高安博物馆果真拥有19件元代青花瓷，它们的价值将会令人震惊。

高安博物馆一楼展厅

王莉英，故宫博物院研究员，她为我们描述了元青花在世界陶瓷史上所具有的重要价值。

王莉英："就拿元青花这个品种来说，它的工艺水准、它的装饰艺术，确实值得我们看重，是古代非常宝贵的瓷器。"

元青花是运用天然钴

料在白泥上进行绘画装饰，再罩以透明釉，然后在1 200℃以上的高温下一次烧成，呈现青翠欲滴的蓝色花纹，故得名青花。因元青花制作精美而传世稀少，故而异常珍贵。

工艺美术师在研究仿制元青花技法

全世界究竟有多少件元青花？有人说约400件，也有说大概300件。更有人统计国内存世的元青花约140件。无论数字怎么变化，但可以肯定，元青花的具体存世数量是一个谜。更为重要的是，这些存世珍宝高度分散，踪迹难寻。目前世界上已知收藏元青花最多的是土耳其托普卡比皇宫，拥有40件，紧随其后的是伊朗的阿别尔清真寺，收藏32件，如果高安博物馆手握19件，那么这将是世界上第三大元青花收藏地，成为举世瞩目的焦点。

然而奇怪的是，据说早在20世纪80年代这些瓷器就已经被收藏到博物馆里，但多年来，博物馆无论对内还是对外都三缄其口，能够亲自上手把玩它们几乎成为传说，即便是亲眼看到的人也是凤毛麟角。这个现象意味着什么？这个传说手握巨宝的县级博物馆又为何如此异常得低调？

江西省高安市是一个距离省会南昌约50千米的县级城市。查阅古代历史，这里并没有出现在全国范围内有影响力的人物。在人们心中，这是一个恬静、安宁的宜居城市。人们怀疑，这个平淡无奇的城市怎么会有如此大量的元青花呢？难道这里面另有隐情？

刘金成，高安市博物馆馆长，他就是那些元青花的看护人。没有他的允许，任何人都无法接近那些来自700多年前的瓷器。

刘金成：“肩上压力大的同时，自己能见到这些宝贝，也是人生的一大幸运。”

当我们跟随工作人员穿越这些重重且复杂的机关，这种氛围令人无法怀疑，这里面保藏的肯定就是稀世珍宝。

这是最后一道门，那些鲜为人知的青花瓷器就被收藏在这个厚重的保险门后。

这就是那些传说中的珍宝，即便在高安，它们也几乎不可能摆到楼上的展台里。现在它们就展现在我们眼前。

尽管光线比较昏暗，但有一种目眩神迷的感觉，因为即便在群星璀璨的中国国家博物馆，也从未出现过这么多的元青花。

今天，在一个小城市，看起来简陋但严密保安的地下室中，我们却亲眼看到这些东西，这是真实的吗？其背后究竟隐藏着什么秘密？

繁华闹市下宁静的渔船

黄水泉，景德镇陶瓷馆馆长，陶瓷工艺美术大师，他掌管着这个世界上最重要的陶瓷专题博物馆。

黄水泉："景德镇是世界著名的瓷都，制瓷历史可以追溯到汉唐，景德镇陶瓷馆始建于1954年，是一个专题博物馆，它以收藏陶瓷艺术珍品为主要任务，收藏自汉唐以来陶瓷精品数万件，其中有4件元青花瓷。"

高安博物馆

景德镇是闻名世界的瓷都，当年元青花的产地，当地最不缺少的东西就是陶瓷。然而在这里，被发现存世的青花瓷瓶也仅有4件。而这件元青花梅瓶被景德镇陶瓷馆视为至宝。这种瓷器的稀有性由此可见一斑。

正在建设中的元青花博物馆

但仅仅是因为稀缺的原因造成元青花成为无价之宝吗？这似乎只是问

题的一个部分，因为更重要的原因在于，我们的专家似乎都不知道在历史上，这种东西究竟从何而来。

元青花身上所呈现的蓝色，并非中国民众传统喜爱的色彩。换句话说，它如同上天赐予的稀罕物。

在中国陶瓷史上这是一个绝无仅有的现象。我国瓷学一代宗师陈万里先生曾将青花的起源列为中国瓷器史上十五大难题之一。

元青花身世的奥秘被造假分子所利用。由于数量稀少，难见真品，社会上出现了大量仿制的元青花。

景德镇仿制元青花产业链条发达

那么，高安的这批元青花究竟是从哪里来的？又是如何在20世纪80年代出现在世人眼中的呢？

刘裕黑，高安博物馆第一任馆长，那些元青花就是通过他的手进入高安博物馆的。他是了解这些元青花来龙去脉的重要人物。

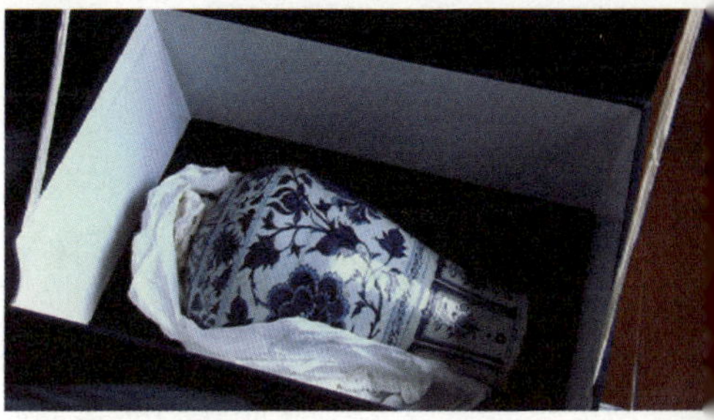

景德镇博物馆的青花瓷

刘裕黑：“1980年11月29日下午两点半，我到县政府开会，刚刚进入县政府门口，他们说刘馆长，江边打来电话，那边发现了文物，你赶快去看一下。”

吴馆长：“当时去了四五个人。”

这两位老人对这些年来的社会传言也有所耳闻。他们认为，这些元青花就是经过自己的手才能重见天日，真实性不容置疑。今天，他们将引导我们回到当年，探寻这些元青花的身世。

吴馆长：“锡皮盖在上面，看起来还比较完整，但边上也露出了一些瓷器。”

刘裕黑：“知道是瓷器，但不知道是什么朝代的，也不知道重要性。”

熊琳先生，当时的考古组组长。在整个博物馆里，只有他曾经接受过考古方面的业务培训。在20世纪80年代那个资讯匮乏的时候，找到相关资料是极其困难的。然而，熊琳心头的疑问始终挥之不去，这些瓶子究竟有什么价值呢？

根据两位当事人的描述我们可以发现一个细节，那就是在不费吹灰之力的情况下得到大量罕见的珍宝。但这里面有着许多令人生疑的地方。

假设是古人将这些瓷器埋下，一般情况下应该会在地面上留下标记或者在窖藏中留下主人身份说明。然而，在这里除了瓷器以外却是一无所有，没有任何可以说明主人的文字记载。因此，涉及一个更为重要的问题，那就是文物的身世传承。

王莉英："流传有序，我觉得这是对鉴定各类文物都需要的因素。"

当时的刘裕黑清楚地知道，找到主人才能证明这些瓷瓶的来龙去脉。然而，在弄清楚真相之前，妥善保存却是当务之急。但以当时高安的条件根本无法保存这些瓷器。当年的刘裕黑虽然不十分懂得文物知识，但心中却明白，如果这些东西真的是元青花，一旦遭到破坏，这将是一个重大责任。

那些瓶子究竟是不是如同自己和县委书记汇报的那样，价值数亿元，他自己心中都没有底。但有一点是确定的，万一这些被认为是元青花的瓶子是后人埋在地下的赝品，这将会是一个重大的考古事故。

然而，高安博物馆对于这些瓷器是元代青花深信无疑，为了回复社会的疑问，高安博物馆地库史无前例地对我们开放，首次允许使用高清晰度摄像机，近距离全方位拍摄馆藏元青花。

现在，您可以通过我们的摄像机，近距离地看到它们的真面目。

这是一件青花云龙纹兽耳盖罐，罐高 46 厘米，罐子腹部主体纹饰为两条云龙和缠枝牡丹，全器纹饰多达 12 层。

釉色近看含青显淡蓝灰色，远看显黄褐色，细看青花釉面上粘有疏朗的白色小点。

最为与众不同的是，它的顶部竟然有一个盖子。这在以往发现的元青花中显得异常醒目。

青花全身充满异域风情

这是一件青花缠枝牡丹纹带盖梅瓶。它短颈、丰肩、圆鼓腹下收，矮圈足稍稍外扬。它身上的纹饰多达九层，肩腹部主题纹饰为如意披肩缠枝牡丹纹。整个器物造型饱满，视觉流畅。

这是一个云龙纹荷叶盖罐。罐身主题为双龙戏珠，中间装饰云纹，盖面绘有叶脉纹。四周装饰有螃蟹、青鱼、鲶鱼。

青花荷叶盖罐

从天而降的 19 件元青花，人们却无处追寻它们的离奇身世；世界第三大元青花收藏地，竟然和一个小城市关联在一起，这些奇怪的关联使得无数的质疑纷至沓来。它们究竟是真品还是后人放入的赝品？如果是赝品，谁又是这个弥天大谎的幕后主使？

这是一种神奇的瓷器。它源自异域，无人知道它的确切身世；它光彩夺目，但与传统的审美大相径庭；它巧夺天工，开创了中国陶瓷新的历史；这就是元青花。

数百年来，元青花被淹没于历史的尘埃之中。无人知道其身上具备的价值，终有一天，它的回归令人目瞪口呆。

1989 年 5 月

香港苏富比

元青花“锦香亭”图罐

成交价：308 万港元

元代釉里红大罐

2002 年 6 月 23 日

天津德丰拍卖有限公司

元青花莲池水禽松竹梅纹碗

成交价：950 万人民币

接下来的这一幕，令元青花登峰造极。

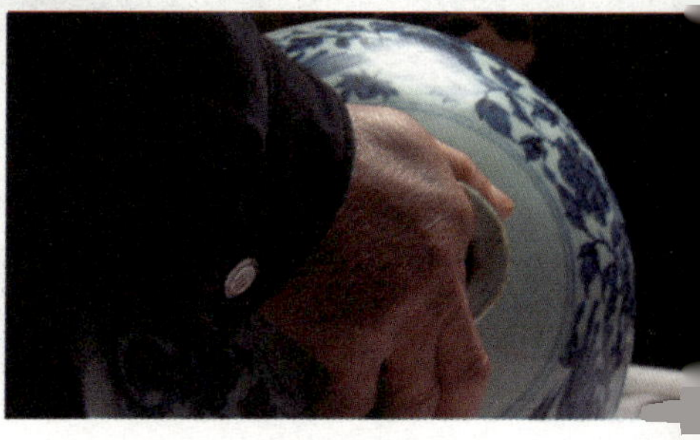

青花梅瓶

2005 年 7 月 12 日

伦敦佳士得

鬼谷下山元青花罐

成交价：1 568.8 万英镑

约合 2.3 亿元人民币

一件瓷器怎么会如此引发世界范围的震动？当所有惊异的目光集中这两个世界金融中心的时候，更令人震惊的事情却发生在一个远离政治和金融中心的地方，那就是江西省的高安市。

元青花价值连城，是谁把它们埋在高安这个地方？

这些瓷器画面浓淡有致，层次丰富，笔触灵动而飘逸。釉色温润略泛青光，表面光洁滋润。如果它们是赝品，也肯定是出自超一流的赝品大师之手。面对这样的瓷器，尽管目前没有发现确切的主人传承关系，但已经足够令人目眩神迷。

除了收藏 19 件元青花之外，高安还有 4 件釉里红。元代釉里红烧制难度比元青花更大，世界现存数量不足 20 件。

低级别的安保终于面临真正的挑战。有人突破所有的防护措施，成功进入高安博物馆。

警方接到报警之后立刻介入侦查。经过现场勘查，还原了一个犯罪现场。

博物馆的安保彻底被击溃，这个情况使得整个高安为之震动。博物馆立刻对失窃的文物进行清点。

研究人员正在揭开荷叶盖罐

被视为至宝的元青花没有被盗，整个高安长长出了一口气。尽管元青花安然无事，但这个事件标志着高安博物馆已经被犯罪集团盯上。

不仅如此，在这一年，整个国家范围内的文物似乎都处于犯罪分子的视野之中。

1992 年 9 月 18 日，新中国成立以来最大的文物案爆发，河南开封博物馆 69 件国宝被盗，案件震惊全国。

经过数月的全国大搜捕，最终将犯罪嫌疑人抓捕归案。令人震惊的是，也正是他们在一年前是盗窃了高安博物馆。

高安市收藏价值连城的元青花

为什么在这 19 件元青花身世没有得到完全证实的情况下，犯罪分子便轮番出动，你争我夺？

答案也许只有一个，那就是元青花数量稀少且异常珍贵。对于犯罪分子而言，迅速占有、迅速高价出售比小心求证更为重要。

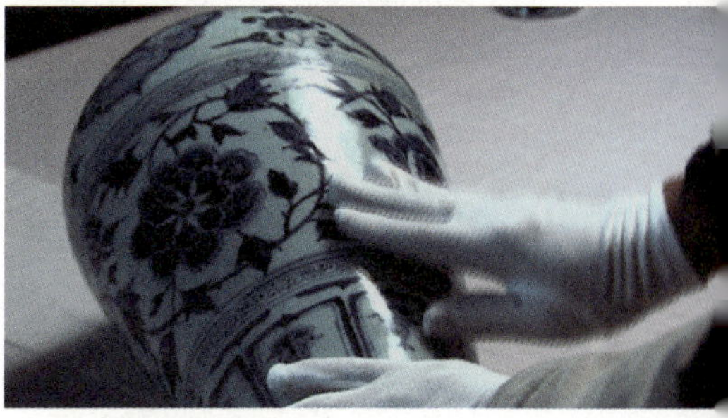

研究人员展示元青花梅瓶

高安博物馆感受到强烈的冲击，他们立刻将所有的元青花处于严密监控之下，从此放入一个没有特许不能进入的秘密地库。

从此以后，高安对外异常低调，对媒体三缄其口，几乎不再对媒体开放地库，那些瓷瓶从此进入难见天日的地下。

对于高安博物馆，找到这些瓷器的传世脉络依然是一件重要且无法回避的任务。他们有义务鉴别这些瓷器，回应质疑，找到正确的传承脉络。然而，传

研究仿制元青花的工艺

研究出土的青花蕉叶觚

统上生产青花瓷的景德镇都没有如此大量的青花流传下来，高安怎么会毫无原因地拥有这些东西呢？

更为重要的是高安在古代地处偏远，窖藏里也没有任何的文字记载元青花主人的信息，如果是流传下来的东西，怎么会没有任何蛛丝马迹呢？

然而，在对元青花的历史进行研究后惊异地发现，这种瓷器之所以如此神秘莫测，其中有一个重要的原因，那就是今天几乎所有的元青花都没有明确的传世脉络可寻，也就是说，谁也不明白，这个世界上大部分的元青花从哪里来，如何流传到今天的。

地处偏远，身世不明，高仿盛行，三个连续的疑问，使得人们怀疑，高安的这些瓶子究竟是真品还是后人仿制的赝品？

首先，让我们从外表上看看这些瓷瓶。由于蒙古族人豪放的生活习性，元代青花器物中以高足杯、盖罐、梅瓶、玉壶春瓶、大盘五种造型的器物为多。高安博物馆目前拥有6件带盖梅瓶，9件高足杯，1件青花蕉叶觚，1件云龙纹兽耳盖罐，2件云龙纹荷叶盖罐。这19件瓷器的造型完全符合元青花的造型风格。

不仅如此，它们的外表古朴典雅，仔细观察后发现，某些瓷器身上还有一些业界公认真品元青花独有的特征。

在器物表面，我们会看到橘皮纹，甚至在某些器物上还有粘砂、棕眼、爆釉的特征。

今天，我们烧制的瓷器几乎不会再出现这样的缺陷，但正是由于当年工艺水平的限制，元青花上才普遍出现了这种缺陷。

这些缺陷不仅成为元青花鉴定的主要手段，更具有了相当的观赏价值。

从表面上看，这些瓷器完全具备元代青花瓷所有的特征，博物馆认定是真品无疑。并且他们认为，今天高质量的赝品也不可能做到与它们完全一样的程度。

在过去，刘金成曾经无数次造访景德镇，但这次来的目的完全不同。他要找到仿制元青花的高手，之后将他带到高安博物馆的地下库房，复制元青花。

他要通过这个事情证明，今天世界没人能够仿制出以假乱真的元青花。

樊家井是一个拥有超过500家作坊，景德镇最大的仿古瓷基地。500多家，仅仅是地面上的数字，这 500 多家店铺背后的地下作坊却不计其数。

在这里可以看到大量包括元青花在内的仿古瓷器，鱼龙混杂，真假莫辨。仿古瓷器铺天盖地，仿佛所有的秘密都暴露在阳光下，但事实上并非这么

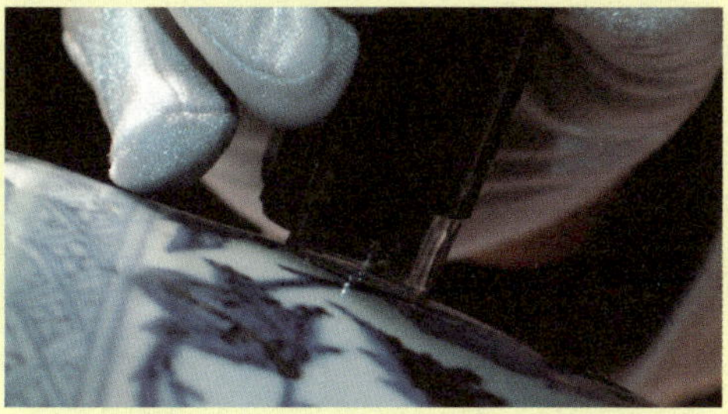

研究青花梅瓶的釉面

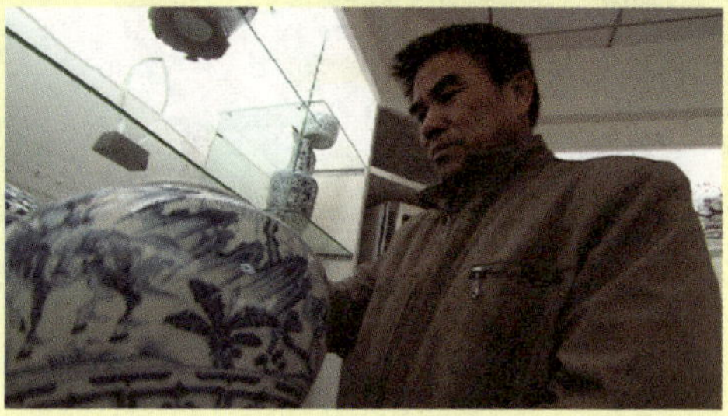

研究仿制元青花技法

仿制历代名家作品

收藏许多现代陶瓷精品

简单。在景德镇，仿古瓷器的制作有一个严密的产业链条。一般是由手艺高超的老师傅为核心，围绕他们的还有拉坯、绘画、烧制等多个专业的工种。因此，只找到其中一个工种的人，是无法打开这个产业链的秘密的。能够掌控高仿瓷器链条的人可能并不在樊家井，而是隐藏在景德镇的各个角落，刘金成要寻找的人在哪里呢？

景德镇陶瓷精品展厅

工艺美术大师作品

熊璧如是景德镇高级陶瓷美术师。他除了在水晶绣彩上有着深厚的造诣之外，多年来一直潜心研究元青花的高仿工艺。

相传，景德镇制瓷工艺有72道工序，而传统上的陶瓷工艺都是通过耳传心授的方式代代相传。

通过现代科学研究我们知道，陶瓷的烧制与化学科学有着紧密的关系。但受过现代科学严格训练的陶瓷工艺师却非常罕见，熊璧如就是其中之一。

熊璧如具备数学高等教育背景，无论从理论上还是实践上似乎都具备仿制高手的特质。

熊璧如已经对元青花研究多年，我们不了解他究竟对元青花工艺的了解有多深。市场上究竟还有多少以假乱真的元青花和他有关。

19件元青花神奇出现，使得高安博物馆一跃成为继土耳其托普卡比皇宫和伊朗的阿别尔清真寺之后，世界第三大元青花收藏地。然而19件珍宝怎么会毫无理由地从天而降，出现在高安这个名不见经传的地方呢？

景德镇，曾经是元青花的故乡，然而古代元青花的制作技能早已失传。今天那些蛰伏在瓷都的制瓷高手们是否能够还原元青花的工艺？世界上又有多少所谓的真品元青花与他们有关呢？

然而，这些瓷器从哪里来的却是一个疑问。

元青花是运用天然钴料在白泥上进行绘画装饰，然后在1 200℃以上的高温下一次烧成，呈现青翠欲滴的蓝色花纹，故得名青花。因元青花制作精美而传世稀少，故而异常珍贵。瓷都景德镇的元青花都所剩无几，为何高安会保留大量的元青花？此外，高安在古代地处偏远，如果这些青花是流传下来的东西，怎么会没有任何记载呢？

有人怀疑这些瓶子是后人仿制的，而且把矛头指向景德镇。

为了博物馆展示的需要，也为了证明在今天无论多么高明的仿制高手也不能再烧制出完全乱真的元青花。刘金成馆长决定邀请熊壁如先生仿制高安博物馆的馆藏元青花。

仿制元青花最重要的工作就是找到当年元青花制作所使用的材料，而700多年后的今天要找到当年的材料是一个巨大挑战。

画在元青花上的这种矿物质叫作苏麻离青，古代工匠用含有铁成分的苏麻离青在干燥的瓷坯上绘图案，之后上釉，经1 200℃高温烧造，图案的颜色由原来的乌黑变为像蓝宝石一样鲜艳美丽。然而，如何才能得到这种材料呢?

由于元代辽阔的版图，并与西域有着频繁的贸易交流，使得这种神奇的矿物质进入中国。正是因为经过遥远的路途来到中国，相传这种矿物质的价格非常昂贵。

研究高安博物馆的元青花后发现，图案色泽青翠，浓淡不一。在瓶壁的花纹上，有苏麻离青积累的地方，颜料中的铁元素在高温作用下，变成了铁锈斑，放射出一道道冷紫色的寒光。

而这种铁锈斑在釉下自然形成，就像是一小块铁片被火烧到瓶子的胎体中一样有凸凹现象。这种凸凹现象与铁锈斑共生。用肉眼能看出起伏，用手抚摸凸凹感则更加明显。

只有找到当年的苏麻离青，最后烧制出来的色彩才能最大限度地接近真品。然而，数百年后的今天，熊壁如还能找到那种矿物颜料吗?

仿制的元青花梅瓶

由于矿产枯竭，古波斯的苏麻离青肯定是无法得到了，但今天的化学工业可以模仿元代苏麻离青的化学成分，之后通过复杂调配，最终达到与古代原料相似的化学结构。这是一个具备高度技术性的工作。

依据配置的复杂程度和效果，青花料售价可以相当的悬殊。好的青花料每千克可以卖到数万元人民币。

仿制龙纹兽耳盖罐

然而，当熊壁如把那些千辛万苦得到的青花料画在瓶子上，烧制之后发现，这种经过反复配比，重金换来的颜料竟然出乎自己的预料。

熊壁如：“铁放在上面，放到窑里去烧，它全部渗透到胎骨里面去了，那个地方会陷下去，但是放多了的话，就会起料刺。”

按照今天的工艺标准，绘画的颜料应该与瓶体完全合一，既不凹陷，也不突出。但在数百年前，在陶瓷工艺尚不完全成熟的情况下，元青花在绘画积料的地方出现凹陷。这本来是一个工艺缺陷，但今天，对这种缺陷模仿的逼真程度却成为判断仿制元青花水平高低的一个必要条件。

然而究竟用料多少才是一个正确的限度？如何才能到达真品的凹陷程度？

熊壁如运用数学统计的方法，逐渐找到了最佳的用料量，那些含铁的化学颜料如愿地凹陷下去。用手抚摸，可以感受到那种持续的凸凹不平，仔细观察，还可以看见那些凹陷发出蓝黑色的寒光。

尽管与今天的陶瓷工艺相比，元青花确实有工艺上的缺陷，但在当时，这些东西却并非一般人家能够拥有，他们的主人是谁？

在没有玻璃制品的古代，这种闪闪发光的瓷器便是一种稀罕物，它的一个主要功能就是用来摆设，凸显主人的身份。能够拥有这种东西的，非富即贵。

刘金成：“鞑虏花刺，也就是当时瑞州路的行政首脑，一级行政长官，必须要由蒙古族人担任，他可能会得到这些稀罕物。”

由于没有文字上的证据，这也仅仅是刘馆长的推测。窖藏主人究竟是谁？

今天的熊壁如同样也是面临难以解决的技术。这也是困扰所有元青花仿制者的问题，那就是色彩的晕散效果。简单地说，就是元青花身上图案的清晰度问题。

在元青花身上这种有点模糊的线条，给人以无穷的想象。但这种晕散和铁锈斑实际上都是陶瓷烧制过程中，由于古代工艺技术的落后而产生的瑕疵，但正是这种瑕疵，成为元青花独特的标志，令今天的人们体会到不一样的韵味。但今天要完全模仿这种模糊，有非常大的难度。

高安博物馆收藏的龙纹兽耳盖罐

画上去的线条怎么才有一种飘逸流动的感觉呢？熊壁如在寻找接近这种模糊效果的办法。

现在，我们可以将原件与仿制件做一个对比。从外表上看，由于有精确的数据支持，两者的造型和纹饰几乎没有区别。

也许从专业鉴定的角度来看，两者颜色的确存在细微的差别，但对于我们一般人而言，已经具备相当大的迷惑性。特别是在没有真假对比的前提下，被仿制品蒙蔽几乎是肯定的事情。

在整个仿制过程中，由于能深入地研究高安馆藏的元青花，熊壁如在惊叹古代工艺的同时，发现了今天仿制作者不可能完成的任务。

熊壁如：“元青花的画艺，线条尽管很粗犷，但是又很飘逸流畅。现在仿的东西，就是大部分绘画的人，仿的是一个形，而且形不准，它的神韵达不到。”

就算是作品曾经在拍卖会上瞒天过海，卖出高价的高级陶瓷工艺师也难以对高安的元青花做到完全克隆。

在对高安元青花的胎、釉、型、装饰和底足 5 个方面的深入研究之后，专家们认定高安青花瓷是来自元代的文物，是举世罕见的珍宝。

熊壁如：“它的釉和料特别好，釉很薄，非常肥润，清晰度非常好。”

王丽英：“在众多方面都具备元代特征，那我们才能断定是这个时期的文物。如果有一处我们有怀疑，我们都不敢轻易下结论。”

在高安馆藏的一个兽耳盖罐身上有龙纹图样，不仅如此，另外一个荷叶盖罐还有 3 个梅瓶上都有龙纹存在。

难道这些画有龙纹图案的青花瓷瓶来自元代皇室？如果来自皇室，怎么会出现在高安这个地方呢？

黄振萍，高安市退休教师，他宣称发现了窖藏的真正主人。

黄振萍找到了一户姓伍的人家，翻开伍家的族谱后，里面的记载令人惊讶，因为这个家族里有相当一部分人都曾经在历代任官职。

伍兴浦，1266 年出生于高安，元大德三年，也就是 1302 年，36 岁的他考中武举人。随后，皇帝将公主许配给他，官至驸马都尉。1325 年，伍兴浦死于高安上泉，终年 59 岁。

黄振萍："这个窖藏是供品，是从宫廷里面出来的东西。"

在元代的高安，只有伍兴浦家族与皇族有亲缘关系，而这些瓷瓶上的龙纹又似乎是皇家的标志。这些确实属于伍兴浦吗？

双角五爪龙是皇家的标志，专家否定了高安元青花上的三爪和四爪龙来自皇家的推断。目前最有可能的主人，一个是元代的地方长官鞑虏花刺，另外一个是当时的驸马都尉伍兴浦家族。

然而，由于缺少文字证据，目前尚且不能做出最后结论。高安元青花窖藏主人依然是个谜。

700 多年前，由于元代的辽阔版图，让我们的祖先看到了西域那些清真寺，收获了一些叫作苏麻离青的粉末。然而，当苏麻离青经过中国窑火的洗礼之后，汉文化和伊斯兰文化开始融合，这些极具伊斯兰特征的图案和色彩被永远固定在中国的陶胎上，从而得名青花，成为中国的国粹。

19 件元青花和 4 件元代釉里红，令古陶瓷专家为之兴奋不已，尽管非常难得上手把玩，但见过的人都不惜使用最美丽的语言来赞美它。

高安，是一个平静的小城市，但令人不敢轻视。因为她具备令人心潮澎湃的能力，这种能力便来自那些举世无双的国宝——元青花。

（董浩珉）

巨棺疑云

2008年10月15日，广西上思县城附近的一处工地上，正在取土的挖掘机突然碰到了一块硬东西。以往在挖掘中也遇到过大石头，工人们没有太在意，继续在周围取土。很快，失去支撑的巨石滚下断面。人们仔细打量这块滚下来的石头，却突然发现：这并不是一块天然巨石，上面有非常明显的人工痕迹。接到工地的报告，上思文管所所长王善初立刻赶到了现场。

王善初："当时我们到现场一看，仔细观测了以后，我们马上就可以确定里面包裹着棺木。"

滚下来的"巨石"中居然包裹着棺木，而更令人惊奇的是，就在刚才挖掘的地方正悬着一块更大的巨石。

广西上思县城附近的一处工地上，正在取土的挖掘机突然碰到了一块硬东西

滚下来的巨棺以前从没见过，单看个头，它比一般的棺材大不少，重量肯定超过了一吨。但是，什么样的棺木需要像这样六面密封起来呢？难道里面藏着什么珍贵的陪葬品？还是有其他更特殊的原因？

悬在断面上的二号棺可能重2～3吨，为了避免简单挖掘再次发生意外，自治区文物局派出专家协助挖掘工作。

巨棺外面包裹着一层精心夯筑的三合土，这让一号棺在翻滚中也只留下了轻微的“蹭伤”。这样奇特的棺材究竟是一种什么墓葬呢？

杨清平：“用三合土做墓，大概是明代中期开始流行的一种墓葬形式。在东南沿海的很多地方都有发现，比如说南京、湖南、江西、广东都有发现。”

三合土的主要成分是石灰、粗砂和糯米。怎样制作一个完全密封的三合土外棺，并没有确切记载，杨清平推测是这样一个流程：首先夯制棺底，然后迅速放入木棺，并在模具内夯打出四壁，最后制作棺盖，密封全部完成。经过一段时间风干硬化，整个棺椁将保持极高的强度和密封性。

杨清平：“因为三合土的致密性特别强，所以用它来做墓的话，密封就特别好，不容易渗水，也可以防盗。”

外层是致密的夯土，然后是木质内棺，这样的墓葬当然能很好地保护尸体和陪葬品。然而，原本属于东南沿海的墓葬方式，为什么会出现在地处南疆边境的广西上思呢？它们会是什么人的墓葬？

二号棺挖掘的同时，王善初开始了对墓主人身份的调查。巨棺的发现地属

王善初测量那只较小三合土棺的尺寸，推测这可能是夫妻合葬墓中的妻子棺木

巨棺的外层是一种用石灰、粗砂和糯米混合夯筑而的三合土材质

于广元村，背后是一座小山，前面不远处是一方水塘。背山面水，正是过去人们讲究的风水宝地。然而，从村主任和附近村民那里，王善初了解到：这一带附近以前从没见过墓碑和坟堆。按照推断，巨棺制作年代不会早于明代中期，难道墓碑和其他信息在短短400年间被完全破坏掉了？

附近有村民认为巨棺主人可能是自己的祖先，纷纷前来烧香祭拜

王善初："壮族这边的风俗是很讲究的，也是很禁忌的。一般人家的祖坟或者是祖墓，都不会轻易毁坏的。"

墓碑和坟堆被人为破坏的可能性极小，怎么会不翼而飞了呢？难道这个奇怪的墓葬本来就没有墓碑？

二号棺可能重2～3吨，自治区文物局派出专家协助挖掘工作

两只三合土棺的出现轰动了整个上思县城，挖掘现场一度情况混乱。为了保护文物安全，县里贴出了通告，现场也由警力24小时严密看守。此时，二号棺的挖掘也遇到了难题。

能够将3吨重的吊车拖翻，二号棺至少重四五吨。这大大超出人们的预想。巨棺中究竟藏着什么有分量的宝贝？在另一台挖掘机的配合下，二号棺终于平稳降落，两只巨棺重新会合，它们之间会是什么关系？

杨清平："当时有人推测可能是一座夫妻的合葬墓。"

王善初："按照我们这边的风俗习惯，只有夫妻合葬才能够并排，如果是父子葬或者母子葬是绝对不能并排的，只能是一上一下。"

如果巨棺的主人是一对夫妇，他们又是什么样的人呢？

杨清平："这类墓葬的主人，一般在士大夫阶层比较流行。"

两口巨棺的出土引起了村民们的众多猜测

巨棺的主人显然拥有不俗的经济实力。从棺木的制作到墓地的选择，他们对自己最后的归宿，显然非常重视。为什么不留下墓碑或者其他标志，让后世子孙凭吊祭拜呢？王善初觉得很难解释这样一个矛盾。而巨棺背后似乎还有一些东西让人迷惑。

巨棺的主人究竟是什么人？墓地周围没有留下任何线索。此时，事情却突然有了转机，附近有不少村民赶到挖掘现场，拜祖认亲。

王善初：“按照他们的观念，这座山一直是属于他们这个村管理的。按照我们这边的风俗，只有自己的亲人死了以后，才能埋在自己管理的土地上。”

村民的推断看似合情合理。然而，广元村人口超过 500 人，绝大多数都同宗同姓，这样的大家族对传统极为重视，如果巨棺主人真是他们的祖先，怎么几百年中都没人知道呢？认亲显然有些盲目，但是王善初却受到启发，想要揭开巨棺主人的秘密，广元村中或许真的藏着什么线索？他决定从村里的老屋开始寻找。

对广元村陆家老屋的调查，无意中发现了武举人陆升华的线索

老屋的主人姓陆，是村中的大族。明代末年，陆家先祖从广东迁来上思，从此开枝散叶，人丁日益兴旺。一番交谈后，王善初果然有了重要发现。

陆步舒（广元村村民）：“听老人说，在我房子那边以前有一户人家是当大官的，朝廷文官过来要下轿，武官过来要下马，才能经过。”

老陆所说的这位先祖如果确有其

人，他和神秘的巨棺之间会不会有关系？老陆家是广元村保存最好最有年头的老宅，按照当地风俗，正房是一座神堂，供奉着历代祖先。就在祭坛上方的族谱上，赫然记录着这位先祖的名字。为了进一步验证传说的真实性，老陆带王善初来到了自家后院。

当地的壮族乡民一直保持着二次葬的丧葬习俗

陆步舒："这里的主人曾经很富有，但是现在没有人理了。"

躺在陆家后院的两块石碑看来已经很久无人问津，但上面的碑文依然很清晰。

王善初："癸卯科举人，道光二十三年。"

这位叫陆升华的先祖曾经是道光二十三年的举人。明清时期，举人是乡试也就是各省考试的胜出者，一旦中举就意味着一只脚踏入仕途。 老陆所说的"文官下轿、武官下马"看来并不是空穴来风。

在县城的小店里我们找到了用于二次葬的金罐

接下来，老陆拿出了一个更有分量的证据。这块曾经挂在大门上的牌匾，见证过陆家当年的辉煌，现在早就束之高阁了。

王善初："道光二十三年，陆升华中举以后，兵部侍郎送给他一块匾，就是经元，经元应该说是举人的第二名。"

显然，陆升华在武举考试中名列前茅，这块经元匾就是对他的一种变相的肯定。看起来，陆家这位第九代先祖事迹确凿，在当年，他绝对是本地数得着的名人。

王善初："陆升华在道光二十三年中了武举，后来他做了什么官，死了以后安葬在哪里？知道吗？"

陆步舒："不大清楚，不知道在哪个地方。"

老陆这位先祖做过官、埋葬地不详、祖先还是明末从广东迁入，和推断出的巨棺主人特征很有几分符合，他们会是同一个人吗？

广元村陆家老屋的调查，无意中发现了武举人陆升华的线索。但是，在上思县保存下来的清代家族墓地，王善初发现本地清代墓葬的形式和两口巨棺出入很大。道光年间的陆家早已入乡随俗，陆升华也显然不会离经叛道地采用这样一种三合土墓葬方式，他绝不会是巨棺的主人。此时，王善初先前曾隐约感觉到的一个矛盾变得清晰起来：两只巨棺包裹严密，显然是准备深埋地下，永久安葬；而在以壮族为主要居民的上思县，一直流行着另一种完全不同的墓葬风俗——二次葬。

上思地处亚热带，气候湿热，人们一般选择在一些气温较低的节气进行二次葬。和棺木这样的葬具相比，金罐看似要简单一些，但是，从图案到工艺，它的讲究也一点不少。

碗店内的金罐根据大小和工艺的不同，价格从 30 多元到 200 多元。在广西很多地方，壮族居民的二次葬习俗从未中断，这些金罐也保持着几百年前的传统。二次葬究竟是一种什么样的葬俗，能够一直流传到今天呢？

按照传统，二次葬一般会在首次下葬的三五年后进行，此时，尸体早已经血肉化尽，可以打开坟冢，捡骨重葬了。相比第一次葬，二次葬对于整个家族，意义尤其重大，全过程有一套神圣而严格的仪式。

棺内不断流出一种茶色液体，看上去并不稠，也没有什么异味，人们对这不明棺液有各种推测

按照预先估算的尺寸，专家们首先在一号棺标出了第一个钻孔的位置，开棺正式启动

很多民族崇尚人死后肉身长存、永享世俗生活，而壮族人更重视骨骸的安葬。在捡骨过程中，人骨按照从头到脚的顺序被依次取出，放在洁净的白沙纸上，亲人们在一种肃穆而亲近的氛围中擦拭骨骸，剔除上面的泥土、草根和尚未腐烂的衣物，祈祷逝者灵魂永久皈依。二次葬究竟出于什么样的动机，有着各种

尤在人们回头搬运相对较小的一号棺时，意
悬不到的情况出现了

按计划，要确认内棺的尺寸和位置，首先是在巨棺的四个侧面开凿探洞

力了尽可能保护里面的木棺，电锯并没有锯
透三合土，而是留出了1厘米左右的部分，
最后用木楔涨开

现在，粘连的三合土部分已经完全分离，只要移开厚重的顶盖，后面的工作将容易得多

说法。

和捡骨的顺序刚好相反，清洁之后的骨骸，将被从脚到头依次放入准备好的金罐中，等待封盖之后，埋入精心选择的风水宝地。

壮族先民从何时开始二次葬，年代仍未确定，但是从明清两代开始，二次葬已经在壮族全面盛行。

而在上思这样的地区，壮族居民占总人口的 80% 以上，几百年间，墓葬方式几乎保持着原貌。显然，忠于传统的二次葬和三合土包裹的墓葬之间，有着巨大的反差：前者是简单入殓后，等待捡骨重葬；后者是六面严密包裹，一次性永久安葬。目的完全不同，方式也截然相反。而这一反传统的巨棺主人究竟是什么人？他们又是出于什么样的动机，不愿让自己的墓葬留下一点痕迹呢？

巨棺主人的调查陷入了困境，为了更好地保护文物，两口三合土棺计划搬进室内，妥善保存。

二号棺重约 5 吨，单靠人力把它送入室内是一项艰巨的工程，然而就在人们回头搬运相对较小的一号棺时，意想不到的情况出现了。

棺内不断流出一种茶色液体，看上去并不黏稠，也没有什么异味。两三分钟后，液体不再流出，此时，人们对这不明棺液有了各种推测。

王善初："是不是当年棺内的尸体浸泡着防腐剂，我们猜测棺内尸体保存完好的可能性是比较大的。"

关于古代的尸体防腐处理，中国考古史上曾有过这样的奇迹：1972 年，长沙马王堆一号汉墓中，墓主人轪侯夫人辛追的真容让全世界震惊。这位神秘的老太太历经 2 100 多年，为何肉身不腐？专家们推断：一方面由于尸体被多层纺织物包裹，外面还有四层密封的棺椁，隔离了氧气；另一个重要原因是棺内有大量弱酸性液体，不利于食腐微生物的生长。现在，一号棺中不明棺液的流出让人们产生了新的期待：三合土密封的棺木内会不会也有保存完好的古尸呢？

一号棺中可能有人们期待的种种奇迹，这个奇特的墓葬中究竟藏着什么秘密呢？ 2008 年 12 月，来自全国的十多位专家会集上思，为一号棺量身定做了一套开启预案：首先在一号棺适当位置开挖探洞找到内棺，然后沿内棺棺盖上

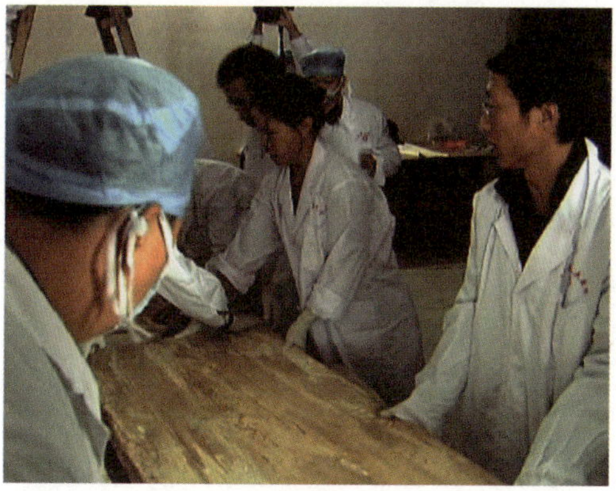

现场人们闻到了一股樟木的香味，从裸露的木料来看，棺盖几乎没有糟朽，这说明整个内棺保存得非常好

缘切割三合土层，移开顶盖，最后开启内层木棺。整个计划严谨缜密，但在实际操作之前，一切仍是未知。

2008 年 12 月 19 日，一号棺开启的日子，按照要求，存放巨棺的房间必须隔光、消毒，十几位专家分为考古组、保护组和医疗组，随时准备应对可能出现的情况。

按照预先估算的尺寸，专家们首先在一号棺上标出了第一个钻孔的位置，开棺正式启动。

当樟木棺盖打开之后，出乎所有人的意料，眼前竟然是一副黑色木棺

如果能顺利找到内棺，将会给整个工作开一个好头。然而这第一钻的情况却并不乐观：尽管钻头深达 30 厘米，却仍然没有钻到木质材料。

按计划，要确认内棺的尺寸和位置，首先是在巨棺的四个侧面开凿探洞，现在看来，这第一个孔还是打高了，仍然停留在木棺上方的三合土层中。

调整了位置之后，探孔继续。第四个钻孔终于碰到了木头，从钻头的深度看，三合土的厚度大约 20 厘米，比预想中厚了 5 厘米。在第四个钻孔的附近，人们进一步扩大探洞，很快，里面的内棺已经清晰可见了。按照计划，三合土外层的切割将沿着棺盖上缘进行。

为了尽可能保护里面的木棺，电锯并没有锯透三合土，而是留出了 1 厘米左右的部分，最后用木楔涨开。现在，粘连的三合土部分已经完全分离，只要移开厚重的顶盖，后面的工作将容易得多。借助简单的机械装置，期待已久的木棺露出了本来面目。

现场人们闻到的是樟木的香味，从裸露的木料来看，棺盖几乎没有糟朽，这说明整个内棺保存得非常好。在这层棺盖之下，墓主人究竟会是一副什么样子呢？然而，当樟木棺盖打开之后，出乎所有人的意料，眼前竟然是一副黑色木棺。

如果把三合土当作一重外椁，在这层外椁之下，出乎意料地竟然有两重内棺，西周时曾有“大夫一椁两棺”的严格等级规定，虽然到了明清两代，墓葬方式已经发生了巨大变化，但是能够使用三重棺椁仍然是一种身份的象征。

眼前的黑色内棺，表面仍然发出耀眼的光亮，要不是翻滚中落上了沙土，几乎就像新的一样。它的意外现身让现场已经略感疲惫的人们再次兴奋起来。

人们此前一直认为，巨棺的三合土包裹内是一层木棺，墓主人就置身于这两重棺椁之中。但是，在一号棺的开启过程中，意外地发现了第二层木棺，这让在场的人们惊喜之外，多了一些期待：打开最后这层棺盖，会不会出现新的惊喜呢？

王善初：“当打开棺盖的时候，我们往里面一看，奇迹并没有出现。”

内棺中只有一具十分凌乱的骨骸，和此前的估计反差巨大。两个月前，刚刚开启的这口一号棺在施工挖掘中被误认为一块巨石，而任其滚落下来。随后，人们发现这块形状奇特的石头其实是一口包裹在三合土中的棺木。和它一起埋葬还有另一口更大的棺木，它们很可能是夫妻墓葬。

专家们推断巨棺的年代约为明清之际，但是墓主人的身份，却没有丝毫线索，巨棺的主人似乎故意不留下一点痕迹。而他们独特的墓葬方式和上

内棺中只有一具十分凌乱的骨骸，和前的估计反差巨大

按计划，工作人员首先沿木棺棺盖上缘切割三合土层，移开顶盖

思传统的二次葬风俗之间又有着巨大差异。种种离奇之处让人们充满了好奇。

滚落下来的一号棺在搬运过程中，出现了渗漏，不明棺液的流出让人们产生了新的期待：巨棺中可能有保存完好的尸体。然而开棺之后，一号棺主人仅剩下了骨骸，并且因为最初的翻滚而显得十分混乱。

经历了最初的失望，人们把视线转向棺内的随葬物品。如果能找到墓主人的信息，揭开围绕巨棺的所有这些谜团，或者有其他珍贵随葬品发现，它们的价值将不亚于发现一具完好的古尸。专家们开始对内棺进行清理，很快墓主人的头骨被找到。

根据颅骨和髋骨的特征，专家们认定，墓主人是一位老年女性，这完全符合人们对一号棺属妻子墓葬的推测。但是关于她的死亡时间和其他信息，单凭目测无法确定，还需要进一步鉴定和比对。内棺中的陪葬品看上去并不多，最醒目的是墓主人身上的一件金色花纹的纺织品。

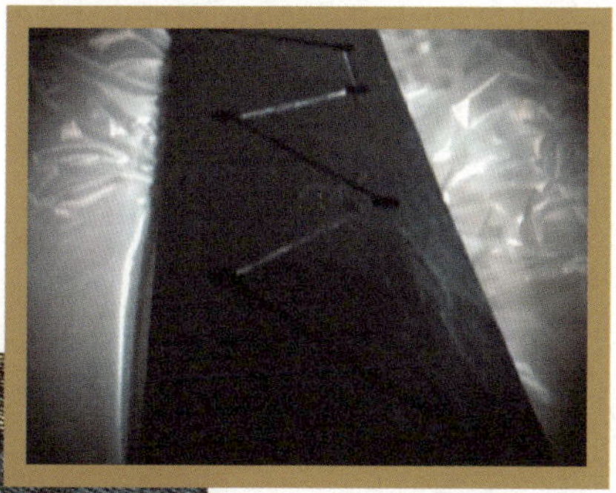

一直没有引起大家注意的这块垫在尸体下方的木板上，清楚地显示着北斗七星的图案

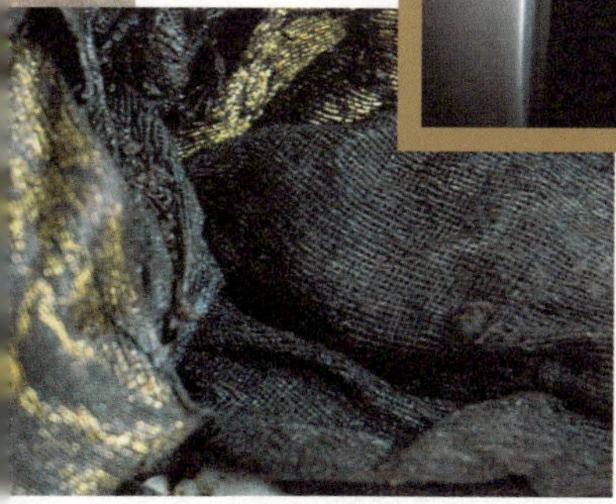

棺中的陪葬品看上去并不多，最醒的是墓主人身上的一件金色花纹的织品

这是一件纱质外衣，虽然还未经过清洗，但是不难看出，当年的工艺非常讲究。现在，它的出现再次验证了人们对巨棺主人身份的推测：有实力使用讲究的三合土墓葬和精美的纺织品，墓主人显然非富即贵。与此同时，这件金色外衣的出现却引出了一个新的疑问。

王善初：“一见到那个

衣服的表面，我们就感觉跟壮族的服饰有所不同。”

一号棺的底部有一层黑色的沉积物，按照当地风俗，死者身下会垫上草木灰防潮，在最初的翻滚中，腐烂的黑色灰泥已经和墓主人的遗骸以及其他陪葬品混在了一起，这让清理工作变得非常缓慢。在仔细清理了这些草灰泥之后，人们发现其中有三枚钱币。

开元通宝是唐代初期发行的一种钱币，历史上曾经赫赫有名。然而经历宋元朝代更替，早已不再流通，它怎么会出现在这个明清墓葬之中呢？

梁宏刚：“这跟我们现在有些民间的陪葬，还用康熙通宝是一样的，就是前世的钱后世还继续用，作为陪葬。因为它不流通，相当于冥币的性质。”

除了三枚开元通宝，一号棺内还找到了一把折扇，以及女主人的耳环、发簪等简单饰物，没有任何能证明墓主人身份的物品，相比那件涂有金粉的外衣以及三重棺椁的墓葬，这些随葬品似乎太简单了。然而正当清理工作进入尾声，人们开始清洗那块垫在墓主人身下的木板时，一个新的发现让所有人打起了精神。

李珍：“用水一刷草木灰就掉了，掉了就看到有很多圆孔，圆孔之间是用线条连起来的，整体就是北斗七星的形状。”

一直没有引起大家注意的这块垫在尸体下方的木板上，清楚地显示着北斗七星的图案。现场的人们为之一震。

明代墓葬和北斗七星之间似乎颇有渊源：20 世纪 90 年代在明孝陵的一张航拍图片上，人们发现明太祖朱元璋的陵墓布局独特，从下马坊到地宫之上的宝顶，七个主要建筑恰好构成了北斗七星。

明神宗的定陵是唯一被开启的明代皇陵，地宫打开后，人们吃惊地发现：万历皇帝并不像传统葬式那样，仰身平躺在棺椁内，而是一种奇怪的侧身微曲的躺姿，有专家认为这是一种专属帝王的北斗七星葬姿。按照风水之说，这个巨大的 S 型图案最为聚气，预示子孙兴旺。

关于北斗七星，尽管有种种神奇的传说和巧合，却都不是直观的图形和确凿的文字记载。而垫在墓主人身下的这块木板，却是确定无疑的北斗七星排列，它究竟有什么特殊的寓意呢？

北斗七星板的含义暂时成谜，王善初只能把注意力转向那件让他觉得疑惑的金色外衣：与印象中的壮族服饰有一个最大的不同，这件衣服上没有盘扣。上思县虽然 80% 以上的居民都是壮族，但是今天已经很少有人穿着本民族的服装，到哪里去寻找了解传统壮族服饰的人呢？

县文化馆剧场内正在进行一场排练，台上的主唱是上思县的一位传奇人物——歌王岳建霄，老岳是土生土长的上思本地人，前几年被评为广西壮族自治区十大民歌王，可以说是位民俗通，王善初和文体局的雷局长准备从歌王老岳这儿寻找突破。

雷局长："阿姨，我想问一下我们壮族的服装，以前有扣子吗？"

歌手："有扣子啊，明代、清代的这种扣都是用土布做的，打一条大概有一米长的布条，做扣用多少就减多少，然后钉在这里。这种扣不容易掉，洗衣服用木棍来打，不容易烂。"

王善初："那女人的扣子一般是多少？"

歌手："5 ~ 7 个，7 个就是七星高照。"

王善初："那 5 个呢？"

歌手："五福临门。"

三位歌手所穿的民族服装因为舞台表演的需要已经有了很大改动，但是按照老岳们的说法，传统的壮族服装是都有盘扣的，这和墓主人的外衣显然不一样。而看到两位大姐的头巾，王善初突然想到了另一个问题。

王善初："以前女人的头发都是盘起来的吗？"

木棺内竟然到处分布着龙须，专家认为这是一种植物的根系，它的出现说明内棺密封并不好

歌手：“是啊。”

显然，传统的壮族盘发和墓主人的发式也完全不同，这让人立刻联想到另一个巨大反差。

王善初：“当时的推断应该说两座墓的主人，原先并不是我们壮族本地区本民族的人，而是从外地来的。”

到现在为止，还没有巨棺主人身份的直接线索，垫在墓主人身下那块北斗七星板，也显得神秘莫测？就在调查陷于停顿之时，网络上的一个意外发现让王善初为之一振：重庆的一座清代墓葬中也发现了一块刻有北斗七星图案的木板。

人们在木棺棺盖上发现了一种奇怪的图案，当地风俗把这叫作龙须

从文字描述看，两个图案几乎一模一样。重庆的这个墓葬属于清代末年，形式上也与上思巨棺相去甚远，但是为何都有北斗七星的奇怪图案呢？

墓碑上的文字表明：重庆的这位墓主人生前曾官居五品。难道北斗七星代表着一种特定的身份吗？三合土墓葬本来就在士大夫阶层流行，三重棺椁也是一种地位的象征，还有工艺精美的金色外衣价值不菲，这是否说明巨棺主人生前曾拥有显赫的地位。如果真是这样，他们的墓葬为什么会如此有违常理呢？

曾经声名显赫的墓主人希望在生后隐姓埋名，长眠于异乡的土地上，这会是为什么呢？上思是中国紧邻南方边境的一个小县城，距离越南边境仅 100 多千米。它最为人所知的一段历史是在一部老电影《英雄虎胆》中：打入敌人内部的侦察科长曾泰和对手巧妙周旋，机智地获取了情报，帮助解放军剿灭了活动在十万大山一带的国民党余匪，影片中故事的发生地——十万大山的主峰就位于上思境内。

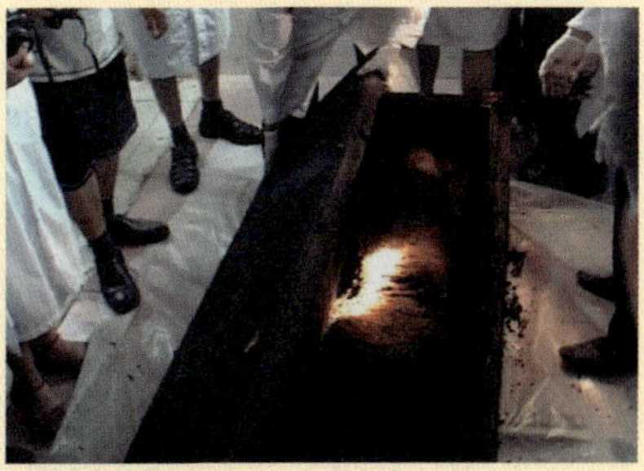

打开黑色内棺，男主人看上去保持着下葬时的姿态，人们猜测是不是形成了干尸

由于地理位置特殊，历史上，上思也曾风云际会、卧虎藏龙。来自外乡的巨棺主人默默地长眠于这里，不给后人留下任何线索，他们是看破红尘？是在逃避着什么？还是有其他不足为外人道的原因呢？

二号棺重新燃起了人们的希望，这口顺利挖掘出来的巨棺体量更大，外层包裹也更完整。如果它真是男主人的墓葬，应该有更多让人期待的东西。2009年6月，专家组再次汇集广西上思，对二号棺进行开启。

按照计划，首先要在巨棺的适当位置开挖探洞，找到第一层木棺，然后沿木棺棺盖上缘切割三合土层，移开顶盖，并开启第一层木棺，最后也是最激动人心的一步就是打开第二层木棺，墓主人究竟是什么样子，一切都将大白于天下。

6月7日上午，二号棺的开启正式进行，开挖探槽，寻找木棺，前面的工作都比一号棺顺利得多。但是，二号棺的高度达到了1.4米，体量比一号棺大很多。找到第一层木棺的位置之后，专家们发现，上层的三合土盖比预想的要厚不少，单单这个大盖子就超过了一吨，而这恰恰给后面的工作带来了意想不到的麻烦。果然，在开启三合土棺盖的过程中，巨棺的下半部分出现了破损。此时，人们在木棺棺盖上发现了一种奇怪的图案。

王善初："这种图案我们把它叫作龙须。"

所谓的龙须呈发散状，分布在棺盖的一头，关于它，当地还有一个离奇的传说。

王善初："人死了以后，家里面的亲人都要痛哭。亲人的痛哭，振动了死者的灵魂，他就感到伤心，他就从口里面喷出一口血来，喷到棺盖上去，就形成了棺盖上面呈现出来的图案状的花纹。"

传说给龙须增加了一丝神秘，龙须究竟是一种什么东西？此时它的出现到底是凶是吉？打开樟木棺盖之后，预料中的第二层黑色木棺再次出现，此时人们发现，龙须的触角也伸到内棺之中，因为三合土棺已经破损，专家组决定将内棺抬出来，再做开启。然而，空荡荡的木棺内竟然到处分布着龙须，现场有人开始担心内棺的保存情况。

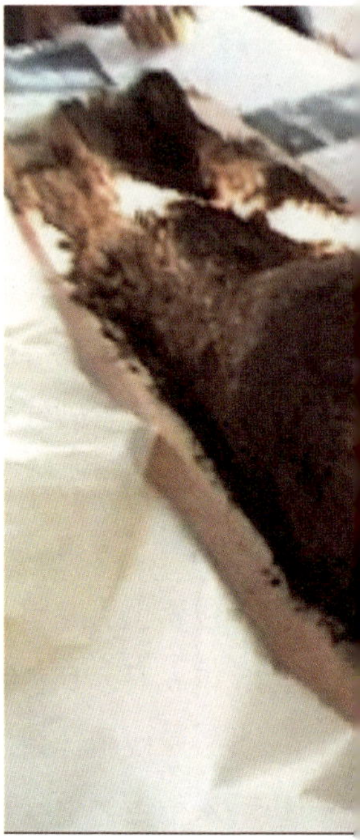

梁宏刚认为，龙须类似于植物的根系，很可能是三合土中原来就混入了种子，因为整个棺椁密封并不好，有地下水渗入而得以生长，成为现在这个样子。

龙须带来的意外还没有结束，就在人们仔细打量木棺内部时，突然有了惊人发现：这 7 个凸起的木墩立刻让人们联想到另一个图案：一号棺中垫在墓主人身下的那块北斗七星板不正是这样的分布吗？北斗七星的秘密很可能就藏在即将开启的黑色内棺之中。打开这口黑色棺木，人们期待的谜底即将揭晓，现在需要的是一点点耐心。开启最后一道锁扣，墓主人即将现身。

李珍：“整个人的形状，跟死的时候放置的情况一样，没有变化。”

梁宏刚：“尸体上面盖的纺织品还呈现黄色。”

王善初：“当时我们的想法是不是形成了一个干尸。

眼前的干尸只是错觉，墓主人仅仅留下了完整的骨架。只是由于二号棺发掘和搬运平稳，整个骨骸还保持着当初下葬时的姿势。从骨架上看，墓主人身材并不高，只有 1.6 米左右，他会是人们推测的一号棺女主人的丈夫吗？”

实际上，二号棺的保护情况远不如一号棺，纺织品已经全部灰化，稍一接触就可能折断，在它的下面会有哪些随葬品和其他意想不到的发现呢？专家组只能采取一个特殊的办法：将墓主人的遗骨连同身下的垫板送往县医院进行一次全身 X 线检查。

二号棺的主人将接受一次全身透视检查，X 线下，会有什么发现呢？

梁宏刚：“从头部开始拍的，发现在头顶发髻的部位，有个金属的发卡类

专家们把所有的片子，按照从头到脚的顺序依次排列起来，正好组成了墓主人的完整骨架

专家们从男主人腿部和脚下各取出两枚，发现这是另一种唐代的货币——乾元重宝

的东西。”

X 线下的这个金属发卡是一个男用发簪，仔细辨认，甚至可以看到发髻的轮廓，墓主人当年下葬时显然是在头顶盘有发髻。

X 线显示，除了发簪以外，墓主人头部下方还有多枚钱币，其中的一枚稍大一些，似乎是在墓主人口中。专家们认为这应该是一枚特制的压胜钱（咽口钱），之前在一号棺中也有发现，并不算奇怪，而稍小的那一枚可能和女主人墓中一样，也是开元通宝。

透视继续进行，X 线片陆续生成。令人奇怪的是每一张片子上都能看到钱币，而它们的分布似乎毫无规律可循。

专家们把所有的片子，按照从头到脚的顺序依次排列起来，正好组成了墓主人的完整骨架，此时，大家突然发现了一个惊人的事实：墓主人身下一共有 7 枚钱币，它们连在一起就是一个北斗七星。而这和一号棺中垫在女主人身下的那块北斗七星板几乎一模一样。也就是说，男主人身下同样有这样一块北斗七星板，而七枚钱币正是放在他身下代表七星的那 7 个圆孔上。X 线下，北斗七星和开元通宝的秘密终于揭晓。

但是，从二号棺主人的 X 线片上，依稀可以看到钱币上的文字，似乎并不是开元通宝，专家们从男主人腿部和脚下各取出两枚，发现这是另一种唐代的货币——乾元重宝。它的发行年代要稍晚一些，但其一枚却可抵用十枚开元通宝。

X 线片上的物证确定了墓主人所属朝代，巨棺的年代一下缩小到了明中后期。王善初认为：墓主人如果的确有官方背景，当地县志上很可能会有记载。但是明代中后期跨度也长达一两百年，究竟从何处着手去查找线索呢？他做出了一个大胆推测。

王善初将目标锁定一个特殊的历史阶段——明末清初的南明政权。

王善初："是不是这两座墓的主人跟明代灭亡以后在广西这一带活动一段时间的小南明的朝廷里面的官员有关系。"

公元 1644 年，李自成攻陷北京，崇祯皇帝自尽，大明宗室的其他成员和他们的拥戴者在南方建立了抵抗政权，史称南明。然而这个动荡政权的最大敌人很快发生了变化，意图一统中原的大清开始了对南明势力的逐一绞杀。前后历经 18 年，南明政权一直在风雨中飘摇，许多人的命运也因此而改变。

巨棺主人隐姓埋名的墓葬方式虽然令人费解，但乱世动荡之中，一个效忠前朝、却无力改变现状的人，做出这样的选择就不难理解了。按照这个思路，一个叫黄其晟的人进入了视线。

根据县志记载，曾任广西左江道的黄其晟，追随永历帝一路逃亡。在清兵的追击之下，这支逃亡队伍不断缩小，许多人不得已潜入尚未被清政府控制的南方山区隐匿下来，而黄其晟不知道出于什么原因，选择隐居于上思。如果真是这样，他很可能就是二号棺中那位男主人。

巨棺主人的身份有了突破性进展，在广西医科大学的实验室中，一号棺女主人的骨骸也在进一步鉴定。如果能得到更多的信息，也许能帮助人们最终确定墓主人的身份。从目测看，这位女主人死亡时已经步入老年。

然而，之前二号棺男主人的 X 线片显示，他的牙齿几乎全部保留。从搬运过程中脱落下来的一颗牙齿来看：他的年龄在 50 岁左右。根据耻骨联合面的特征，莫教授也确定了一号棺女主人死亡时的年龄。

莫世泰："这个人大概在 60 ~ 70 岁。"

显然，她比自己的丈夫长寿许多。两只巨棺的下葬时间至少相差 10 年以上。根据头围和股骨的长度，莫教授用公式推算出这位老太太当年身高大约 153 厘米，这和二号棺中她的丈夫非常般配。

然而关于墓主人死亡的准确年代，人骨鉴定无法做出推断，目前最有效的碳 14 测年，误差可以精确到几十年的范围，但全国只有北京大学可以进行鉴定，短时间内，还拿不到进一步结果。

人骨鉴定得到了巨棺主人的死亡年龄和身高数据，王善初希望能找到黄其晟夫妇的更多资料进行比对，就在此时，一个新的线索彻底颠覆了他之前的所有推断。根据黄其晟家乡——福建《同安县志》的记载：在追随永历帝的逃亡途中，黄其晟曾被清军关入狱中，6 年后才释放回到福建老家。如果真是那样，他死后肯定在家乡安葬，巨棺的主人显然不可能是黄其晟。

在这次对二号棺的开启中，荆州文物保护中心的技术人员对一号棺中发现的纺织品做了进一步清洗，那件耀眼的金色外衣由于胸口处涂有金粉，需要加固保护，而未能全部展开，它再次留给人们一个费解的谜题。

王善初："我们从胸口那个部位发现了一块刺绣，上面有一只展翅飞翔的鸟类的图案。"

这个类似飞鸟的图案宽度约为一尺，造型非常特别。

这个奇特的图案究竟有什么特殊含义，会不会藏有墓主人身份的信息呢？王善初在网络上四处搜寻有关刺绣的信息，希望能有所启发。而这一次的发现给了他一个大大的惊喜。

明清两代的官服，胸口和背部都有一个特别的装饰叫作补子，按照规制：文官绣飞禽、武官绣走兽，依品级而不同，有严格规范。而夫人们的命服上也会装饰和丈夫同一品级的官补，以示荣耀。王善初将一号棺女主人外衣上的飞鸟图案与文官官补上的刺绣进行比对，虽然前者尚未完全展开，但两个图案惊人相似。和以前的那些间接证据相比，这或许能成为墓主人官员身份最有力的物证。几乎与此同时，黄其晟这个名字也再一次出现在王善初面前。

王善初："黄其晟曾经以通家的身份为杨氏的一个祖先撰写过碑文。"

从这篇写于永历二年的碑文上看，黄其晟当时还没有开始流亡生活。因为黄、杨两家为通家之好，他为杨家的这位长辈题写了碑文，而这恰恰能证明他与上思有过紧密接触，县志上的记载并非杜撰。

在广西医科大学，莫世泰教授通过人骨鉴定推断出女主人的身高数据和死亡年龄

经历了半年多的调查，巨棺主人的寻找终于有了初步结论：一对忠于前朝的夫妇在改朝换代之后，选择隐居他乡，而在他们死后，遵从家乡风俗和明代旧礼将自己更彻底地隐藏了起来，所有这一切在400多年后的人们眼里，充满了反常和不可思议。

（何敏）

断臂陶俑

2007 年 7 月，一支由陕西省考古研究院的工作人员组成的勘探队伍，进入到了凤栖原。让人们欣喜的是在这里，考古队员很快就勘探到了大墓的轮廓。

西安古称“长安”，有十三朝古都美誉。它曾经是大秦帝国的都城，大汉王朝在这里留下了根基，大唐的贞观长歌在这里唱响历史的天空。作为最负盛名的都城，西安浓厚的文化底蕴让它遍地都留有历史的遗迹。因此，在西安发现大墓并不出乎人们的意外。

然而，让人们感到吃惊的是，在凤栖原发现的大墓，不仅主墓的面积超过了 1 800 平方米，而且是一座“甲”字形的巨大墓坑，两旁是六座大型陪葬坑。甲字形大墓的外围还有多座随葬墓，它们的墓道都朝向“甲”字形大墓，仿佛众星捧月一般。如此高规格的大型墓葬在当地也是非常少见的。

考古队员在凤栖原发现了大墓的轮廓

甲字形墓葬是在长方形墓室的一侧有一条斜坡状的墓道，平面略呈“甲”字，因此得名。1995 年，在山东济南市西南发掘的双乳山汉墓，就是一座甲字形墓葬，大墓的主人是西汉的济北王刘宽，同时在大墓中出土了玉剑、玉覆面等珍贵文物两千多件。

因此，考古专家对于同样是“甲”字形的墓葬的凤栖原大墓充满了期待，在这里，能够出土多少让人心动的无价之宝？大墓的主人又会是一个什么样的王公贵族呢？

虽然墓的形制和规模都反映出这个汉代的大墓的确不一般，但是要对它进行发掘，就必须要求工业园的建设方让出时间，而这有可能影响到工业园整体建设进度，因此需要向上级主管部门报批手续。如果不能确定凤栖原大墓究竟有多高的规格，发掘之后又会有怎样的一个收获，是很难得到批准的。然而，对于考古队员来说，这一切还显得十分模糊。

汉代是中国历史上继秦朝之后出现的第二个大一统的王朝，分为汉高祖刘邦建立的西汉，汉光武帝刘秀建立的东汉两个历史时期。西汉建都在长安。东汉初期，都城由长安迁到了洛阳。两汉前后经历了四百多年的时间。

那么，怎样才能确定凤栖原大墓所处的年代究竟是西汉还是东汉？而它的规格究竟又有多高呢？丁岩想到

大墓中上千兵马俑（电脑还原图）

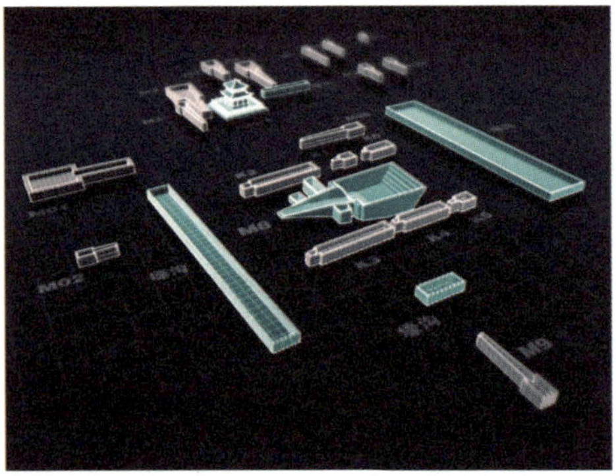

凤栖原大墓的全景（电脑还原图）

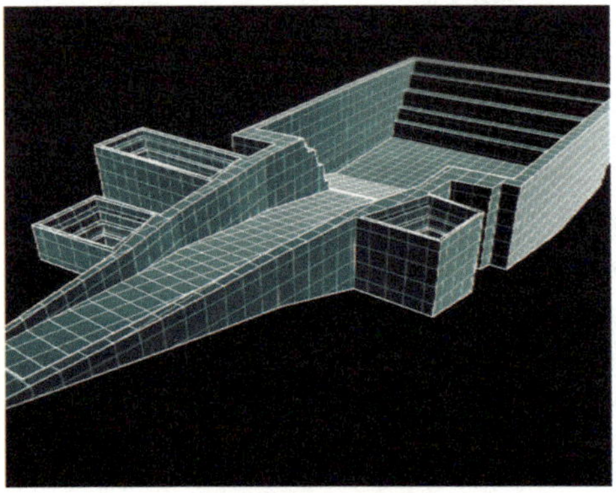

凤栖原大墓的甲字形墓坑立体图（电脑还原图）

了御赐茔地这种情况，也就是当时的皇帝，把皇家陵地周围的一些地方赐给重要的一些大臣，作为墓地。这个大臣的后代，也埋在第一代祖先的旁边。时间长了，就形成了大的家族墓地，而这种现象在西汉中期以前非常普遍。

凤栖原大墓开挖后的工地

凤栖原大墓的甲字形墓坑

丁岩发现，凤栖原的汉代大墓距离杜陵非常近，只有 6 000 米，而杜陵是西汉中期宣帝刘询的陵墓。尽管时光流逝，往日威严的皇家陵园已经被牧羊人的田园牧歌所取代，但是，从杜陵宏大的规模、优美的环境和四周随处可见的封土堆，仍可以想见当年皇上的无上风光。

而对丁岩来说，凤栖原墓葬距离杜陵如此之近，在这么近的一个区域中，有这样一个高规格的大墓，说明了一个什么样的问题？同时，它与杜陵有什么样的关系？凤栖原大墓的主人与杜陵的主人宣帝之间又有什么样的不解之缘呢？

很快，国家文物局同意发掘凤栖原墓葬的批准文件下达了。同时，工业园的建设方也同意让出 3 个月的时间给考古队进行发掘。这意味着考古队必须在 3 个月的时间里，找到凤栖原大墓是高等级墓葬的有力物证，否则大墓和附属在大墓中的历史信息将有可能成为永远的谜团。

在凤栖原大墓的外围有多座随葬墓，很明显它们是这个大墓主人后代的墓

丁岩在考古现场调查

葬。为此在首先进行的发掘中，考古队没有按照通常使用的惯例，先去对大墓动手，而是反其道而行之。

考古队首先发掘的是编号为M3和M4的两座随葬墓。在这两座墓中，如考古队员所期盼的那样，出土了比较丰富的器物，其中包括玉器、彩绘的陶器和铁制的武器等。不仅如此，这两座墓葬的形制还有一个非常特殊的地方，那就是M3是积沙墓，而M4是积沙、积石、积炭墓。

积沙墓和积沙、积石、积炭墓，都是在棺椁周围的6个面埋有大量的沙子、石块和木炭，它的主要作用是防盗。盗贼在盗掘的过程中，挖掘一下，活动的沙子和石块马上可以堵住缺口。如果盗贼贸然闯入墓葬中，流动的沙子有可能将其埋入沙中。

尽管古人绞尽脑汁设计出来的防盗机关，未必能够阻止后人盗墓。但是，这对于评判凤栖原大墓的时代却有了一个比较明确的指向，因为这两种墓葬的形制，主要集中在西汉时期。

紧随其后发掘的是编号为M5的随葬墓，这是一个砖券墓，不但规格高，而且从精心摆砌的砖石，可以看出这个砖券墓的修建技术非常高。从M5随葬墓中，不仅出土了当时的钱币，还有一组带釉的陶器。那绿色和棕色的釉陶器，在时隔两千多年后，还依旧闪烁着釉的光彩，而让考古队员更加心动的是一个造

在M5随葬墓中出土的带釉的陶

型别致、制作精良的龟纽玉印，它纯净透明的材质，似乎在向后人昭示着这个墓主人生前显赫的身世。

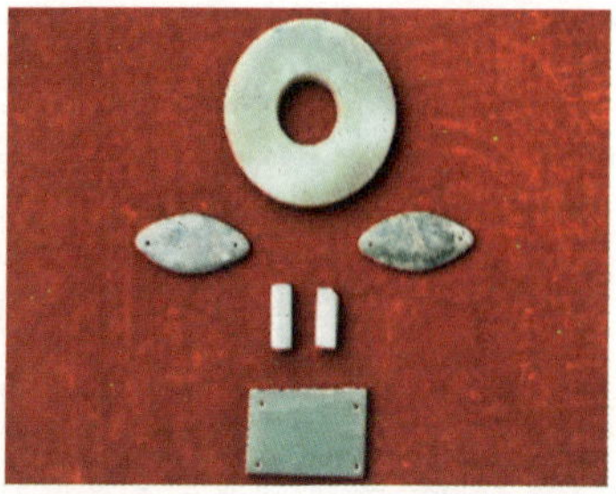

在M5随葬墓中出土的钱币和玉器

列侯在西汉时期属于朝廷重臣，是位高权重的人物。考古队员有理由相信，凤栖原大墓里的随葬品比他的后代更加丰富。然而，随着对大墓本体的发掘，一件让人们十分担心又不愿意看见的事情还是出现了，对大墓强烈期待的心情也随之平静下来。那么，究竟是什么事情让考古队员兴奋的情绪很快冷却了下来呢？

凤栖原大墓也没有能够逃脱汉墓十墓九空的现实。当大墓的发掘进行到5米左右的时候，盗洞出现了，而且数量达到了5个，其中有3个是属于早期的盗洞。

凤栖原大墓的盗洞不但数量多、洞口大，而且让人们更加惋惜的是，在盗洞周围还发现了大量的红色土质，这是泥土被烧过之后留下的痕迹。很显然是盗贼在洗劫墓葬后，为了毁灭罪状，临走时在墓穴里放了一把火。由于当时下葬的时间不太长，墓穴里的棺椁结构还没有腐烂，加上木材好，因此火力很猛。

大墓被盗让考古队员产生一些沮丧的情绪，但是考古工作还得继续下去。然而，在这个被盗严重的古墓中，还会留下多少零散的、比较重要的文物呢？考古队员心里没有一点底，只有对大墓的发掘抱有一丝的期望。而更让人们心急的事又出现了，此时考古发掘已经3个多月了，超过了当时约定的时间。

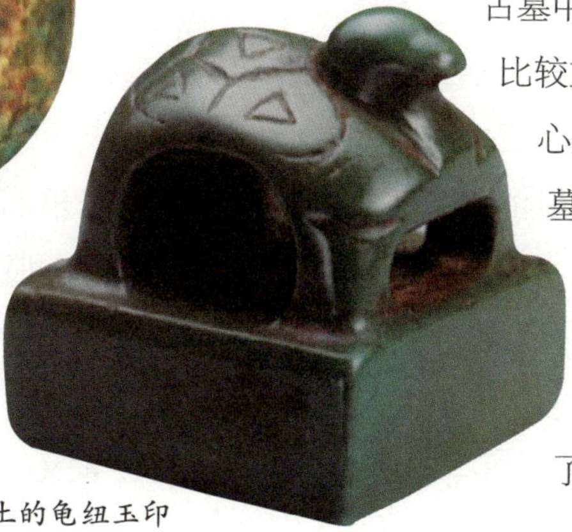

在M5随葬墓中出土的龟纽玉印

发现盗洞——凤栖原大墓也没有能够逃脱汉墓十室九空的现实

与考古工地相邻的航空园基地，正在热火朝天的建设中。不远处传来的轰鸣声，似乎每天都在催促考古队。作为现场负责人，丁岩也非常着急，时间拖得太长，肯定会影响当地的经济建设。但是，考古是一个缓慢细致的工作，不可能在短时间内结束。那么，接下来的工作又该如何进行呢？

凤栖原大墓的祠堂中出土的长乐未央瓦当

对凤栖原大墓祠堂的发掘，让考古队员感觉到这里也非同一般。它南北长 20 米，东西宽 20 米，面积达到 400 平方米。这样的布局表明，它在当时绝对是一个高级别的建筑。而超出考古队员想象的是，在这里竟然发现了属于皇家使用的高级物品。

瓦当是古代建筑上的构件，起着保护木制飞檐和美化屋面轮廓的作用。通过“秦砖汉瓦”一词可以知道，汉代的瓦当极为珍贵。而凤栖原出土的“长乐未央”瓦当就更加的珍贵，因为在两千多年前，只有皇家建筑才可使用“长乐未央”瓦当。

虽然“长乐未央”从字面上解释，是“长久欢乐，永不结束”的意思，但它引申的含义是：天子以亲和力善待臣民、与各地诸侯长和，那么他的国就能够永远地延续而传之“千秋万岁”，所以西汉的两座宫殿分别取名为长乐宫和未央宫。

由此可见，在礼制基本上已经建立好的汉朝，随便使用“长乐未央”4 个字，就意味着对天子的大不敬，后果可想而知。而凤栖原墓葬不但规模大、距离宣帝刘询的杜陵非常近，而且能够享用与杜陵中相同的“长乐未央”瓦当，足以说明这个大墓的等级非常之高，绝非一般的大臣能够享用。那么这个大墓的主人究竟会是什么样特殊的身份呢？

从各种迹象分析，墓主人的身份必须是王侯一级，而且与当时皇帝的关系也非同一般，才能够享受如此高等级的墓葬待遇。那么，谁又符合这些条件呢？

正在发掘大墓

霍光跟随汉武帝近30年，是武帝时期的重要谋臣。汉武帝死后，霍光接受遗诏，成为汉昭帝刘弗陵的辅政大臣，从此霍光掌握了汉朝政府的最高权力。“帝年八岁，政事一决于光”。霍光执掌汉室最高权力近20年，为汉室的安定和中兴建立了功勋，成为西汉历史发展中的重要政治人物。

凤栖原大墓的主人究竟是谁

霍光于公元前85年被封为博陆侯，如果凤栖原大墓的主人是霍光，那么他享受这样高等级的墓葬也就不足为奇了。然而，在随后的调查中，考古队员发现，霍光的墓葬早已经有了明确记载，并不在凤栖原，凤栖原大墓的主人不可能是霍光。那么谁会是这个大墓真正的主人呢？

据预测，凤栖原大墓的深度在15米左右，现在才发掘不到6米。要在短期内把大墓挖到底，显然是不可能的。如果长时间地占据工业用地，势必会影响当地航空园的建设。同时，由于大墓在发掘到5米的时候，就发现了盗洞，而且还有被火烧过的痕迹，因此大墓当中还存有多少文物，谁也说不清。那么，怎样才能在最短的时间内，得到一个关于墓主人身份的确切答案呢？

调整了工作思路后，考古队员把发掘的重点集中在了凤栖原大墓的一号耳室当中。由于一号耳室在大墓的边缘，因此它幸运地逃过了盗墓者的洗劫。很快在一号耳室中，有了重大收获。在大量的彩陶器中，考古队员发现了极具意义的封泥。

凤栖原大墓的耳室中出土的彩陶器

古代的封泥类似于现代人使用的封条。在古时候，通常是级别比较高的人，在相互传递物品时，加盖在物品包装的封口处，来保证物品在传递过程中不被打开。

凤栖原大墓中的封泥高有 3 厘米，宽有 2.5 厘米，数量达到了二十多枚。在封泥上，“卫将长史”4 个文字清晰可见，而它对于揭开凤栖原大墓主人的身份之谜，会起到什么样的重要作用呢？

从字面上分析，“卫将长史”就是“卫将军”的“长史”。“长史”用今天的话说，相当于卫将军的秘书长或者办公室主任。而“卫将长史”封泥的出现，又能够说明什么样的问题呢？

从大墓的形制上，考古专家马上就否决了凤栖原大墓是卫将长史本人的墓葬。因为一个长史级别的人，是绝不可能享用如此高规格的墓葬的。长史在这里起的作用，是给他的主人办理下葬时的随葬用品，这是他的职责所在。那么，凤栖原大墓里面埋葬的会是一位卫将军吗？而卫将军又是一个什么样的官职呢？

张仲立：“卫将军是一个什么头衔？卫将军主要是管两宫卫尉和城门的。”

徐卫民：“相当于现在的卫戍司令。”

由此看来，卫将军在当时是一个举足

凤栖原大墓的耳室中出土的卫将长史封泥

卫将军是一个什么样的官职呢

轻重的人物，他不仅掌管着皇家的安全，而且是皇帝非常信任的人。在卫将军死后，皇上赐予他享用“长乐未央”瓦当之类的皇家用品，在情理上也是说得过去的。然而，尽管卫将军的职位非常重要，但是在汉代的军职中，他的级别仅仅排在第四等级，属于权重但位不算太高的人物。

而凤栖原墓园南北长 159 米，东西宽 195 米，包括随葬墓和祠堂在内，面积有 3.1 万平方米，如此大的墓园，是一个卫将军所能够享用的吗？

那么，凤栖原大墓当中埋葬的卫将军，会是赫赫有名的大将卫青吗？

如果凤栖原大墓中埋葬的是长平侯大将军卫青，那么一切的疑问都迎刃而解了。但是，卫青于公元前 106 年，汉武帝时期就去世了，按当时的规制，他的墓只可能在汉武帝的茂陵地带，而不可能出现在宣帝的杜陵范围内。因此，凤栖原大墓的主人应该是另有其人。那么，这个人又会是谁呢？

丁岩：“我们就从这个线索往下查，做过卫将军的都有谁呢？从西汉早期一直到西汉末期，又到王莽时代，一共 12 位。”

大墓中埋葬的是长平侯大将军卫青吗

但是，在这 12 位卫将军中，在历史上留下姓名的只有少数几人，而且他们的墓葬大都有记载。如果凤栖原大墓的主人生前担任过卫将军一职，那他会是哪一位呢？而且他去世前的职位应该比卫将军更高。从“卫将长史”的封泥中，已经找不到能够佐证墓主人身份的更多信息，考古队员只有把目光投向大墓其他的区域。

丁岩：“从南向北清理，发现一些铁器，紧接

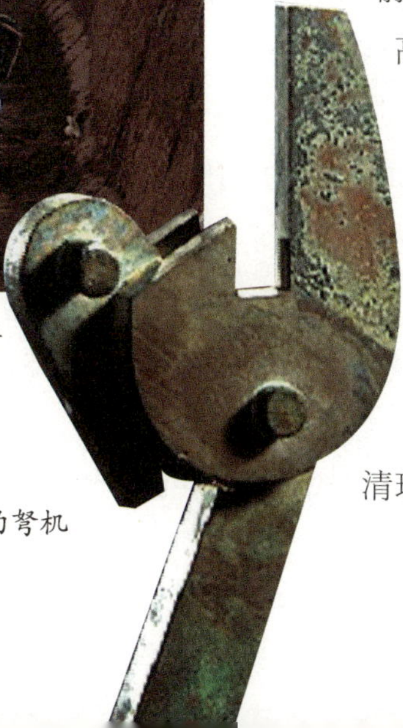

凤栖原大墓中出土的弩机

考古专家在大墓中发现了青铜俑钟

大墓中出土的青铜量器

着就是好多青铜器堆积在这里。”

在这些精美绝伦的青铜器中，除了青铜钺和大量的箭镞之外，还有不少弩机。弩机是中国古代工程技术的杰出成就之一，它出现在战国，盛行于秦汉。弩机具有很强的杀伤力与威慑力，为当时的兵家所倚重。

在这些青铜武器中，丁岩还发现其中夹杂有一定数量的青铜钟。青铜钟在当时是属于乐器的一部分，是在祭祀或者宴飨时用来打击的乐器具，为什么这些青铜钟会出现在武器库当中呢？

丁岩：“钟，鸣金收兵，擂鼓前进。当时还存在这样的概念，这是一个指挥系统。”

随着青铜器出土数量的增加，考古专家在兴奋的同时发现了一个非常奇特的现象。虽然出土的青铜器品种非常丰富，但是把它们归纳起来却只有两大类。

张仲立：“一类就是跟指挥有关系的，差不多每个单元里几乎都有俑钟。另一类青铜器就是军需方面的用器，出土比较多的是量器。”

作战指挥和军需后勤，是决定战争胜负的两个重要因

弩机具有很强的杀伤力和威

素。而这一切都浓缩在凤栖原大墓的从葬坑里，足以显示出大墓主人显赫的地位。丁岩由此推测大墓的主人生前应该能够掌握和指挥军队。

凤栖原大墓的主人究竟是武将军还是文将军，虽然一时难以说清楚，但有一点是很清楚的，在当时能够拥有兵权的，应该是一个级别非常高的将军，绝非一个负责皇宫安全的卫将军能够担当的。然而，这位神秘的将军到底是谁？从目前出土的文物中，还是找不到依据。

对于考古队员来说，吃饭是一天当中最放松的时刻，也是讨论最热烈的时候。凤栖原大墓已经发掘了8个多月，仍然无法确定这个奢华大墓主人的真实身份。针对这个情况，有队员提出了一个新的观点。

丁岩："我们这个同志就说，有一些大型墓葬，它的主人根本就找不到，他到底是谁，史书上也可能失载，但是这个人确切存在过。"

尽管丁岩也认同队员的观点存在一定的可能性。但是，关于汉代的文献非常丰富，在《史记》《汉书》和《后汉书》等历史资料中都有详细的记载。凤栖原大墓如此高的等级，而大墓主人又是一个掌握重兵、级别很高的将军，由此丁岩判断，在历史的文献中，或多或少都应该会留下记载。

陶俑局部

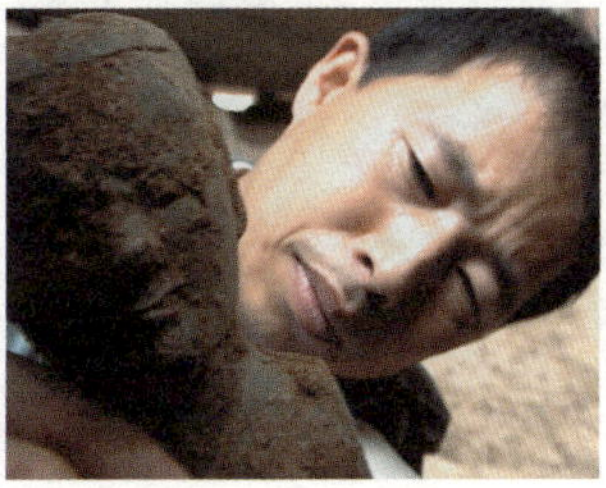

出土的陶俑是没有手臂的裸体陶俑

同时丁岩认为，之所以不能确定大墓的主人究竟是谁，是目前掌握的信息还不能拼接成一个立体的形象，与历史的记载对接起来。丁岩把希望寄托在今后的发掘中。此时的他心里有一种强烈的预感，如此高规格的墓葬中，必定还隐藏着让人兴奋不已的神秘物件。抱着这个想法，丁岩每天在现场坚守着。

2009年4月，这时距离发掘凤栖原大墓已经过去了9个月。这一天，丁岩如往常一样在现场仔细

上千人的陶俑被发掘出来

它们都是没有手臂的裸体陶俑

地发掘着。突然，一个类似人骨的白色物体出现了。丁岩马上紧张起来，如果在从葬坑发现人的尸骨，那无疑是殉葬的人。

如果在凤栖原大墓中发现了殉葬的人，这就说明殉葬现象在汉代还依然存在着，这将给大墓的发掘工作增添更深层次的意义。

然而，情况并没有像人们预想的那样发展。当地层的泥土被剥离后，出现在丁岩面前的竟然是一个陶俑。这个陶俑看起来有60厘米左右，虽然尺寸比起真人小了不少，但是五官清晰，完全是按照真人的模样来制作的。而更让丁岩感到惊奇的是，这个陶俑是一个没有手臂的裸体陶俑。

丁岩：“我们一发现这个俑，首先认为它

是一个陶俑，是光着身子的一个陶俑。”

两个月后，上千人的陶俑群从深埋的地下凸显出来。与丁岩发现的第一个陶俑一样，这一千多个陶俑，全部都是没有双臂的裸体陶俑。这些在地下沉睡了两千多年的陶俑，蔚为壮观地呈现在人们的面前，让人惊叹不已。同时也给人们带来更多的疑惑。这些裸体的陶俑，它们到底代表着什么呢？

虽然这些陶俑出土时摩肩接踵，非常凌乱地挤成一堆，令人眼花缭乱，但这是由于土层的塌陷造成的。从排列上看，它们当年是整齐划一、按军队的队列和阵形埋葬的。

从俑裸露的身体上看，整个队伍里没有女性俑，性别非常单纯。从现场看，在俑的身旁散落着它们的武器，历经两千多年，当年的武器只剩下满是锈迹的金属部分。由此可以断定，凤栖原大墓中发现的是兵马俑。

丁岩：“这是一个武器配备齐全，阵列非常具有规则的军阵。”

凤栖原大墓中的兵马俑不能不让人联想到秦始皇陵的兵马俑。虽然与秦兵马俑相比，凤栖原是缩小版的军阵，无法与之相比，但这些陶俑同样代表了一种不一般的等级。那么，凤栖原大墓的主人究竟是什么人？在两千多年前的西汉时期，到底是什么样的人才可以领导如此规模的地下军阵呢？

秦始皇陵出土的兵马俑

在秦始皇陵兵马俑中，军士头上的头盔，身上的服装、服饰和铠甲，都是在塑造人物时，整体雕塑完成的，因此也叫塑衣俑。而凤栖原大墓中的陶俑，从光滑的身躯上看，当时的工匠在制作时，肯定是没有给这些陶俑塑造衣服。一个如此庞大的地下军阵里的士兵，难道会拿着武器、光着身体去保卫它的主人吗？

咸宁市的汉阳陵博物馆

如何才能确定凤栖原大墓中的陶俑是穿着衣服的着衣俑呢？作为发掘现场的负责人，丁岩来到了位于陕西省咸阳市的汉阳陵博物馆。

阳陵是汉高祖刘邦的孙子、汉景帝刘启的陵园。在汉阳陵博物馆，丁岩看到了与凤栖原大墓中相同的“长乐未央”瓦当。同时丁岩发现，凤栖原墓葬中的陶俑与阳陵中的陶俑也是惊人相似，都是只有真人大小的三分之一，赤身裸体而且没有双臂。

虽然展现在丁岩面前的陶俑都是赤身的裸体俑，但是丁岩相信，能够在帝王陵中陪葬的物品，必定是完整的，在陶俑的身上应该会有某种材料制作的衣服。很快，丁岩的想法就得到了印证。

在另外一个展厅里，很多的陶俑还呈现着刚出土时的原始状态，它们的身上明显地附着了当时穿着的衣物和盔甲。由此可见，这些所谓的裸体俑，在当时都是穿着衣服下葬的。

陕西杨家湾兵马俑

丁岩：“在后来的发掘中，我们发现有衣服的痕迹，衣服朽了，痕迹还在。”

同时，阳陵中的陶俑与凤栖原墓葬中的陶俑还有一个共同点，那就是断臂上都有一个圆形的小孔，十分引人注目。

丁岩：“通过多个材料的比对，我们发现在做陶俑的时候要留个洞，这个洞恰好就是为插胳膊留的。”

由此可见，凤栖原墓葬中的陶俑与阳陵中的陶俑一样，在刚刚完工时都身着各种特定的服饰，胳膊为木制，插入陶俑胳膊上的圆孔，以便木胳膊可以灵活转动。只是由于千年岁月的侵蚀，衣服与木制胳膊都已经腐朽，只留下了裸露而残缺的身躯。

虽然陶俑的裸体之谜被揭开了，但是一千多个与汉景帝阳陵中几乎相近的陶俑，竟然出现在西安南郊一个大墓的陪葬坑当中，而且双方使用了相同的“长乐未央”瓦当，这种极为罕见的现象究竟又说明了什么呢？

凤栖原西汉大墓经过一年的发掘，随着一千多个兵马俑的出土，取得了阶

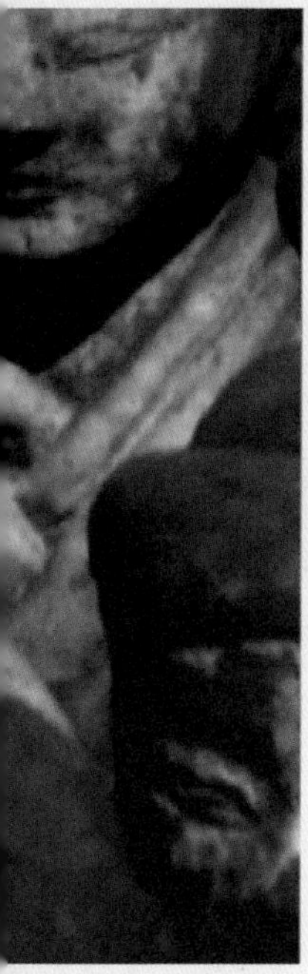

段性的成果。然而，这些“千军战俑”同样不能指向大墓的主人究竟是谁，因此他的身世仍然扑朔迷离。但是，在与秦兵马俑的比较中，考古专家还是找到了很多极具价值的信息。

凤栖原大墓的兵马俑数量不过一千，与秦兵马俑八千的数量根本不可同日而语，而且本身只剩下光秃秃的身躯。为什么专家会对它做出如此高的评价呢？

张仲立是凤栖原考古队的领队，他曾经在秦始皇陵兵马俑博物馆，担任过8年的副馆长，对于双方的兵马俑，他都具有权威的认识。在张仲立看来，凤栖原大墓的兵马俑虽然在气势上，比不上秦始皇陵兵马俑那样的磅礴，但是，在军事研究的角度上并不比秦兵马俑逊色。

张仲立：“秦兵马俑里面不足的地方就是对那么多军垒在分析类别的时候，我们感觉到手足无措，有可能这里的材料能提供一些补充。”

军垒是古代军队在驻扎、防御或者与敌人对阵时，在军营周围修建的各种工事。然而，这个古代军队最重要的作战体系，在秦始皇陵兵马俑中并没有表现出来。或许在先秦时期，军阵主要以战车为主，而秦兵马俑就是这种“万乘之国”军阵的集中体现，因此把军垒给忽略了。

然而到了西汉时期，笨重的战车军阵终于从杀声震天的古战场上退出了，取代它的是轻锐快速的骑兵。步兵也在步骑兼备的作战部队中脱颖而出。就在此时，军垒的重要作用显示出来了。因为只有攻防兼备，才有可能在冲锋陷阵的冷兵器时代无往不胜。

虽然凤栖原大墓的兵马俑出土时摩肩接踵，非常凌乱地挤成一堆，但是如果时光回转到两千多年前，它们是肃穆威仪、整齐划一的古代军阵，同时也是编组完整的军垒。

在秦始皇陵兵马俑中，要判断谁是军官，只能依靠服装和所站的位置。而在凤栖原的兵马俑当中，情况又是怎样的呢？

凤栖原兵马俑不但有完整的指挥系统，而且在密集的陶俑中，不断出现身上带着“军侯之印”和“当百将印”印章的陶俑。在汉代军制中，军侯是领200 ~ 500人的长官。由此可见，那些身上带印章的陶俑，是类似现代营长和连长一级，直接指挥部队作战的基层军官。

张仲立：“比如说我们能够看到鼓、旌、旗、指挥官，包括指挥官具体职位，这些秦兵马俑是没有的。”

在这个单元中，兵马俑旁边是大量的生活用具。有计时用的漏壶、捣药用的铜臼、像勺子一样量器、成套成组的衡器。很明显，这是这支部队的后勤和医疗分队。同样，这些具体和细节化的内容，目前在秦兵马俑中还没有发现过。

然而，让考古人员感到惊喜的是，在清理陪葬坑的过程中，发现了两枚“卫将长史”的青铜印章，它再一次将大墓主人的身份与卫将军联系起来。

徐州狮子山楚王墓兵马俑

凤栖原大墓里的千具着衣战俑，军阵整齐、军垒完整，犹如秦兵马俑的缩小版。如果大墓主人生前担任过卫将军一职，那么，他后来又高居什么样的官位，让他能够享用具有王者气派、如此奢华的墓葬呢？

在凤栖原大墓之前，国内只发现过三处大规模的兵马俑陪葬

凤栖原大墓被完全打开（一）

凤栖原大墓被完全打开（二）

凤栖原大墓被完全打开（三）

坑。除了西安的秦始皇陵兵马俑之外，就是咸阳杨家湾的汉三千兵马俑和徐州狮子山楚王墓中的四千兵马俑。

从k4葬坑中出土的张字大印

咸阳杨家湾兵马俑的主人，据考古专家推断，是西汉著名的大将军周勃。周勃是西汉的开国功臣，勇猛善战，屡建奇功，后来曾任西汉最高军事统帅太尉之职。汉高祖刘邦在临终前预言：将来“安刘者必勃”。果然，后来诸吕图乱时，由周勃带兵诛灭吕氏一族，迎立了文帝。

大墓的前椁室，这里出土了车马器

徐州狮子山楚王墓的主人是第三代楚王刘戊。刘戊的祖父叫刘交，是汉高祖刘邦的弟弟，刘邦建立了汉朝以后，把天下划分为几个诸侯国分封给自己的兄弟，刘交被封为第一代楚王。刘戊作为第三代楚王，和当时中央政府的皇帝——汉景帝是堂兄弟，地位非常显赫。

然而，考古专家发现，徐州狮子山楚王墓中的兵马俑虽然数量庞大，但是这些兵马俑的身材比凤栖原大墓中的兵马俑要矮10厘米左右，而且它们的衣服是雕刻上去的。

凤栖原大墓与杨家湾大墓的兵马俑，高度上大体相当，都在60厘米左右；同样是种类丰富、编组完整的地下军阵。只是数量只有杨家湾兵马俑的三分之一。

一个是西汉的开国功臣，一个是皇帝的堂兄弟楚王，凤栖原大墓中的兵马俑在与它们的比较中还略占上风，实在让人疑惑不解，凤栖原大

秦始皇陵出土的车马器

墓里埋葬的究竟是什么人呢？

为了尽快找到答案，考古专家重新梳理了线索。这是一座规模庞大的墓园、“甲”字形的巨大墓坑、众多的陪葬墓、大型的祭祀祠堂、使用了皇家的“长乐未央”瓦当、与皇陵中相似的千人兵马俑、蔚为壮观的地下军阵。这不能不让人们感到惊奇，它们到底代表着什么呢？

在墓葬规格和等级制度非常严格的汉代，人们是不敢轻易越雷池一步的，况且还有周亚夫的前车之鉴。因此，凤栖原大墓就只剩下皇帝赐予这一种情况。那么，凤栖原大墓的主人究竟是什么样的显赫身世，或者为西汉王朝立下过怎样的特等功勋，才能够得到皇上如此的恩典呢？

凤栖原“甲”字形大葬，经过两年的发掘，已经深入地下 10 米了。但是，有关于凤栖原大墓主人的身份之谜却一直没有揭开。

凤栖原西汉大墓距离杜陵非常近，只有 6 000 米，而杜陵是西汉中期宣帝刘询的陵墓。同时使用了与汉景帝阳陵中相似的兵马俑，而且兵马俑的规格甚至比西汉的开国功臣周勃、皇帝的堂兄弟楚王的兵马俑还要略高。什么样的显赫重臣能够享受这样的规格？人们的视线将投向何处呢？

在西汉时期，太尉是国家最高的武官。后来汉武帝撤掉了太尉一职，改设大司马来代替。有时候大司马也与其他的将军称号相并联，例如大司马大将军、大司马骠骑将军。

如果凤栖原大墓的主人曾经担任过大司马一职，那么他又会是谁呢？

公元前 51 年，汉宣帝刘询回忆起往日辅佐他的有功之臣，于是令人将霍光、张安世、韩增、赵充国、魏相、丙吉、杜延年、刘德、梁丘贺、萧望之、苏武等 11 人的图像画在麒麟阁上，以示纪念和表扬，这就是“麟阁十一功臣榜”。由此可见，能够进入“麟阁十一功臣榜”的人，他们与汉宣帝不是一般意义上的关系，如果他们享受凤栖原大墓的待遇，应该是没有问题的。由于排名第一的霍光墓地已有明确的记载，因此剩下的 10 个人当中，又有谁会有可能是凤栖原大墓的主人呢？

在“麟阁十一功臣榜”中，张安世的地位仅次于霍光。那么，究竟是什么样的信息汇集到一起，把凤栖原大墓的目标指向了他呢？难道仅仅因为他的排名在第二吗？

丁岩："张安世做过卫将军。"

那么，这个曾经担任过大司马卫将军的张安世又是何许人呢？据史料记载，张安世字子儒，历经汉武帝、汉昭帝和汉宣帝三朝，辅佐了昭帝和宣帝。在西汉，张安世的影响仅次于霍光。霍光死后，张安世以大司马卫将军并领尚书事，也就是集军政大权于一身，并被封为富平侯。

凤栖原大墓从规模和规格上，基本上被认定为一个高级别的列侯墓葬。而从张安世的身份和地位上看，似乎符合考古专家的推测，他就是凤栖原大墓的主人。

那么，这个看似合理的推测后面还有哪些不尽如人意的地方呢？

2004 年，被后人称为中国法学鼻祖的西汉御史大夫张汤，他的墓从位于西安市长安区的西北政法大学校区内被发掘出来，这不能不说是一个惊人的巧合。

什么样显赫的大臣能享受这样的规格呢

由于张汤最终因为受人诬陷自杀而死，因此在发掘的时候，他的墓葬十分寒酸，很难让人相信这是一个在当时权势远在丞相之上的重臣之墓。而最终能够确定张汤墓的就是从寒酸小墓中出土的"张汤臣汤"和"张君信印"印章。

然而，在凤栖原大墓中，除了出土了"卫将长史""军侯之印"和"当百将印"等印章之外，并没有发现能够直接证明墓主人身份的任何文字，因此在讲究证据的考古当中，如果就此推测凤栖原大墓的主人就是张汤的儿子张安世，似乎显得有些分量不足。

一切都又归于平静，丁岩决定先暂缓确定墓主人的身份，继续清理现场。

靠近墓道口的前椁室也称前箱，它的四周由砖砌成，内部为木椁结构，木椁外填有木炭以防潮，制作十分讲究和完备。更重要的是，通过前椁室保存比较好的情况看，它没有被盗过，这给了丁岩很大的期盼。在这个前椁室中，会有意想不到的收获吗？

当前椁室地面的土层被清理开来时，呈现在考古专家眼前的是色彩华丽的大型器物。尽管在垮塌的土层下深埋了两千多年，早已失去了原有的形状，但是，兴奋不已的考古专家一眼就看出这是车马器。

中国古代车马的礼仪在商周就已确立，是象征身份地位的最高代表。身份不等的人，乘坐的车马规格是有严格的区别。天子乘坐极尽豪华的辂车；诸侯则乘坐较大的辎车或者轻便的轺车。车马的数量、车舆的大小、车行仪仗的规格、车旗的颜色，这些地位的标志都有严格的规定。

1980 年，在秦始皇陵西侧发掘出两辆大型铜车马，是目前发现年代最早、形体最大、保存最完整的铜铸车马。这两辆铜车马都为单辕四马，整车通体彩绘，工艺精湛、气魄恢宏，充分体现了秦代工艺制作的高超水平，但是它的尺寸只有车马实际大小的二分之一。

而在凤栖原大墓中先后出土的两辆彩绘车辆，虽然车马器早已腐朽，但是从 1.3 米的轮高，25 厘米的轮毂等数据上看，却是一比一、原大的车马器。

在凤栖原的大墓中，先后出土了长乐未央瓦当、兵马俑军阵、四驾马车，这些都是级别非常高的皇家用品。由此看来，凤栖原大墓当中墓葬的，有没有可能是西汉时期的某位皇帝呢？

虽然凤栖原大墓的面积比帝王陵的规模要小很多，但是大墓主人使用了皇帝才能使用的陪葬品，这就说明大墓主人受过宣帝刘询非常重大的赐予，因此他的身份不仅是王公大臣里面的顶尖人物，而且与宣帝刘询的关系也非同一般，这样才能够享用皇家规格的风光大葬。那么，这个人会是谁呢？

然而，此时的凤栖原大墓，除了新出土了两辆原大的四驾马车外，仍然没有发现能够证明墓主人身份的文字资料和印章，但是为什么考古专家再一次将目光投向了大司马卫将军张安世身上呢？

大墓的主人会是麒麟阁十一功臣之一吗

在此后的一段时间里，丁岩每天都带人在编号为K4的大墓从葬坑中进行清理工作，由于这里出土的文物数量很多，丁岩把寻找印章的希望放在这里。这一天，在清理中，一个盼望已久的青铜印章出现了，队员们的心一下子就悬了起来，这个印章上面，会出现什么样的文字呢？

让队员们兴奋的是在这个长7厘米宽4厘米的印章上，是一个清晰的篆书“张”字。

巫蛊之祸

张仲立：“卫将（军）本身有名有姓的就很少，能确定为张姓的就张安世一人。所以这个张字大印一出土，关于张安世是墓主，也就铁板钉钉了，我们也就放下心来了。”

然而，张安世与名将卫青相比，在历史上并没有太大的名气。虽然卫青既是皇亲又是抗击匈奴的主要将领，屡立战功，可是，大司马卫将军张安世却比大司马大将军卫青的官位还要高出一等。

张仲立：“张安世这个人物非常特殊，张安世的具体身份叫大司马卫将军，曾经也领尚书事，军政大权集于一身，是仅次于皇帝的人物。”

那么，张安世究竟有什么样的安邦济世之功，让他生前是皇帝的重臣，死后又享受宣帝刘询不同寻常超规格的特殊安排呢？

公元前 91 年，大汉帝国的首都长安城里血雨腥风。由于汉武帝听信宠臣江充的诬告，认为太子刘据用巫术诅咒他并谋反，于是派兵镇压。随后太子刘据举兵对抗，双方激战 5 日，最终太子刘据兵败自杀。由此事牵连被杀者达数万人之多，其中包括太子的两个儿子。在这场史称“巫蛊之祸”的事件中，太子刘据的孙子，也就是后来的宣帝刘询流落于民间。

而那位在宣帝刘询落难的时候，对他关怀备至、教他四书礼乐、作为他的启蒙人的张贺，就是张安世的哥哥。

正因为如此，宣帝刘询才会在张安世死后，既赐给他茔地，给他修建祠堂，又送他轻车甲士，让他享受皇家规格的风光大葬。

凤栖原大墓神秘主人的身份已经揭开了。从凤栖原大墓当中出土的让人心动的文物，从中获得的两千多年前的信息，使考古队员们备感期待。

（刘未）

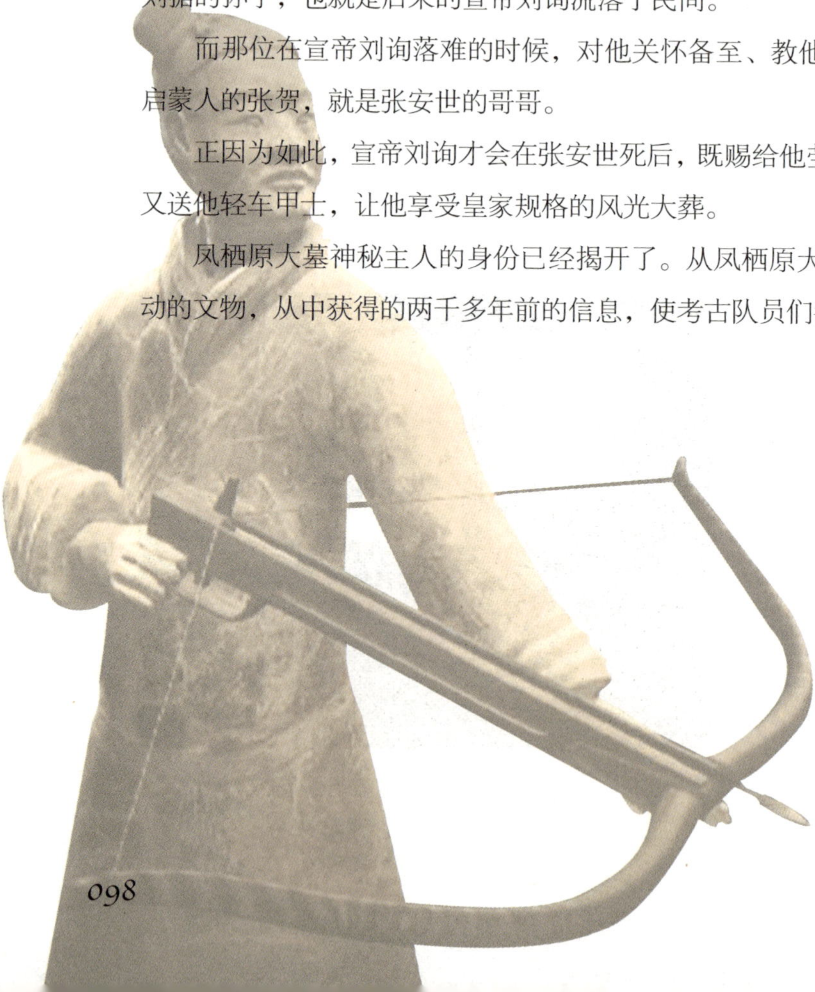

叩问金莲山

1. 古墓惊现

春节刚过，云南省澄江县每年最热闹的时刻就开始了。面对即将到来的元宵节，大家不分男女老幼，都在利用业余时间排练节目，希望能在元宵节的演出活动中拔得头筹。

这天中午，澄江县文联的阮学才忙里偷闲，约上他的好友张建波，一起来到距离县城几千米远的金莲山，本来只是想随意游览一番，没想到的是山顶的景象却让他们大吃一惊。

张建波："上来以后我们直奔金莲山，上面那个惨不忍睹，初步点了一下，盗洞有一百五十几个。"

阮学才："很多人骨散乱在盗坑的周围，还有一些残片，就是很细小的残片，被埋在浮土里边。"

抚仙湖

金莲山脚下的村子名叫旧城村，他们此次来金莲山还有一个重要的目的，就是应旧城村村民的邀请，来观看他们自发编排的元宵节节目的彩排，游览金莲山也只是顺路。他们没有想到，这次偶然的游览竟然发现了一个大问题。

观看彩排的计划自然就此搁置，这个时候，他们俩最关心的就是金莲山到底发生了什么？确实是有墓葬被盗吗？仔细观察现场后，他们马上返回县城，报告了相关领导。

接到消息后，县文化局的局长李锐和县文物管理所的所长资培芳马上来到了现场。他们分析后认定，金莲山上的那些坑洞就是盗墓贼留下的盗洞。于是马上与云南省文物考古研究所取得联系，考古专家随即赶赴金莲山现场查看。

金莲山脚下的旧城村

在金莲山的脚下，就是中国深度排名第二的淡水湖抚仙湖，而在对岸与金莲山隔湖相望的就是著名的云南青铜时代墓葬群——李家山墓葬群。

1966 年的雨季，在短短的几个月里，抚仙湖西南面的李家山及其脚下的早街村，频频受到雷电袭击，让人们诧异的是雷电通常袭击的都是最高、最突出的目标，然而在附近的群山之中，李家山只是最矮的一座，为什么会成为雷电袭击的目标呢？

一天雨过天晴后，几个老乡壮着胆子爬上了李家山，被暴雨连续冲刷后的梯田十分松软，他们没有想到，几锄头下去后，竟然有一些奇怪的金属物体露了出来，看上去似乎是铜做的。

当地村民：“有很多宝剑，铜的斧头也有。”

之后，他们把这些废铜卖给了村子里的供销社，短短几天之内，一个偏僻的农村供销社就已经收购到了好几吨的废铜烂铁。这个大大反常的消息一传播开来，马上引起了考古专家的注意。从而引发了对李家山的发掘和研究，最终

发现了震惊中外的李家山青铜文化。

这些器物刚一出土马上就引起了轰动。根据最终统计，李家山出土的青铜器数量接近河南殷墟出土的商代青铜器数量的一半，而且这些器物都极其精美，很多在中原地区从没有见过，其独特的风格特点显示，这些绝非中原文化的产物。其中最著名的就是牛虎铜案。

经过对当地村民调查后专家们发现，在与李家山一湖之隔的金莲山，类似的故事也曾经上演。在金莲山脚下的旧城村，虽然没有像李家山脚下的旱街村那样遭遇过雷电的频繁袭击，但是，在旧城村老人们的记忆中，他们也有过在金莲山上频繁捡到奇怪铜物件的历史。

金莲山位于李家山墓葬群不远处

这些样式奇怪、锈迹斑斑的铜物件，最终的去向也同样是走向了供销社的废品收购站。

出土的幼儿骨骼

旧城村老人们的回忆让考古人员非常兴奋，既然金莲山和李家山有如此相似的故事，两地的距离又是如此之近，那么，金莲山会不会也是一个云南青铜时代的大墓葬群呢？他们决定马上对金莲山进行抢救性发掘。

对金莲山的抢救性发掘开始了，由于金莲山之前已经遭到大规模的盗掘，所以此次发掘的重点就是对那漫山遍野的上百处被盗墓葬地进行清理。然而，发掘刚一开始，考古人员就发现了一个非常奇怪的现象。这些墓葬中最先发现的竟然是大量的人体骨骼，而且这些骨骼保存的状态比较完好，这在以前云南青铜时代的墓葬中从来没有出现过。

大量人骨出土（二）

大量人骨出土（一）

杨所长："在李家山，发现的只是人骨的残渣，没有完整的。"

人骨的发现让考古人员兴奋的心情一下子跌到了谷底，虽然还没有确凿的证据，但依据常理推断，既然还有人骨出现，金莲山上这些墓葬的年代就应该不会太早，最起码也要大大晚于李家山墓葬群的年代。但是，一个困惑随之产生，如果是晚于青铜时代的墓葬，发掘之前那些青铜器的迹象又怎么解释呢？

更让他们觉得疑惑的是这些骨骼摆放得非常凌乱，和常见的仰身平躺的墓葬方式大为不同。由于这些墓葬都有被盗的痕迹，有的盗洞更是有着几百年的历史，考古人员初步怀疑，这些骨骼凌乱的状态是不是盗墓者人为翻动造成的呢？

随着发掘工作的进展，新的发现再次让他们燃起了希望，在对尸骨进行清理之后，竟然有大量的青铜器开始出土，主要就是刀剑和一些生活用品。

这些器物的出土，把金莲山墓葬年代的界定再次引向了青铜时代。但是，如果和李家山一样，同是青铜时代的墓葬，为什么金莲山还能有大量的人骨出土呢？专家初步推测，这里应该是有特殊的地质条件，才能相对完好地保存了大量的人体骨骼。在和李家山出土的器物初步对比之后，专家发现这些器物虽然和李家山的精美程度不同，但还是有一些相似之处。

在一处墓葬中，竟然出土了一个只有六七厘米长的青铜犁。显然，这种犁根本无法用于实际的农业耕作。

这种缩小版本的农具就是专门为陪葬制作的物品——明器。在金莲山的发掘中，之前出土的犁都是正常大小的，但这种在云南青铜时代墓葬中从未发现过的明器的出土，却似乎显示出这些墓葬具有某种中原文化的痕迹。比如在中原地区的汉代墓葬中，就经常有微缩的炉灶和水井等出土。

难道金莲山并不是云南青铜时代的墓葬？或者这里埋葬的是客死此地的中原人？在对当地村民的走访中，考古人员意外地发现了又一个惊人的事实，虽然金莲山上的考古发掘已经进行了一段时间，但是当地村民并不清楚发掘的具体内容，不过他们都说，小时候就听祖辈说过，金莲山上有宝，并且都认为正在进行的考古发掘就是在寻找那件传说中的宝物。

资培芳："一直以来，旧城村的村民都在说金莲山上有宝，但是，他们所说的宝就是关三小姐到澄江期间，她的一颗夜明珠埋在金莲山上，但是，这是传说，到底是真是假，至少现在还没发现、没找到。"

李家山墓葬群出土的器物（一）

李家山墓葬群出土的器物（二）

金莲山上有宝的说法在当地广为流传，村民们所说的关三小姐，其实就是三国时期著名人物关羽的三女儿关银屏。但是，关羽的三女儿怎么会与西南边陲这个偏远的小村子产生联系呢？

原来，在三国时期，这个不起眼的村子曾经出过一位著名的人物李恢。李恢是蜀国大将，跟随刘备立下了汗马功劳，后被封为兴亭侯。关羽由于与李恢交好，就把自己的三女儿关银屏许配给

考古发掘现场

考古勘探

了李恢的儿子李蔚为妻。更重要的证据是，就在金莲山上，现在还有李蔚和关三小姐的夫妻合葬墓。由于从来没有进行过考古发掘，所以这处墓葬的真伪一直没有得到确实的证据。但是，按照中国人落叶归根的传统，这处墓葬的可信程度相对较高，而且在澄江现存最古老版本的地方志中，确实也有关于这座墓葬的记载，其中所注明的方位，就在金莲山上。

资培芳："经常还是有旧城村的村民到那儿祭拜的。清明节都有人到那儿祭拜的。此前，关氏的第72代子孙还从河南许昌专门到金莲山祭拜关三小姐。"

关三小姐夜明珠的说法自然只是传说而已，但是李家是当时的将门之家，金莲山的这些墓葬会不会与他们带领的军队有关系呢？然而，在对三国时期中原墓葬中的明器进行分析之后，考古人员发现，这种假设并不能完全成立。

随着越来越多的青铜器的出土，专家的思考方向再次回到了云南本地的青铜时代，对于明器的出现，他们更倾向于另外一种可能性。

是不是这些墓葬的年代在青铜时代的晚期，矿产资源逐渐稀缺，或者是墓主人本身就比较贫穷，没有足够的财力来制作实物的陪葬品，从而产生了这种缩小版的替代物呢？

然而，到目前为止，这些还仅仅是一种假设，要想证明金莲山墓葬群是云南青铜时代的墓葬，还需要更多的证据。

历时 3 个月后，金莲山抢救性考古发掘工作全部结束，在对所有出土器物进行整理之后，考古人员惊喜地发现，虽然这次抢救性发掘的内容主要是对被盗墓葬的清理，但是出土的随葬器物数量仍然让人叹为观止。

李锐：“我们清理了将近 1 000 个平方米，清理的墓葬是 144 座，出土的器物是 600 余件套。”

但是，众多的谜团仍然萦绕在考古人员心头。金莲山上的这批墓葬到底是什么年代的？它的背后到底隐藏着怎样的秘密？他们决定，对金莲山进行一次整体勘探，寻找合适的区域进行第二次考古发掘。这些疑问会找到答案吗？

2. 古滇国谜案

2006 年年初，云南澄江的金莲山发现大批古墓被盗，抢救性考古发掘随之展开。由于出土了大量的青铜器，考古专家初步推断这批墓葬属于云南青铜时代。但是，之后发现的一系列迹象，却再次让金莲山墓葬的年代断定处于迷雾之中。一些墓葬中竟然出土了缩小版的专门用来陪葬的明器，这种用明器陪葬的现象似乎具有某种中原文化的痕迹。更让他们百思不解的是，在这批墓葬中竟然发现了保存较好的人骨，这些人骨还呈现出一种非常罕见的凌乱排列。

金莲山航拍全景

为了解释这众多的疑团，第一次考古发掘结束后，他们决定，对金莲山进行大规模的整体勘探，搞清楚它的墓葬分布，然后寻找一片合适的区域进行更大规模的第二次考古发掘。然而，没有想到的是，勘探工作刚一开始，金莲山墓葬的青铜器数量就让他们惊讶不已。

勘探的结果更是让所有人都大吃一惊，这里竟然是一个超大规模的墓葬群。在这座高度只有 25 米，面积只有 12 万平方米的小山包上，竟然接近一半的面积都有古墓，墓葬数量更是达到四百多座。

经过一系列的前期准备，2008 年考古人员最终选定，在其中墓葬最为密集的 600 平方米的范围内，进行第二次更大规模的金莲山考古发掘。如果能证实这批墓葬确实属于云南青铜时代，那么他们将有可能得到解决一个更大谜题的线索，那就是与云南青铜文化所紧密联系的一个神秘国度——古滇国。

历史上关于古滇国的记载最早出现于司马迁的《史记》，其中有寥寥几笔提到，在汉帝国西南的蛮夷之地，有一个叫滇的国家，那里的人都发髻高耸，以农耕为主，有聚居的城池。之后再没有更详尽的记载了。

金莲山墓葬群发掘现场全景

一直以来，在史学界关于对古滇国是否真实存在都有着争论，更有人认为这根本就是司马迁道听途说的错误记载。

时光回溯到 1956 年，在云南昆明的市面上，一些样式奇怪的青铜文物在悄然流传着。一位文物收藏者就拿着这样的青铜器找到专家，希望能鉴定出到底是哪个年代的，收藏价值又是如何。这件青铜器让专家大吃一惊，因为这件文物非常精美，但这种样式却从未见过。

滇王金印

据那位文物收藏者所说，这种青铜器就出自昆明附近的梁王山，但专家调查后发现梁王山上并没有古墓，那位文物收藏者显然对真实的出处有所保留。通过对村民的走访和实地考察，专家最终确定真正的地点应该是梁王山附近的石寨山，并马上组织人员，开始了对石寨山的考古发掘。

随后石寨山出土的文物让整个考古界都为之震撼，其中最著名的一类就是用来放置贝壳的储贝器。贝壳是古代用于交易的货币，也是财富的象征。在直径仅仅几十厘米的储贝器盖子上，有着极其精美的雕塑。上面布满了各种各样的人物，表现了战争、狩猎、祭祀等丰富的生活场景，充分表现出了高度发达的青铜文化和制作工艺。然而，让专家们无限好奇的是，这些精美的青铜器到底是哪个年代的呢？

一件特别的储贝器突然引起了大家的注意，在这件储贝器直径 30 厘米的盖子上，竟然铸有 52 个人物，表现了一次祭祀活动。在人群的中央立着一根双蛇盘绕的柱子，整个场面显得十分神秘诡异。有的专家突然想到，这根双蛇盘绕的柱子应该就是社柱。

清理出土的骨骼标本

这个社柱是什么意思呢？那就是古代的诸侯王在自己统治的地方，立下这根柱子，代表了天子赋予自己的至高无上的权力。在我所统领的这个领地之内，我愿意杀谁就杀谁，我愿意收多少钱的税就收多少钱的税。而到了西汉开国皇帝刘邦的时代，刘邦认为，这个权利诸侯王不能有，只能我有，所以说不管是淮南王也好，还是燕王也好，都不能有这个东西。人们估计，这片墓葬起码应该是在汉以前，或者说是汉早期，这个影响还没有

单人墓葬

扩大到这儿的时候，才有了这一片墓葬。

然而，关于古滇国的说法却并没有得到大家的广泛认同，他们更倾向于是云南境内的某个少数民族。直到有一天，伴随着一名考古队员兴奋的脚步，一枚小小的印章被他高举在手中，印章的正面，赫然写着四个字——“滇王之印”！

在史记对古滇国寥寥几笔的记载中，确实写到汉帝国曾经赐予西南边陲的夜郎国和滇国王印，还让他们继续治理自己的国家。但是，谁都没有想到真的会在考古发掘中发现。

古滇国的存在被证实了，然而，关于它的社会形态，它的生活，最重要的是它神秘消失却没有任何的记载，也成为这段历史最大的谜案。金莲山墓葬群的第二次发掘正在进行。考古人员希望能够找到证据证明金莲山墓葬群就是青铜时代的墓葬，更希望能在这里找到破解古滇国谜案的新线索。让他们欣喜的是随着发掘的进展，大量的青铜器开始出现，其式样和石寨山以及李家山出土的器物有很多相似之处。一切的迹象似乎都在指向青铜时代，也就是那个神秘的古滇国时代。

然而，之后大量由铜和铁融合制成的器皿的出土，却让他们非常困惑。显然，铁器痕迹的大量出现和原先设想的青铜时代有些差别。

不过，一个意外的收获出现了，在这些 2 000 多年的墓葬中，竟然有大量的陶器出土，相比较青铜器，陶器正是判断墓葬时代更准确的参照物。

金莲山出土的这些陶器和之前青铜时代墓葬出土的陶器非常相似，因此，专家最终得出结论，金莲山墓葬群确实属于云南的青铜时代，也就是神秘的古滇国时期。这个结论让考古人员兴奋不已，在之后的发掘中，关于古滇国之谜能找到新的线索吗?

那么，之前大量出现的铜铁合制器皿又怎么解释呢？专家认为，这可能恰好是金莲山墓葬的年代处于青铜时代晚期的证据。青铜时代的后期就是铁器文化的时代，而在两者交替的时候，正是这种铜铁合制器大量出现的时代。

青铜时代晚期的年代界定，让考古人员非常激动，因为在学术界有一种推测，青铜文化的没落和铁器文化的兴起之间，这个交替的时代很有可能就是古滇国神秘消失的时代。

这就意味着金莲山墓葬群里很有可能找到破解古滇国谜案的新线索。这个信念给了他们强大的动力，但是发掘的实际困难也在不断地困扰着他们。在云南地区，即使是夜晚也有很高的气温，这对正在发掘的文物造成了很大的危险。为了防止水分大量蒸发，考古人员每天结束工作都会把墓葬用塑料布盖起来，工作中更要不停地补充水分。

随着发掘的进展，金莲山墓葬的种种奇特之处开始显现。最明显的一个现象就是这里的很多墓葬并不是只有一层，往往在清理完一层尸骨后再往下挖20厘米左右就会有另一层尸骨出现，考古人员最初以为是不同时期的墓葬巧合地埋葬在了一起，但他们后来发现，这绝对不是巧合，他们是有意制造这样的叠层墓穴的，而这种现象是以前在石寨山和李家山考古发掘中从来没有出现过的。

大量的证据表明金莲山第一次发掘中发现的那些凌乱的人骨，显然并不是盗墓扰动形成的，在这次发掘中，很多保存完好的墓葬也同样出现了这种看似凌乱的现象，但是又似乎有着某种规律。专家们初步认定，其中的很多骨骼都属于二次葬。

直到现在，二次葬的做法在广西壮族的风俗中仍在使用。所谓二次葬，就是人去世的几年后，重新开棺，把尸骨重新收殓，并选择更好的地方下葬的一种习俗。按照当地的传统，它一般会在一次葬的3～5年后举行。此时，尸体早已经血肉化尽，可以打开坟冢，捡骨重葬了。

二次葬全过程有一套神圣而严格的仪式。在捡骨过程中，人骨按照从头到脚的顺序被依次取出，清洁之后再按照从脚到头依次放入准备好的金罐中，埋入精心选择的风水宝地。

然而，金莲山的这些墓葬显然与广西的二次葬不同，这些骨骼的摆放虽然似乎有一些特别的次序，但是每个墓葬都不尽相同，毫无规律可循。同时，并不是每个墓葬都有二次葬的痕迹。有一些墓葬就只有一个单独的个体。

这处墓葬就只有一个单独的墓主，是一名30岁左右的男性，而仔细观察后，专家得出了一个令人震惊的结论，这个死者是挣扎着死亡的。

很显然，这个死者是被活埋处死的，而且在处死之前还使用了一些残忍的刑罚。那么又是什么原因导致了活埋呢？这个问题让专家们百思不得其解。

在这个很集中的墓葬区域，最奇怪的就是这三具尸骨，他们都被从胸前齐根斩断，而且呈现出一种阶梯状分布，似乎是某种特别的祭祀仪式，但是，他们所指向的范围却没有发现被祭祀主墓。关于这个现象，有的考古人员想到是不是被一些后人的墓葬打破，也就是在挖新的墓坑的时候人为毁坏形成的呢？

金莲山墓葬群的年代虽然得出了确切的结论，但是这些凌乱的人体骨骼却带来了更多的未解之谜，当时的古滇国人到底是出于什么原因摆放出这种特别的形制？那些特殊的死者又是由于什么原因被处以极刑？从这些现象中，考古人员能得出破解古滇国种种谜案的新线索吗？

3．万人墓葬之谜

2006年和2008年，考古人员在云南澄江金莲山进行了两次考古发掘，他们发现在这座只有25米高的小山包上有大批的墓葬，大量的随葬器物表明，这些墓葬的年代属于云南的青铜时代，也就是两千多年前那个神秘的古滇国时代。

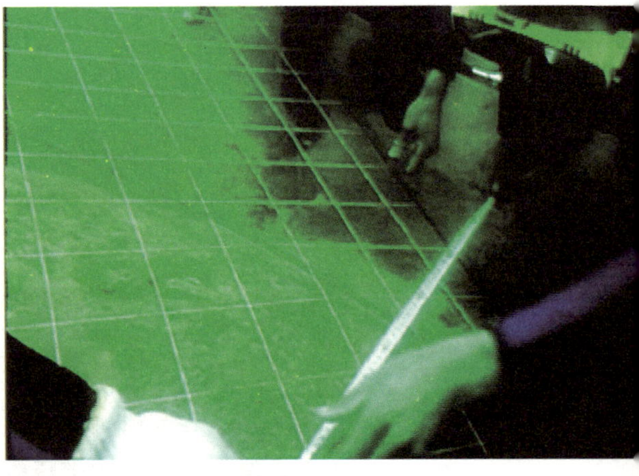

抚仙湖水下考古

这些墓葬里出土了大量的人体骨骼，让考古人员感到奇怪的是，这些死者呈现出各种各样非正常的死亡姿态。而据初步统计，金莲山上埋葬的死者高达上万人，在一个小村庄旁边的小山包上，怎么会埋葬着这么多人呢？

金莲山脚下的旧城村算得上一个大村落，但也只有三千多人，即使是现在的澄江县城也只有四万多人，小小的一座金莲山上，怎么会埋葬着上万人呢？这个问题让考古人员非常困惑。在和村民沟通的时候，有一个线索引起了他们的注意，有村民自豪地说金莲山脚下的这个旧城村，历史上曾经是州府的所在地，相当于现在地市级行政机构的驻地，它的档次比现在的澄江县城还要高上一级。这个说法是真的吗？

在一册道光年间的《澄江府志》中，旧城的位置被注明为旧府治的所在地，它的旁边就是金莲山，而在其他的章节里更详细地记载着明代隆庆五年修筑新城的历史。

在公元 1571 年的时候，当时的政府就把原来的旧府治搬到了现在的澄江县城，旧城这个名字也就随之诞生，而且一直延续到了现在。

直到现在，旧城村还保留着很多寺庙之类的老建筑，考古人员没有想到，在明代以前，旧城村这个地方竟然就是澄江及周边地区的政治、经济、文化中心。当时的人口规模应该在 5 000 ~ 10 000 人，但是根据发掘的结果初步统计，单金莲山埋葬的死者就有万人，显然不可能只来自旧城这一个地方，可以肯定还有其他的来源。

马上，他们又获得了另外一个线索，那就是金莲山脚下的抚仙湖，当地的老百姓一直流传着一个神秘的传说，说是在抚仙湖的水面下有一座城池。更有人说澄江的得名与此有关，在此之前的城池沉入水下后，居民才搬迁到了现在的旧城一带，之后才有了澄江这个名字。

耿卫是一名潜水爱好者，他发现抚仙湖的某一片水域的下面有一大片凌乱的石块，经过多次潜水观察后他觉得，这些石块无论是单个的形状，还是整体的排列，都不像是自然形成的，联想到那个古老的传说，他开始怀疑这就是传说中的古澄江城。

在 2006 年的时候，我们栏目曾经报道了一次抚仙湖的水下考古活动。当时通过水下的潜水员和船上的考古专家联合行动，希望搞清楚那座水下城池的真伪，如果水下的那些石块是曾经的一座城池，那么在那些石块上就应该可以找到大量明显的人工痕迹。然而，或许是由于当年的考察范围有限，或许这些石块本就是自然形成的，在那次的水下考古活动中，并没有找到极其确切的人工痕迹。由于从那之后再也没有组织过类似的考古活动，到目前为止，要确认这片区域确实是人工遗迹，仍然缺乏关键的证据。

学山考古勘探发现灰坑

但是，有一点可以确定，初步地探察后大家发现，水下这片凌乱石块的面积大大超过一个县城应有的面积。那么它有没有可能就是古滇国的国都呢？

多人墓葬

抚仙湖水下城市的真伪仍待考察鉴别，但是，不久之后，考古人员突然有了一个新的发现。金莲山位于旧城村的南侧，而在旧城村的西北方向，还有一座更加低矮的小山包，名为学山，考古人员惊喜地发现，学山上面竟然有古代人类活动过的痕迹。

在金莲山第二次发掘的现场，墓葬的排列极其密集，然而，在发掘现场的南侧，考古人员发现一大片区域竟然没有任何墓葬，这个反常的现象引起了他们的注意。在对这片区域进行细致的清理之后，他们发现了大量的陶器碎片，按照这些迹象分析，这里很可能就是当初整个墓地用来祭祀的配套设施。

既然考古人员在学山上发现的陶片和金莲山祭祀区发现的一模一样，那他们就应该是同一个时期的东西。马上，专家做出了一个大胆的假设。学山会不会就是这些古人当时的生活场所呢？如果能在学山上找到大规模的村落甚至城池，这些死者的来源之谜就将迎刃而解，但是这仅仅是一个假设，要证实还需要大量的

证据。于是，他们决定，按照每平方米两个半探孔的密度，对整座学山进行勘探，寻找古代人类居住过的蛛丝马迹。

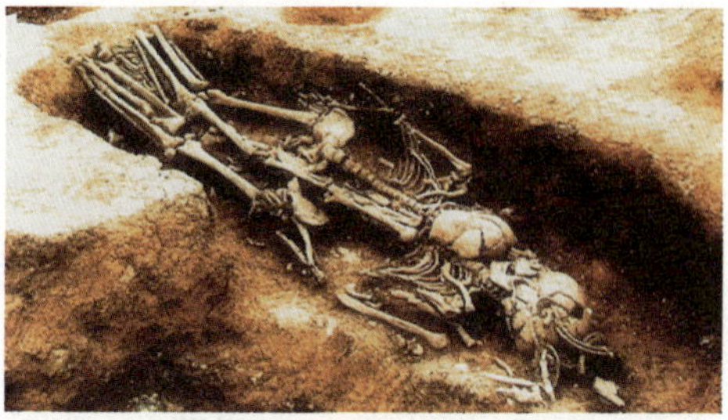
双人墓葬

儿童墓葬

学山的勘探工作异常顺利，没过多久，一些灰坑被发现，证据就是这些洛阳铲从地底下勘探带出来的泥土中的遗留物。根据初步分析，这是一些陶器的碎片以及一些炭灰的痕迹，而那些陶片的年代和金莲山上发现的陶器年代确实是一致的。

随着学山勘探工作的进展，越来越多的灰坑遗迹被勘探了出来，由于遗迹勘探不同于墓葬勘探，墓葬有明确的边界，而遗址的边界往往比较模糊，因此并不能得到那么高的精确度，但是，就算这样，勘探人员最终确定的灰坑都已经达到了三十八处之多。

资培芳："我们现在初步断定，这里可能是一个聚落制，如果是一个城址，它的价值就非常大。"

澄江出土的古生物化石

为了搞清学山遗址的真实面貌，考古人员对其中的一个灰坑进行了实验性的发掘，结果发现是一处半地穴式的房子，其中还有火塘的遗址。这里确实就是金莲山死者们生前的生活场所。

学山的生活遗址，再加上金莲山脚下的旧城一带曾经的繁华历史，金莲山墓葬中上万名死者的来源之谜有了基本的结论。而在对金莲山、石寨山和李家山这三处古滇国墓葬群进行分析后，考古人员推断，抚仙湖及其周边地区正是古滇国最繁荣的核心地带。

来源之谜有了足够的线索，但是，金莲山墓葬群的这些主人们又是怎么死的呢？

金莲山上这些死者的死亡原因到底是什么呢？无论是死者的年龄结构，还是墓葬中出现的种种迹象，金莲山墓葬群里显然存在大面积的非正常死亡，有的专家就此提出了地质灾难的假设。

这种假设有许多的依据，在金莲山第二次发掘的600平方米的范围内，竟然有一个埋葬婴幼儿的专门区域。这些婴幼儿是怎么死的，又为什么会埋葬在这里呢？

按照传统的认识，婴幼儿去世由于属于非正常死亡，且还未成年，这种死亡是不能进入公共墓地的，而在金莲山这些婴幼儿不仅进入了墓地，还给了他们一个单独的墓穴。

这个墓葬是一个25 ~ 30岁的成年男性和一个20岁左右的成年女性叠放着埋葬在一起的，而他们的脚旁还有一些细小的肋骨，经过现场的人类学家鉴定，这些细小的肋骨应该是一个婴儿。那么我们就完全可以推测，他们很有可能就是一个小家庭。到底发生了什么样的可怕事件，才让这个幸福的家庭集体离开了人世呢？

澄江地区一直是一个地质活动相对频繁特别的区域，在金莲山背后的一千米处，就是世界上著名的古生物学圣地——帽天山。在1984年7月1日，中科院研究员侯先光在这里发现了“纳罗虫”化石，向人类揭示沉睡了5.3亿年的寒武纪早期世界，这个发现也被誉为20世纪最惊人的科学发现之一。在远古的寒武纪时期，澄江地区就曾经是一片浅海，之后突然的火山喷发才形成了现在如此丰富壮观的化石宝库。既然澄江地区自远古以来，地质活动就如此活跃，那么，在古滇国时期会不会也发生了一次比较大的地质灾难，从而造成了金莲山墓葬群主人们的集体死亡呢？

然而，仔细想来这种假设并不成立。如果真的发生了这样的地质灾难，不幸死亡的人数应该占到了很大的比例，那些幸运存活下来的人，在巨大的灾难瞬间过后，应该不会有如此从容的时间去分别埋葬这么多人。最有可能的应该是一种超大规模的集体墓葬。

按照人类学的分析结果，埋葬在金莲山上的这批人，基本上都是40岁以下的居多。而这个年龄正是年富力强、可以上战场打仗的年纪。因此，有的考古人员提出了另外一种假设，这些人会不会是战争死亡的呢？

墓葬发掘中

战争死亡的假设让考古人员兴奋不已，因为他们发现，目前为止还没有找到反驳这个假设的证据。另一方面，如果战争这个假设能够成立，将对破解古滇国的消失之谜有直接的意义。

墓葬群局部

他们发现在《史记》中赐滇王金印的记载之后，还记载了此后不久，西南地区发生了一次叛乱，汉帝国曾经派大军平叛，那么这个叛乱的地区会不会就是古滇国呢？

对金莲山大批出土的骨骼标本的初步整理工作已经结束，专家还认为除了战争的假设之外，大面积瘟疫的蔓延也有可能导致这种大面积的非正常死亡。现在，一半以上的骨骼标本已经由火车运往长春的吉林大学边疆考古研究中心，不久之后，金莲山墓葬群主人们的死亡原因就将最终揭晓。

4. 蹊跷的死因

当时，在金莲山墓葬群的发掘工作刚刚开始了一段时间后，考古专家们就发现了一个重要问题，这片墓葬群出土的人骨数量实在是太庞大了，埋葬在这里的这些死者究竟是男是女？年龄多大？依靠考古学的知识和他们以往的经验，根本无法做出准确判断。而这些问题又必须在发掘现场得到解决。

在金莲山墓葬群，大量的墓葬都不是简单的单层结构，而是从上到下分为数层，每层中都埋葬了数名死者，这些死者骨骼摆放的形态更是千奇百怪。于是，判断一个墓穴中到底埋葬了多少人，这个在其他考古发掘中非常简单的问题，在金莲山的发掘现场却成为一个巨大的困扰，让发掘工作几乎就此停滞。

考古发掘现场（局部）

考古专家们最终决定，让体质人类学家直接介入发掘现场，把以往后期研究中才开始进行的鉴定工作提前。随后吉林大学边疆考古研究中心的体质人类家们加入了他们的队伍，那些困扰着考古专家的问题开始逐步得到解决。他们鉴定的主要依据就是死者骨骼的形态特征，其中最关键的就是骨盆的形态。

男女的骨盆在形态上具有较大的差别，在骨盆的正前方，有一个呈三角形的区域，这个区域开角的大小能直观地反映出死者的性别，男性的开角比较窄，而女性的开角较宽。同时通过对骨盆具体形态的测量，还能得出这些死者大致的年龄信息。

金莲山墓葬群出土的骨骼数量同样让这些体质人类学专家们感到震惊，在距离金莲山不远的地方，曾经有石寨山和李家山两个大型的古滇国墓葬群被先后发现，在地图上它们与金莲山构成了三角形的关系。但是，在这两处同样年代的墓葬群中，人体骨骼却基本没有发现，为什么金莲山会有这么多的人骨保存着呢？仔细研究后他们认为，这是由于金莲山所采取的不用棺木直接埋葬的方式。

在对出土的大部分骨骼进行完个体识别之后，人类学专家们勾勒出了一个让人惊讶的死者群体。整个墓葬群中男性和女性的比例大致相当，但是，其中有大量的青年和中年，还有一部分儿童。这些人到底是怎么死的呢？

人骨出土

针对这么一个反常的年龄结构，考古专家们觉得其中的很多人很可能是非正常死亡，而他们觉得最有可能的就是发生了战争。

据《汉书》记载，在汉武帝赐给滇王王印二十三年之后，在古滇国的核心地带，曾经爆发过大规模的叛乱，之后，汉朝派来大军进行镇压。这段记载成了考古专家战争推测的重要根据。

当年的古滇国虽然地处西南边陲，但具有高度发达的青铜文明，这些已经出土的精美青铜器给我们揭示出了一个相对富裕的社会形态。虽然迄今为止，还没有考古发现能和《汉书》中这段叛乱的记载相对应，但是，自这一小段文字之后，关于古滇国的一切在史书中就再也找不到任何痕迹了。如果当时确实发生了叛乱，汉代大军镇压的过程中必然会有大量的伤亡。而更关键的是，专家们怀疑历史记载中的这次叛乱平定，会不会只是汉朝的一个借口呢？面对一个如此富裕的西南小国，汉朝会不会假借平

奇特的墓葬方式

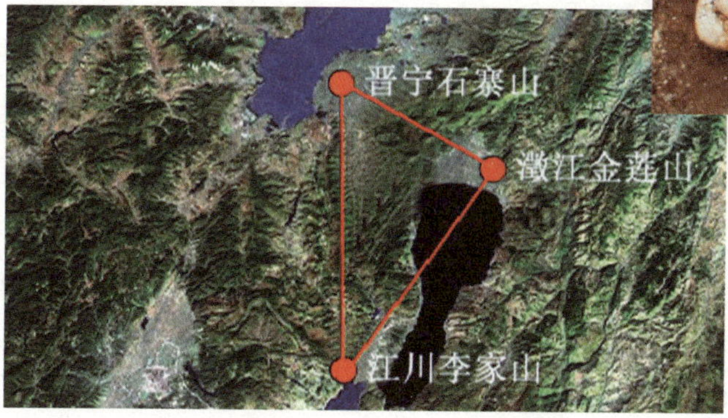

三大古滇国墓葬群的方位关系图

定叛乱的机会，将古滇国彻底纳入统治之下呢？如果真是这样，那么这次所谓的叛乱，很可能就是古滇国最终神秘消失的原因。

他们回忆起了当年滇王之印的出土过程，这个由汉武帝颁发的印章，应该属于古滇国的最高权力象征，按照常理它应该像传国玉玺一样世代传承，保管在一代又一代的古滇国统治者手中。但是，当年它竟然在墓葬中被发现，会不会是由于这个政权已经消亡，从而滇王之印失去了传承的价值呢？

要证实这一系列的推测，关键的问题就是金莲山埋葬的这上万人是否确实因战争而死。为了搞清楚这个重大的谜团，超过半数的骨骼标本被送到了吉林大学的人类学实验室进行进一步的研究。对于这些人类学专家来说，这是第一次集中面对如此众多的骨骼标本，同时也意味着这次的研究工作将异常繁重。如果这些人确实是死于战争，那么就将和历史记载相契合，也很可能为古滇国的神秘消失之谜提供线索。

考古专家们关于战争的假设并非空想，在现场发掘的过程中，他们就发现了一些疑似刀砍斧削的痕迹。但是这些痕迹并不多见，要是这些人确实死于战争，类似的痕迹应该大量被发现才对。

在吉林大学的人类学实验室，对这些死者死因的探索研究工作已经开始。他们首先要做的就是对这些骨骼进行仔细的清理，去除上面附着的泥土和其他杂质，同时寻找相关的线索。考古专家们觉得，在发掘现场这些战争痕迹没有大量发现的原因，正是由于没有进行仔细清理，在后期的这个清理过程中，就应该能发现大量的线索。不过，实验室的研究人员马上发现，这次虽然发现了大量的人骨，但是这些骨骼标本的保存状态非常不好，甚至用他们的话说，都拿不起来。

在这样的情况下，要从骨骼上面得到有用的信息无疑非常艰难。但是在目前的情况下，要想得出这批死者的死因，唯一能依靠的就是这批骨骼上面留下的一些蛛丝马迹。

人类学家们一直在寻找的就是那些明显的兵器砍伤的痕迹，只要大量找到这种痕迹，这些人是死于战争的假设就毋庸置疑了。这种兵器的痕迹有着明显的特征，在他们前几年的工作中，就曾经在其他地区墓葬中出土的一些儿童的锁骨部位，发现了兵器砍削的痕迹，是一处明显的刀伤，而且伤口并没有愈合的痕迹，可见受伤之后不久这个儿童就离开了人世，那么在金莲山骨骼的清理中，类似这样的外伤痕迹会有发现吗？

虽然这次的骨骼清理工作异常精细，在持续了两个多月的清理过程中，专家们失望地发现，类似的兵器痕迹却很少，难道是这些墓主人的死因和战争没有关系吗？还是由于两千多年的掩埋磨灭了这些痕迹呢？

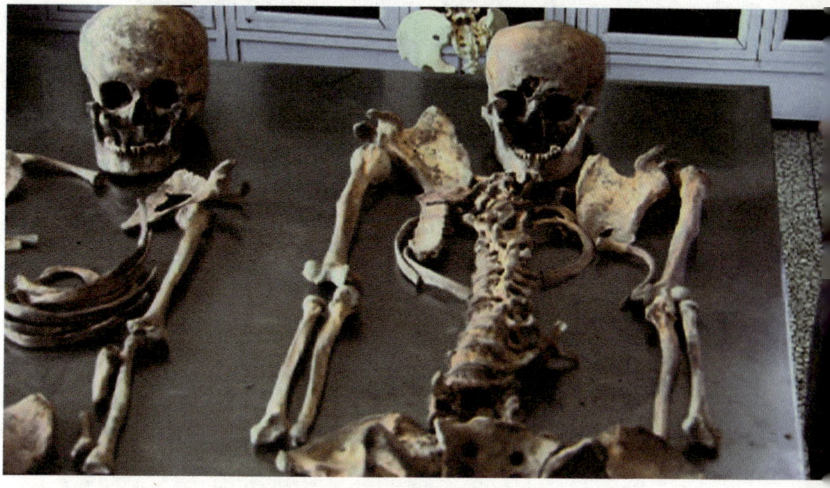

人类学实验室的骨骼复原

骨骼的清理并没有带来任何的新线索，专家们决定，对这批骨骼进行一次拼接复原，把这些凌乱的骨骼标本，按照人体骨骼的正常形态，复原成一个个完整的个体，然后针对每一名死者的骨骼形态进行更加详细地观察和测量。在这个过程中，金莲山墓葬群主人们开始一个一个以完整的骨骼形态出现在他们面前，两千多年前的古滇国时期，这些死者到底经历了什么样的事件，让他们如此年轻的生命就此长眠于金莲山呢？

在这次系统的筛查工作中，一些明显创伤痕迹开始被陆续发现，然而能和战争中兵器砍削的痕迹联系起来的却少之又少。他们不禁开始怀疑，金莲山埋葬的这些人确实是死于战争吗？他们的死因会不会另有玄机呢？

但是在目前的状态下，骨骼表面能够得到的信息非常有限。他们决定，从骨骼内部的 DNA 分析入手寻找新的线索。如果这些人确实是死于战争，那么金莲山墓葬群里埋葬的死者中会不会有中原地区的人群呢？无论是战死还是殉葬，这些汉代军人都可能出现在这片墓葬里，如果能够提取出中原人群的DNA序列，对于战争的假设也就有了重要的证据。

DNA鉴定

然而，要对两千多年前的死者进行DNA提取，难度实在是太大了。虽然研究人员们在很多同样年代久远的古人骨骼中，也曾经成功地进行过DNA提取，但是这些案例大部分来自北方的墓葬，而南方的墓葬DNA提取的成功率一直很低。

DNA实验的成本非常高昂，每次实验花费的成本都在万元以上，专家们决定首先选几例进行小规模的实验，如果能够成功，再大面积展开。然而，在一个实验周期过后，他们就失望地发现，经过数千年的自然降解，这些古人骨骼中的DNA信息大多已经缺失，基本无法成功提取。

提取工作失败了，别说是原本计划中的判断这些死者中到底有没有中原地区的人群，现在就连判断性别这样基础的信息都难以得到。面对每次实验的巨额费用，研究人员们决定停止后续的实验。面对这样的结果，研究人员非常无奈，虽然在进行此次DNA实验之前他们就预感到难度很大，但是，这样的全面失败也让他们始料未及。

消息传到云南后，作为金莲山考古发掘工作的领队，蒋志龙的心情非常沉重。他原本以为，有这么大规模的出土骨骼作为研究标本，金莲山这些死者的死因之谜很快就能找到答案。但是到目前为止，无论是骨骼的外部形态观察测量，还是骨骼内部DNA的提取，都没有找到关键的信息。金莲山埋葬的这些人到底是因何而死呢？是死于战争还是有别的原因？在两千多年前的古滇国时期，到底发生了什么？金莲山出土骨骼的后续研究工作还在继续，专家们能找到关键的证据吗？

5. 最后瞬间

牙齿形态是人类学鉴定的重要依据

对于之前DNA实验的失败，吉林大学的研究人员也感到很不甘心，在对这些骨骼标本进行全面整理之后，他们发现了另外一个可喜的现象，那就是很多牙齿的保存状况似乎都还比较好，随即想到，能不能尝试从牙齿上提取DNA呢？如果在这些牙齿中能够发现中原人群的DNA信息，那么对于战争的假设就是重要的证据，这些中原人很有可能就是战死或者被俘虏后殉葬在此的。

墓葬清理现场

虽然牙齿本身是人体中最有可能完整保存的骨骼，但是之前的DNA提取失败的阴影仍然萦绕在他们心头，每一步都显得小心翼翼，这次的实验能够成功吗？就算能够成功提取到DNA，这些片段有足够的长度可以读出相关的信息吗？

实验的结果很快出来了，但是结果依然让他们失望，在精心挑选的十几例牙齿样本中，只有一例成功地提取到了一定长度的可读DNA序列，而其他的都失败了，要不是长度太短，要不就是非常杂乱根本无法读取。那么，这硕果仅存的一例能带来什么新的线索呢？

他们赶忙把这段DNA序列输入数据库中进行了比对，结果发现，这段序列与中原人群的DNA有着明显区别，也就是说这颗牙齿的主人并非来自中原，他应该就是一名古滇国人。虽然没有对战争的假设提供更多的证据，但这次的实验却为古滇国人群的后续研究提供了一个线索，因为这段DNA数据显示出一个重要的事实，那就是古滇国人的人群构成很可能就是南方的百越人群。

百越人群是中国古代南方越人的总称，广泛分布在中国南部地区，因为部落众多，故总称为百越。古滇国的人群构成很可能就是本地族群，而他们的后代也依然生活在这片土地上。

不过单独的一个孤例并不能说明什么问题，要得出古滇国的确切人群构成，还需要大量的数据。既然只是一个孤立的样本，那么要用它来判断整个墓地中埋葬的人群自然无从谈起。金莲山墓葬群主人们的死因仍然处于迷雾之中。

由于在骨骼上一直没有找到大量的兵器砍削的痕迹，研究人员也不禁开始怀疑，战争死亡的假设会是事实吗？这些人的死亡会不会另有原因呢？他们决定尝试从其他角度寻找可能的线索。一些来自国外的学者也加入了后续研究的队伍，在对金莲山大量的婴幼儿死者的骨骼形态进行分析之后，来自美国的一位学者得出了一个重要的结论，很多女性和婴儿其实是死在了分娩过程之中。

克里斯蒂·李：“这些婴儿们的死因是什么呢？我认为一些极有可能是在出生时就死亡了，婴儿的发育程度，还不足以离开母体独自存活，他在母亲体内也许只孕育了七八个月。还有一些可能是死于疾病，比如腹泻，通常这种疾病的发展速度是非常快的，很难在骨骼上留下痕迹，孩子非常快就去世了。”

但是专家们也发现，这个判断只适合其中的一部分女性和婴儿死者，并不能涵盖所有的情况。因为金莲山墓葬群中发现的一些现象还难以解释，比如在这一个墓葬中，出土了一名男性、一名女性和一个婴儿的骨骼，这无疑是一个小家庭，他们在墓葬中

墓葬中的青铜器和陶器

的同时出现，只能理解为发生了某种突发事件，这个突如其来的事件，让这样的一个三口之家同时死亡。

那么，如果先暂时抛开死于战争的假设，还会有什么样的突发事件让大量的人集体死亡呢？研究人员想到了另外一种可能，那就是发生了瘟疫。

金莲山这些人有可能是死于瘟疫吗？在吉林大学边疆考古研究中心的标本库房里，陈列了超过一千具的各个时期墓葬出土的颅骨，专家们把金莲山墓葬群出土的颅骨与这些标本进行了比较研究，尝试寻找疾病的痕迹。两千多年前的古滇国时期，是否真的发生过大面积的传染病呢？很多疾病都会在骨骼上留下痕迹。如果能找到大量类似的疾病痕迹，当时就很可能是发生了瘟疫。

然而他们发现，这些骨骼标本中疾病的痕迹并不普遍，能够发现的一些疾病痕迹也难以造成大规模的群体性死亡，同时对于瘟疫的假设，考古专家们也觉得可能性不是很大。

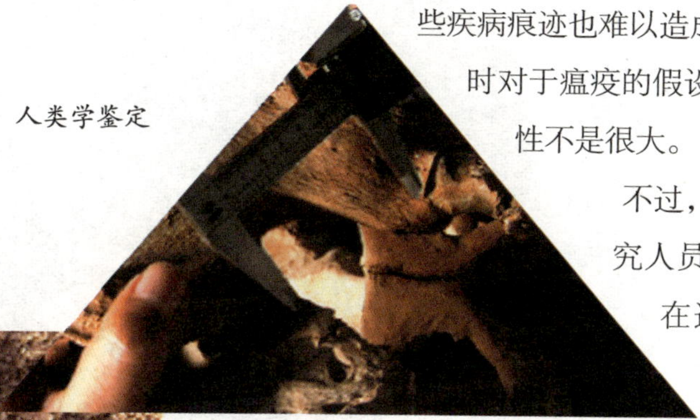

人类学鉴定

不过，在其中的一例颅骨上，研究人员发现了一个重要的线索，在这具颅骨的顶部竟然有一个外伤形成的伤口。

克里斯蒂·李：“对于一些死者来说，他们伤痕的形态和冷兵器时代的武器击打所造成的伤痕形态并不相符，如果是两个人互相击打，或者两个士兵交战，很难形成这种创伤。在这些人骨骼上发现的这类创伤，更像是在普通生活中发生的一些意外造成的。”

他们随后发现，这样的头顶部的创伤还有好几例，这是什么原因造成的呢？会和他们最终死亡有关联吗？他们马上着手从其他的骨骼上寻找类似的线索。果然，在另一些骨骼上，他们同样发现了这种奇怪的创伤。

这些骨骼上有一些明显的断裂或者扭转的痕迹，而这显然来自外力的作用；同时，还有一些死者的某段骨骼长度比正常长度要略短一些，比如同一个人左侧大腿的骨骼，就比右侧大腿的骨骼要短几毫米，这种骨骼长度的区别非常细微，肉眼基本上看不出来，但是一测量就能明显得出，这是什么原因导致的呢？

如果不是战争，那又会是什么原因呢？一般的疾病很难形成这样的痕迹，这让研究人员们陷入了困惑，但他们隐隐感觉到，这些奇怪的痕迹很可能与他们一直寻找的死因之谜有密切的关系。他们想到了另外一种可能，那就是突发性的紧急事件。而一些骨骼的形态也能说明这个问题。

比如他们发现的一些腿骨骨骼长度略短的现象，专家们觉得很可能是死者从高处跳下导致的。假设发生了紧急事件，在慌乱中逃生的情况下，人的身体很难保证完全平衡，如果从高处跳下，由于落地时强大的压力，受力的那条腿的骨骼就很可能受到了伤害。

出土的农具

当时发生了什么样的紧急事件呢？这个消息让云南的考古专家们非常兴奋。虽然没有相关记载，但结合云南当地的地质条件，大家觉得最有可能的情况，就是发生了地震或者大规模的泥石流。

克里斯蒂·李：“像是两个坚硬的物体把人挤在中间了，所以我猜想是地震，应该有很多人死于骨折，因为这个建筑物倒下来了，石块也纷纷滚落，很多人被压住了，腿被卡在建筑物里边，它不是一个正常形态的骨折，是撞击形成的，一些部位被砸断了，形成这种伤口。”

虽然可以推断这些人身上的创伤痕迹是地震或者泥石流等未知的紧急事件导致的，但是，是这些创伤导致了他们的死亡吗？还是他们在这次地震或者泥

青铜器出土

石流的过程中，仅仅是受了一些外伤但并没有因此死去呢？

仔细分析了这些外力造成的骨骼创伤后，研究人员们发现，很多这种伤口上都没有看到明显的愈合痕迹，如果当时只是造成轻微的外伤，不危及生命，那么，在这之后的生活中，这些伤口应该会逐步愈合，并且在骨骼上留下生长愈合的痕迹，既然这些痕迹都不存在，那么只能说明，这些人在受伤后或者受伤后不久就直接死亡了。也就是说那次自然灾害直接导致了他们的死亡。

不过，这种外力造成的创伤痕迹只发现在一小部分死者的骨骼上，而其他大部分死者身上并没有类似的迹象，研究人员们由此推断，金莲山的大部分死者的死因并没有什么特别之处，他们或是死于年老，或是死于疾病。

金莲山墓葬群主人的死因终于真相大白，两千多年前古滇国时期，在这个西南边陲的小国家，虽然有着令人惊叹的青铜文明，但是，他们的医学水平并不比同时期的中原地区高明多少，甚至还有些落后。因此，人的寿命普遍较短，青少年夭折的比例很高，由于没有现代这样丰富的药品和医学水平，即使是对于成年人来说，一些很小的疾病就可能夺去他们的生命。

让考古专家们更加喜出望外的是，通过对这些骨骼的深入研究，体质人类学家勾勒出了金莲山墓主人们的饮食结构。他们发现，这些死者中的很多人都有龋齿，同时，他们的牙齿磨损程度都比较轻微，因此推断他们的饮食中类似于大米之类的碳水化合物比较多，也可能大量地以相对柔软的鱼肉作为食物。

可以看出，这些死者并没有明显的等级区别，他们的食物结构都很类似也

清理出土的骨骼

基本都从事同样的日常劳动。而这个结论也和考古现场发现的痕迹非常吻合，金莲山墓葬群中出土的随葬物品主要是以日常生活用品和劳动工具为主，比起以往发掘的古滇国贵族墓葬中出土的器物，在精致程度上明显不同。由此可见，金莲山墓葬群其实就是古滇国一个超大规模的平民墓地。

金莲山墓葬群的考古发掘工作已经全部结束，仅在展开发掘的山顶部位，就累计发现了412座墓葬，各种随葬器物1 300余件套，出土死者骨骼更是数以千计。历时数年，金莲山墓葬群主人们的死因之谜终于揭开了，它不仅埋葬了那些年老死去的人们，还埋葬了疾病、自然灾难等各种原因死去的壮年和青少年，也由此为我们呈现了一个完整的古滇国平民社会。

金莲山脚下的人们依然延续着自己平静的生活，日出而作，日落而息，他们并没有想到，在两千多年前，自己脚下的这片每日劳作的土地曾经有过如此辉煌的文明。现在的金莲山已经成为文物保护区，这里是整个古滇国社会形态的缩影。当然，关于金莲山还有太多的谜题，包括这些死者为什么这么凌乱的排列，这种排列有着怎样的意义等等，这些还有待于今后的研究。而金莲山对面的学山生活遗址的发掘也全面展开，相信在不远的将来，众多的谜底必将大白于天下。

（任超）

四千年的“长寿面”

这是一个令考古学家着迷的地方，自从1999年试掘以来，青海民和喇家遗址就吸引着全世界考古人的目光。这个距今4 000年的灾难遗址，记录着地震和洪水袭来的一刻人们在死亡来临时的种种姿态。但是40多万平方米的遗址地层里埋藏的远不止这些信息，2002年深秋的一天，考古队员在揭取已经发掘出土的一个陶碗时，竟揭开了又一个神秘面纱！

这一次，考古人员究竟又有什么惊人的发现呢？

他们在现场发现了一只倒扣着的碗，把它拿开之后，竟然看见碗里装着一丝黄色的细条状的东西。这到底是什么东西呢？起初有人说是虫子，但是仔细一看却不是，这些黄色细条状的东西竟然是面条——4 000多年前的面条。

这不得不让现场的考古人员惊奇了：4 000年前怎么会有面条呢？

出土的面条（一）

据此前的文献记载，我国最早有记录面条的文字出现在1 900年前，而意大利人和阿拉伯人则一直认为他们在2 000年前就发明了面条。如果喇家遗址出土的这碗东西就是面条，就等于把面条出现的时间推到了4 000年前。这可能吗？

青海省文物考古研究所

的蔡林海在看到面条时非常疑惑，他马上意识到这非同一般。

蔡林海（青海省文物考古研究所）：“我仔细观察以后发现，它的盘曲的形态跟植物的根系是完全不同的，这时候我开始意识到，这很可能是一个重要的发现。”

出土的面条（二）

喇家遗址位于青海省民和县的最南面、黄河的北岸阶地上。4 000 年前，一次强烈地震和万年一遇的洪水，将它迅速吞没尘封在泥土之下。迄今为止，这里能保存下来的都是尸骨遗骸、陶罐玉环。而这个陶碗处于喇家遗址沉积物地层 3 米以下的一个房址内，如果它真是一碗面条的话，应该早就发霉变质，怎么可能保存 4 000 年之久呢？

蔡林海：“当时看到这情景时感觉太惊奇了。我在这儿搞发掘，其他的遗物保存得好的也很多，但是像这种有机物能保存下来的，我是第一次见到，而且是 4 000 年前，太难得了。”

蔡林海迅速处理文物，陶碗连土一起被包了起来，抱回驻地。蔡林海在标签上慎重写下了古代食物几个字，并画上了大大的问号。随后当他与考古队长叶茂林汇报此事时，叶茂林对此也大惑不解。

叶茂林（中国社科院考古研究所研究员）：“最初我对此是有怀疑的，因为我不是在现场看到这个东西的，我看到时它已经被封起来了，我只是看的照片，究竟是什么东西只能猜想。”

被倒扣在陶碗里的究竟是不是面条呢？如果能够鉴定出里面含有植物的成

分，那么这个问题就迎刃而解了。可是，由于鉴定方案不成熟，大家始终不敢贸然打开陶碗看个究竟，直到2003年这碗疑似面条的东西被送到中科院地质与地球物理研究所。

然而，当大家打开这件已封存一年多的文物时，眼前的情景却让人大吃一惊。

杨晓燕（中国科学院地理科学与资源研究所研究员）：“这只碗拿过来的时候已经没有面条了，因为里面的面条在地下埋藏了几千年，打开以后一下子就氧化了。”

在这种情况下，面条的鉴定还能继续下去吗？令人欣喜的是，经过仔细搜索，吕厚远还是从土里发现了一些残段。

文物样本少而珍贵，鉴定工作必须抓紧进行。

吕厚远（中国科学院地质与地球物理研究所研究员）：“一开始我们认为这是用小麦做的，因为直到现在都是用小麦来做面条，麦子做面条是最好的东西。”

的确，面条通常是用面粉加水和面，然后再做成条状的食品。在喇家村所在的民和县，面食就是大家最喜欢的食物。

文联主席：“我们这里人基本都是以面食为主，主要是小麦，还有青稞、玉米等。”

在当地，面条的影响由来已久，而且这里属于平均海拔1 800米的高寒地区，人们都是以抗旱的小麦做主要的粮食作物。

由此看来，这个4 000年前疑似面条的东西是否也和小麦有关呢？吕厚远决定着手从中寻找相关的证据。

吕厚远：“这碗面条是一个6厘米厚的样品，但实际只有碗底这一层有3厘米厚的面条，上面3厘米是黄土盖上去的。我们按照每1厘米取一个样品的原则，一共取了6个样品。”

为什么吕厚远要从土里取样呢，他将用到什么样的鉴定方法呢？

杨晓燕：“我们分析，如果它是面条，里面肯定含有淀粉，于是我们查阅了国外的很多文献，发现了一个淀粉粒分析的方法。”

吕厚远："我们设想，能不能找到一些小麦的证据，无论是植硅体的证据或是淀粉的证据。"

以上两种鉴定方法，第一种叫作淀粉粒分析法。淀粉粒其实就是淀粉，从显微镜下能够看到一个个独立的淀粉的结构。自然界中的大部分植物都是有淀粉的，但如果被煎炒烹炸过以后，外形结构可能就会发生破坏，这就很难断定它到底是哪一种植物了。这个时候就需要用到第二种方法，就是所谓的植硅体。

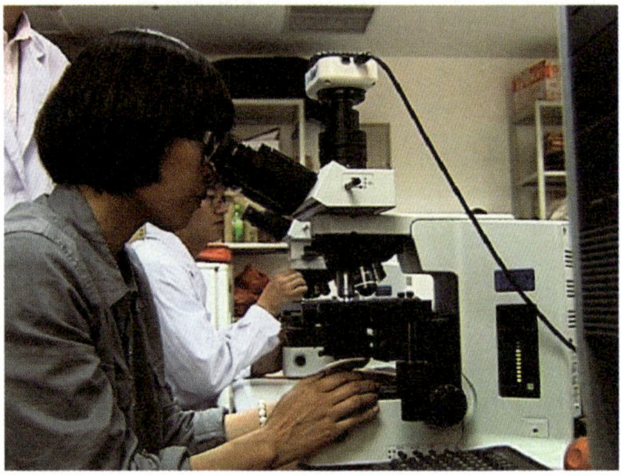

鉴定

植硅体到底是什么呢？先说说硅。大家都知道，土壤中含有大量的硅，其实沙子就是二氧化硅，那么植物在生长过程中，自然也会吸收到很多硅类的物质，并且往往会以二氧化硅的形态存在于植物的体内，而这种结构又是非常稳固的，煎炒烹炸也难以将它破坏掉。因此就可以借助植硅体的办法，来判断它到底是哪一种植物。

但是，已经时隔 4 000 年，样本里有关植物的证据还能否找到呢？这碗 4 000 年的残存物又是否真是一碗面条呢？

用淀粉粒分析的技术，这是一个国内从未有人用过的方法，杨晓燕也只能尝试着用显微镜一点一点地找寻线索。结果她从显微镜里看到了从未见过的东西，这个东西大小约 10 微米，是个多面体，这与她之前从现代小麦里看到的淀粉粒完全不同。

杨晓燕："这很明显与小麦是完全不一样的，小麦淀粉粒类似铁饼一样的形状，通常是 30~40 微米，是个多面体，而这个与小麦完全不同。"

大家讨论，由于残存物曾经被煮过，大部分淀粉粒都被破坏，因此要最终确认这碗残存的东西是不是面条，吕厚远还要从中找到一种不会灭失的证据。

吕厚远："这里面肯定是有东西的，即使没有面条，所有的土壤里也都有植硅体，植硅体是植物生长过程中充填在植物细胞里的二氧化硅矿物，因为矿物保存时间很长，植物有机质腐烂或者燃烧，甚至灰化之后，这些植硅体仍然可以保存在土壤里面，可以保存几百年、几千年甚至几万年。”

植硅体是肉眼看不到的微小化石，它就像身份标志，每一种植物的细胞里都藏着不同的植硅体，科学家常常在地层里找寻它的踪迹，推演在地球上生长过的植物。如果能从样本里找到某种植物的植硅体，那就意味着面条的谜团能够水落石出，但结果却完全超乎想象。

吕厚远：“我们在有面条的这 3 厘米厚度土壤里面发现了大量形态非常特殊的植硅体。这些植硅体形态究竟是什么东西呢？这就需要和现代植物的植硅体去做对比了。由此我们做了多项样品植物对比，结果发现它不是小麦。”

杨晓燕：“面条都是用麦子做的，一开始我们就是按照这个思路去想问题，经过对比发现不是这样。”

两种检测方法都证实，喇家遗址出土的面条不是小麦做成的，那么这碗面条究竟是用什么做的呢？

鉴定工作一下变得棘手起来。因为，全世界的植物大概有 30 万种，被人类利用的有 2 500 多种，而其中核心农作物就多达几十种，只有知道所有这些农作物的植硅体是什么样的，眼前的这种植硅体才能被认出来！

吕厚远带着他的课题组到处采集植物样本、然后不厌其烦地对它们进行提取和整理。功夫不负有心人，半年之后，普查了 84 种植物的植硅体之后，吕厚远终于把结果锁定在两种植物上。

杨晓燕：“在吕老师采集了现代植物植硅体的数据之后，我们初步判断可能是谷子或黍子。我们把面条里古代的淀粉提取出来，跟现代的植物一对比，认为它很可能是谷子或黍子一类的东西。”

在北方，俗称为谷子的是粟，脱壳以后叫小米；黍，则是黄米。吕厚远在古代样本里发现了这两种植物的植硅体，而且其中一种含量极高，如果能认出含量高的究竟是粟还是黍，那就可以知道喇家出土的面条究竟是何种植物做的了。但是要区分粟和黍的植硅体，这在国际上都是一个难题。

粟和黍是过去所说的五谷中非常重要的两种，也是人类祖先从野生的狗尾草当中驯化出来的两种植物，曾经在我国占有非常高的经济价值。而植硅体的检测方法，是 20 世纪 80 年代才出现的技术，对于粟和黍这两种同源植物，从外观上都几乎分辨不出来，就更不要说它的植硅体了。因为它们的植硅体也非常接近，很难断定哪个是粟，哪个是黍。

虽然鉴定结果不是小麦，但是喇家遗址出土的这些条状物，被证实确实是粮食做成的面条时，所有人都兴奋不已。

叶茂林：“真正兴奋点是，大家确认了它就是面条。”

杨晓燕：“当我们证明它是食物的时候，大家都感觉很高兴，很兴奋。”

出土的面条只有一个断头

这碗 4 000 年前的面条究竟是小米还是黄米做的呢？吕厚远采集了十几种不同的粟和黍，对比它们的植硅体，终于在一年之后，他发现了这两者之间有五个可区分的特征，其中最明显的，粟是 Ω（欧米伽）形状，而黍是 η（艾塔）形状。

由此，吕厚远不仅成为世界上第一个可以用植硅体形态区分出粟和黍的人，而且他也解开了喇家面条的秘密！

吕厚远：“到目前为止，植硅体、淀粉、分子生物学的证据都证明，这是以小米为主做的一碗面条。”

叶茂林：“这个面条是小米做的，虽然听起来有点不可思议，许多人也都对此表示怀疑，但是我们还是要尊重事实。”

除此以外，还有一个不容忽视的事实就是，通过对照片的分析，吕厚远发现了一个更让人震惊的地方。

吕厚远：“从图像上看，中间只有一个头，所以我们才注意到它可能真是一根面条。后来根据它的比例，我们复原这根面条的长度，大约有半米长。”

喇家遗址的这碗面竟然只发现一个断头！4 000年前的喇家聚落，还处于以磨制石器为主的阶段，那个时代的人怎么用小米就能做出这么长的面条呢？

在现在的喇家村和喇家村所在的民和县，一般可以看到，手擀的小麦面长度可以达到50厘米以上，但是借助刀切出来以后，面条的粗细不均匀。而如果要做成长长的拉面，则必须在小麦面粉里加入其他东西。

当地居民说，在和面的时候，在里面放点盐做拉面剂，就可以把面条拉得很长。

加入拉面剂，拉出的面条才能筋道、柔韧，并且可以拉伸很长而不断。可是从喇家遗址的面条里并未鉴定出拉面剂的成分，那么如何在不添加任何东西的情况下，让小米也能拉伸出长长的面呢?

吕厚远：“让我感到惊讶的是，为什么这根面条粗细如此均匀，即使是拉面也拉不到这么均匀，后来才想到可能是饸饹面，因为只有饸饹面才会这么均匀地压出一根面条来。这给了我们一个很重要的思路，如何来做这一根面条。”

饸饹，也叫河漏，是我国北方独特的名吃，它用一种木制或铁制的带圆眼的饸饹床，可以把黏性不太大的面类做成面条。据传很早以前的饸饹床全是木头或树根做成，而现在都改头换面，变成了省力的机器。

饸饹面的粗细均匀，如果面团足够的话，想压出多长的面都有可能，这样看来它就和喇家遗址出土的面条情况非常吻合。为了证实这种猜想，吕厚远课题组找来饸饹床开始试制小米面条。

这样的实验充满乐趣，因为他们正在向一种真正的古代食物慢慢靠近！然而最初的实验却并不成功。

吕厚远：“一开始压出的面条不够长，20厘米甚至15厘米就断了。

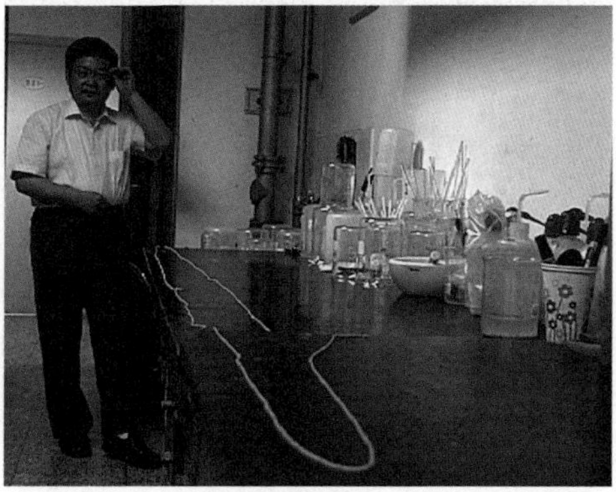

复制面条（一）

复制面条（二）

灾难遗址（一）

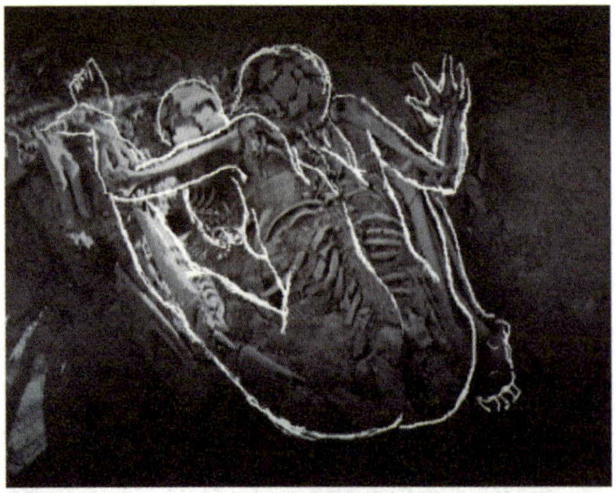
灾难遗址（二）

那时候我们也感到很疑惑，不知道什么地方出了问题。”

之后，大家开始用不同的实验条件反复试制面条。结果发现，小米面团经过捶砸、加热之后，面团就会变得极其有黏性。即使用各种不同的小米做同样的实验，结果都是出奇的好！用这种方式压出的面条，达到了惊人的5.2米长度。

4 000年前，还是刀耕火种的新石器时代，那时的人们用小米就能做出长长的面条，这的确让人不可思议。如今在吕厚远的实验室里还保存着一段一厘米长、比铅笔芯还细的干缩的面条。那么，这碗面条究竟为何如此长寿，竟能跨越4 000年保存至今呢？

杨晓燕：“喇家遗址是古代的一个村落，处在黄河边上，一场大地震将它瞬间摧毁。在发掘出这碗面条时，我们看到它是在灶的旁边，翻在那里倒扣着。那一场地震造成黄河阶地的喷砂冒水，于是迅速将这碗面条埋起来，它也就迅速跟外界隔绝了，直到4 000年后才重见天日。”

2002年深秋的一次考古活动，发现了一碗疑似古代食物的条状物，经过3年的鉴定和论证，中国社会科学院和中国科学院的科学家们不仅用科学的方法证实这就是一碗 4 000 年前的面条，而且成功地将其复制出来。这个成果不仅在 2005 年世界权威的《自然》杂志中获得发表，而且科学家们在这个研究过程中发展出来的分析技术，更使我国在植物考古领域走在了世界前沿！

杨晓燕：“这碗面条在考古学、植物考古以及地质学等多个学科领域引发了植硅体分析上的突破，也促进了淀粉粒分析方法在我国的发展，也得到了中科院的关注。直到现在，中科院做碳专项、做人类起源、做农业起源都与此有关。”

叶茂林：“我们探索文明起源，可以有很多角度、很多方面，但是对饮食文化却重视不够，恰恰我们从喇家遗址发现的这碗面条，反映出了喇家遗址饮食文化的复杂性和多样性等特征，也给了我们很多提示。”

根据种种证据显示，虽然有洪水、有地震、有泥石流，但是喇家文化并没有被摧毁，而是顽强地继续在这片土地上生存了下去，以至于今日给我们留下了这样一碗世界上最长寿、年代最久远的面条。

从中也可以揭示出考古学一个很有意义的发现，那就是告诉我们，当年的人们到底是怎么生活的。

（唐中柳）

探寻海底宝藏

2003年4月，阳江市边防官兵通过情报获悉，有3个文物盗贼勾结境外海盗企图来阳江海域窃宝。边防武警立即调集警力加大巡逻密度，海盗终未能踏入警戒海域一步。在这片海域究竟埋藏着什么奇珍异宝，让盗贼们窥视已久呢？

阳江海域自古以来就是通商口岸，这里的渔民在打鱼时，也曾捡到一些古代钱币。海底有巨大宝藏的各种传说更是流传至今。看似平静的海面下真的深藏珍宝吗？

海底有宝藏的传说和海盗的频繁造访，让人们猜测这里或许真有宝藏存在。事实上，在阳江海域，从20世纪80年代起神秘的寻宝之旅就开始了。1987年夏天，一家英国海洋探测公司在广东阳江海域寻找一艘装满银锭的英国古代沉船。起初大海捞针般的寻找让他们搜寻无果。几天后他们有了发现，但蹊跷的是打捞上来的不是银锭而都是产自中国的瓷器碎片。此时的他们还不知道，这次意外在不久后引发了轰动世界的重大考古发现。

中国水下考古队开始寻找“南海一号”

1987年8月17日是一个特殊的日子，当一吨多重的机械爪伸向海底，让人大感意外的事情发生了。英国海洋公司和中国水下考古队工作人员发现这显然不是他们原先要找的英国商船和银锭，打捞出来的都是中国古代的钱币和瓷器。

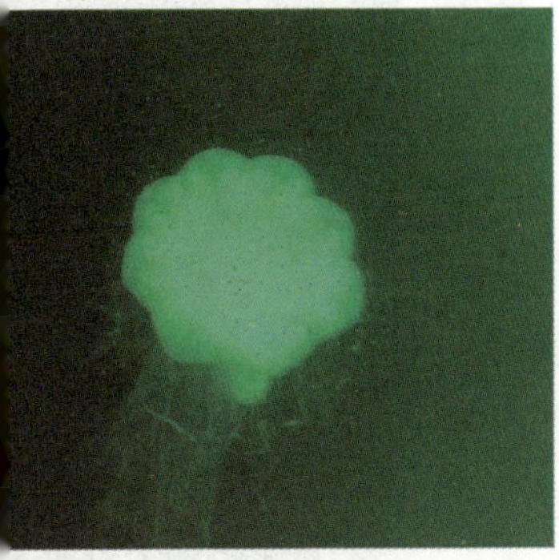

下生物给探测带来不小麻烦

通过铜钱确认沉船为南宋时期

被侵蚀的水下文物

张威采（中国考古队）：“先是用声呐查找有没有可疑物体在水下，然后再用船上大的抓兜抓两下，结果抓上来好多碎瓷片，派人下去查看，发现竟然是一条古代的沉船，而且还是木船。”

这让人不禁猜测，当年是否曾有一艘满载货物的木船深藏海底？经过文物鉴定，这艘木质古船产自宋代。这意味着它已经在海底沉睡了800多年了。不可思议的是一艘木质古船怎么可能在海底保存这么久呢？

打捞立刻终止，这次意外的发现迅速上报到了国家文物局。

当专家们看到这些出水文物时异常惊喜，出水的247件文物大多数是瓷器，它们主要产自中国浙江龙泉窑，以及福建景德镇窑。虽然在海底800多年依旧完整精美，文物价值、艺术价值非同一般。同时期的完整瓷器被行家们视如珍宝，在一些拍卖会上，它们往往能够拍出惊人的价格。倘若真的有这艘货船，那么目前出水的这200多件瓷器只是冰山一角。人们能否找到更多的惊喜呢？

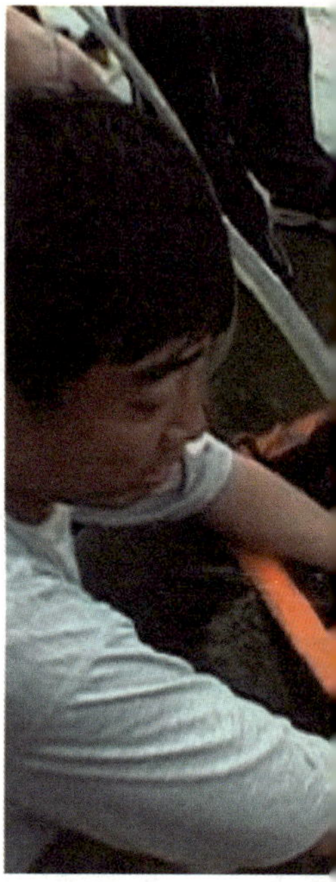

张威："1989年中日两国合作进行了一次预备调查，当时的目的是定位，判定沉船遗址的范围，最好是能确定它的精确位置。结果当时因为气候和定位数据的原因，没有得到精确位置，在那次调查中，基本上没有找到沉船的主体部位，只在边缘找到了一块瓷片。"

几天搜寻，仅收获了一块瓷片。难道这艘满载财富的船并不存在？还是海水的侵蚀，让这艘古船消失了，那么船内大量的财宝又散落在哪里呢？

张威："我们对这块瓷片与以前打捞的瓷器进行对比，确认就是同一艘沉船的瓷器破碎以后残留的器物残片。可以这样说，1989年我们与沉船擦肩而过，没能找到船的中心位置。"

由于受技术、设备等限制，科考工作一度停止了。这艘宋代沉船首次发现于南海，被定名为"南海一号"。"南海一号"上是否还有更多的文物，它曾经要驶向哪里？很多未解谜团也和它一起沉寂在海底。2002年，中国水下考古队站在了亚洲的前列，中国水下考古中心主任张威和工作人员期待对"南海一号"科考的迫切心情与日俱增。在两艘专业水下工作船的配合下，他们寻找"南海一号"的行动开始了。

水下沉船遗址

而今的中国水下考古队已经今非昔比，他们的卫星定位仪非同一般，误差不超过1米，浅地层剖面仪器可以探测到海床泥沙下面埋藏的物体。当有不同于海床泥沙的物体出现在泥沙深处的时候，声呐探测仪也能够准确地将它们分离出来。很快，声呐探测仪器就显示出了海底泥沙中存在着一个不明物体。这个不明物体是什么呢？水下考古队员必须潜入海底探查。有毒的水生物和海底的黑暗给工作人员带来了不小的麻烦。

作人员在清理打捞上来文物

魏俊："水下能见度一直很不理想，最好的时候也只有 20 厘米左右。此外，"南海一号"的埋藏在海面以下 24 米的地方，水深也给我们的勘探工作造成了很大的影响。"

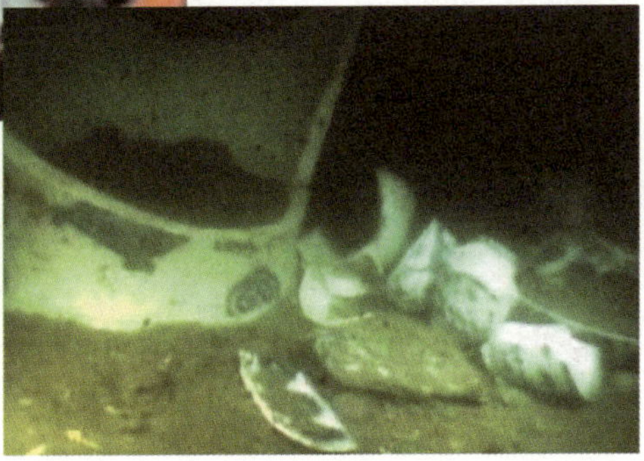

水下发现破碎的瓷器

借助潜水灯，他们发现在海底深处除了泥沙之外，什么也没有。水下考古队员担心"南海一号"的遗物已经被盗宝者洗劫一空。

那么，水下考古专家为什么一定要找到这艘"南海一号"呢？

因为这艘古船连同它所装载的各种文物，记录着 800 多年前海上丝绸之路的历史片段。海上丝绸之路是中国古代和外国贸易交往的海上通道，起点是福建泉州。海上通道在隋唐时运送的主要是丝绸，到了宋元时期，瓷器的出口渐渐成为主要货物，因此，人们又把它称作"海上陶瓷之路"。

在这条海上通道上，也不乏发生触礁、恶劣的天气而导致沉船的事件。如今我们才能在这条通道上找到很多沉船遗迹，遗憾的是它们当中大多数已经被盗，文物和所承载的历史信息都已经破坏了。

文物被盗以至遭到破坏，这在以往的水下考古中屡见不鲜。20 多年来，中国水下考古队发现了多处古代沉船遗址，尽管遗址都曾被泥沙覆盖，但是根本挡不住盗宝者的疯狂。1998 年，在西沙群岛附近发现的一处沉船遗址，也是一片狼藉。遗址中心被盗宝者用炸药炸出了两个大坑，现场惨不忍睹。

"南海一号"和它所承载的文物会不会遭到同样的命运呢？

2002 年 5 月的一天，从水下传来了消息。在泥沙深处将近 2 米的地方，一些破碎的瓷器出现在水下考古队员的眼前。大量的碎瓷片上显示出许多珍贵瓷器品种特有的色彩和花纹，可完整的瓷器还没有出现。这个现象让考古人员感到十分不安，这是海洋自然力破坏的，还是另有原因？

要确定沉船的位置，必须反复定位，需要把工作船移动到不同的位置进行探摸，水下考古队员和工程潜水人员也只能反复下水，工作十分艰难。

潜水员遇到了渔网，这对潜水作业是非常危险的，因为全身披挂着装备的潜水员，一旦被渔网缠上，后果不堪设想，因此他们必须十分谨慎。不过这也许是个好兆头，因为渔网极有可能是被沉船物体挂上以后留下的。

终于，潜水员找到了沉船的位置。

兴奋的人们迅速展开了工作。他们迫不及待地要弄清楚"南海一号"的状况，沉船有多大，文物还存留下多少？对考古学来说，整个遗址保留得越完整，考古价值就越高。

张威："当时我们太激动了，没想到还能保存这么完好，因为从发现沉船以后，时间又过了 20 多年，不知道它会发生什么变化。当时发现两边都有船舷，据我们推测，这条船应该还能保留一大部分，尤其探摸时发现船舱里的瓷器都成捆成摞地堆放着，整整齐齐的，这就说明在下面还会有很多东西，所以当时我们很激动。"

突然间在泥沙中的一条粗大木头显现在他们的眼前。这根粗大的木头大约有十几米长，具有一定的弧度，它的两端还被厚厚的泥沙掩埋着。仅凭借眼前的景象，经验丰富的水下考古队员已经能够做出判断：这根粗大的木头应该是沉船的一条木质船帮，而且根据它的长度来分析，船体应该会很大。更让专家们喜出望外的是，工作人员在一个破损的、将近两平方米的甲板下面的船舱中发现了成堆瓷器。

魏俊：“我们发现,很多瓷器拿出水面以后,看起来就像新的一样,光泽如新。”

张威：“船上瓷器的窑口特别全，当时中国几大民窑产的瓷器全有，里面还有很多精品，还有龙泉窑瓷器、景德镇青瓷，品级、品相都是非常好的，所以说这是非常重要的一个发现。”

精美瓷器陆续出水

潜水员在海底打捞

这一惊人发现让考古队员们难以置信！这艘木船和它所承载的财宝怎么会在海底保存至今呢？随着抽泥工作的进展，不断有文物被带上船来，这些瓷器均来自景德镇、浙江龙泉窑以及福建。最精美的还是来自景德镇的瓷器，其中白中泛青、青中显白的青白瓷器是宋代以景德镇窑为代表的一种独具风格的瓷器，古人对它曾有“佳者莹缜，如玉如冰”的赞誉。其纹饰之美、胎质之薄反映了当时景德镇工匠的高超技艺。这就是被收藏家视为珍宝的龙泉青瓷。在宋代，浙江龙泉青瓷的兴起虽然是最晚的，但却代表了青瓷工艺的历史巅峰，其釉色与质地之美为古人所倾倒，故有清风翠色青玉之美誉。

这些瓷器和踏上陶瓷之路的船只要想抵达西方国家，必须经受海上暴风骤雨的阻挡。在宋代，这样的木船能经得起海上的大风大浪吗？

张威：“当时的中国船在同时期是全世界最先进的、技术非常领先的。船上的水密舱就是中国发明的，这些都是作为远洋航行的必备条件。中国古代航运史上最典型的事件就是郑和下西洋，那时候中国的船是多桅多帆的大船，在当时能将木船造得那么大,简直是不可想象的,可以说达到了中国造船史的顶峰。当然，如果没有前期的基础，取得这样的成就也是不可能的。”

中国木船的一些发明创造曾让一直使用单层木板造船，触礁即沉的欧洲人茅塞顿开。如今单从“南海一号”的船帮、木梁就能看出它昔日的壮观。那么它到底遇上了怎样的意外永远地沉寂在海底了呢？

当成百上千的瓷器陆续出水，虽然它们历经沉海磨难，又在海水中浸泡了800多年，却依旧整齐地摆放在船舱中。专家们读到了这些沉船财宝所记载的历史，结合当时这艘船所在的海域，终于为我们还原了800年前惊心动魄的一幕！

卜工："在航行途中，木船撞翻了一块大石，于是木船开始慢慢沉没，而不是迅速往下沉。因为沉没过程中没有船体翻转，船舱里的那些瓷器能够保持原包装的状态，保存得非常完好，等于是在原始运输状态放着。想象一下，如果这艘船倾覆，里面的东西肯定会散落到各处，所以说它的沉没是有一个过程的，从它遇险损坏到最后沉没，有一个较长的时间段。"

"南海一号"沉船的考古调查工作还在继续进行，不断打捞出水的文物使人们异常兴奋，而有关这条沉船的更多历史信息也不断透露出来。和之前发现的瓷器不同，有些粗糙的瓷器显然不是船上的货物，而是船员的生活用具。对于它们，考古人员同样进行仔细地清理和仔细地研究，并不时有意外发现。

再现"南海一号"

魏俊："这次我们在船货里面发现了很多与船员生活有关的东西，比如一些用品，以及饰物、雕像等，将这些东西整个串联起来，就可以对当时的人文、精神信仰等诸多方面有一个综合了解。"

盗宝者梦寐以求的沉船财宝在考古工作人员看来是他们梦寐以求的历史百宝箱。"南海一号"上发现的船员各种生活用品，足以展现出一个浓缩的社会。

越来越多的发现一次次使人震惊，但谜团也随之而来。一艘满载货物的大船，在遇到风浪后沉入海底800多年，它是如何躲海水的侵蚀保存至今的呢？让人无法解释的是"南海一号"所在的海况非常复杂，微生物多，按照常理，"南海一号"和它所承载的财宝早就被海水侵蚀破损或消失了。

欧阳教授："经过 800 多年的时间，船上已经覆盖了约 2 米厚的一层非常细的泥，由于泥的颗粒非常小，所以它的缝隙很小，里面氧气的含量也会很少，水的成分也很少。"

"南海一号"出土的铜钱

这一发现让考古队员们恍然大悟，淤泥不同于沙子，它可以迅速隔绝有氧的环境，细菌在无氧的环境下无法生存。

魏俊："我推测，"南海一号"能保存这么好，与它特殊的埋藏环境不无关系。"南海一号"在这个海域沉没以后，很快就陷入淤泥层里，被淤泥整个覆盖，因为淤泥本身特别细密，就等于形成了一个厌氧的环境。"

专家们推测，这艘船因为装载了过多的货物，在遇到巨型风浪迅速沉船后，海底的淤泥环境迅速把它保护起来。专家说的厌氧环境，就是在淤泥下没有氧气，生物不能生存，这就像给船穿了一件特殊的保护衣，加上自重，"南海一号"被深深地埋藏在海底。

就这样，大自然特有的淤泥环境让它沉寂在深海 800 多年却依旧完整。但随着最近几年阳江海域出现变化，海况复杂，原本被大自然保护很好的"南海一号"和它的财宝开始被腐蚀得很严重。越来越多的人开始关心该如何保护这艘珍贵无比的国宝呢？

"南海一号"像一个取之不尽的聚宝盆，不断有新的文物出水，人们目不暇接。越来越差的水下能见度让潜水员们不得不冒着生命危险，在伸手不见五指的深海搜寻。就在这时，季风的到来让考古工作停止了。

据考古专家们推测，船上的货主很可能是一位从事国际贸易的商人，他在中国置办了大量瓷器，同时雇了一艘巨大的远洋商船把这些瓷器运往世界各国去牟利。它就像是一个聚宝盆，瓷器源源不断地被打捞上来。

但是，除了瓷器，这艘船上还有什么其他的稀世珍宝吗？这艘800年前的古船，到底有多大，装载了多少文物？要想找到答案，无疑船上大量文物和保存完好的船体是破解谜题的钥匙，那么怎么才能把这艘古船连同它所承载的文物打捞出水呢？

张威："比较传统的办法就是在水下把东西清理干净，然后画图、摄影拼接，通过电脑复原就可以了，最后再把它分解，编上号，对整个船板、龙骨、船舵等都进行编号，制作的时候就能一块块拼起来。"

和其他海域比起来，"南海一号"所在的阳江海域能见度几乎为零。漆黑的海底连打捞文物都非常困难，给海底沉船遗迹画图、编号更是几乎不可能完成的任务。

这时候有人提出，整体打捞这条船，也就是将船和里面的财宝整体运到水面。

但专家们很快想到，这条古船能够保存至今，最重要的是保护它的淤泥、水流等自然环境。一旦脱离这些环境，古船很可能因为满腹财宝的自重彻底肢解。方案的讨论陷入僵局。就在这个时候，考古队员在水下的搜寻又有了新发现！

考古队员们发现了两枚镏金龙纹铜环，比大拇指还粗。看上去这像是一个阿拉伯人戴的臂环。当大家把在"南海一号"上陆续发现的金属文物仔细观察一番后有了更多惊喜，这是一枚金戒指，它上面镶嵌的8颗宝石只剩下了3颗。

显然，它并不是在中国常常见到的式样，而且镶嵌在上面的宝石并不产自中国，这是一件外国饰品。另一条金质的链子，足足有1.7米长，在链子的两端装有类似搭扣一样的结构，这条金质的腰带充满了异域风格，难道说船上有外国人吗？在宋代，有的中国远航帆船能有60多个客舱为旅客提供舒适的空间，很多外国友人会选择乘船远渡重洋。

欧阳教授："当年摩洛哥有一个旅行家来到广州，他就记载了宋代的造船技术。据他的笔记记载，当时可以造出4层高的船，船上可以储存一年的粮食，还可以养猪、种花以及别的一些植物。此外，船上以船舱进行分割，里面既可以住船员，还可以住家属，以及普通的老百姓、官府的人。”

当时的东方大港泉州就有“市井洲人”的记载，并且留下了大量外国人的遗物。在这些遗物中，阿拉伯人的遗物是最多的。当时各个外贸港口还在城市设立番市，专卖外国商品。政府还专门制订了外国商人犯罪的处罚条款。

那么，这条沉船上的货主是外国人吗？只不过，在中国的古代沉船上发现外国人的遗物，这还是第一次。这些遗物的主人或许是个富有的阿拉伯人，而有关他的更多信息可能还埋藏在海底。

所有的一切猜想短时间都无法找到准确的答案。现在，人们把注意力都集中到进一步打捞工作中，期待着能有进一步发现，似乎这种愿望只能在这艘沉船被整体打捞出来之后才能够见到端倪。

“南海一号”在海底沉睡800多年依旧保存完整，说明它适应了所在的海底环境。如果离开这种环境，光照条件、水循环等因素都会发生改变，人们最担心的是一旦将它打捞出水之后，这条完整沉船还能够保存多久。

魏俊：“当时质疑最多的问题是整体打捞是否科学，是否能够成功？使用整体打捞这种方式，即使成功，将沉船打捞进馆以后，又怎样进行科学保护？因为沉船所在的环境发生了改变，包括海水的压力改变等，会不会对船载的文物造成相应影响。”

经过一系列实验和研讨，专家们终于制订出打捞方案，既能够将它整体打捞，又不会破坏沉船。他们准备把“南海一号”连同保护它的淤泥一起装进铁盒子。然后建造一艘巨大无比的海上船舶，在水中把“南海一号”托运到岸上。

放下仪器探测水下目标

那时，一座为它量身定做的水晶

宫里模拟了“南海一号”在海底的一切，就等它入住新的家。这个方法的使用在世界上尚属首例。

这个前所未有的打捞方案因为它的唯一性而承担了巨大风险，如何才能使这艘宝船打捞出水呢？

事实上，人们的质疑似乎不无道理，所有的实验数据和参考因素都是纸上谈兵，一旦遇到自然环境的突发状况，工作人员没有任何经验可做参考。专家们计划给“南海一号”量身定做一个水晶宫，就是模拟它在海底的水流、光照等条件。不仅如此，他们还需要一个能把沉船整体托运进水晶宫的船。

种种苛刻的需求让打捞工作看起来是一个不可能完成的任务。2007 年，一艘足以装下两艘“南海一号”的华天龙诞生了，它的使命就是把装有“南海一号”的铁箱在水中托运上岸。

这就是被称为华天龙的亚洲第一吊，它的任务就是把“南海一号”连同它所装载的文物和部分泥沙装箱，送进为“南海一号”安置的新家——水晶宫。

潜水员对“南海一号”再次进行准确定位后，几十根深海探桩确定了沉船的最准确的坐标。紧接着，一个极大的沉井箱放入了深深的海底，人们已经把沉船装进了一个特制的箱子里面。一切看起来有条不紊。但就在这时，意外发生了！

潜水员下水探测沉船

魏俊：“我对海底淤泥分层的结构是非常清楚的，多少米深度是什么样的淤泥，它的含水量如何，软硬程度怎样，以及它的结构等，我都有非常详细的分析。可是，就在我们真正进场，进行沉箱下压的过程中，我们发现各层的淤泥强度与原来取样所分析的结果存在一定差别，就是它比我们原来分析的强度要高，在下压的时候，按照原来设计的重量，这个沉箱压不下去。”

沉箱如果压不下去，“南海一号”就无法被整体装进去，后面的工作将无法进行。在加强了压力之后，打捞工作终于可以继续进行。

2007年11月22日，已经组装完好的沉井将会被一架4 000吨的起重机从海底吊起，沉没了800年的宝藏即将浮出水面。在将沉井吊出水面之后，半浅式驳船将甲板伸进沉井的下面，将这个庞然大物向海边运送。

“南海一号”打捞出水将与世人见面（一）

此时，在阳江市海陵岛的沙滩上，已经有一座专门为这条沉船建立的博物馆在等待着它。这是人们为这个沉没的宝藏建立的一个新家，在这里，它将会得到最好的保护，进一步的考古发掘将会在这里进行。

一直以来，人们对这艘古船内的6万~8万件珍宝，都是通过海底8平方米出水6 000件文物推算出来的。当然还存在另一种可能，那就是这艘船的其他船舱是空的。

那么，人们猜测的上万件珍宝真的存在吗？船体是否在托运的过程中损坏了呢？

2009年8月18日，就在“南海一号”进入水晶宫两年后，人们开始对“南海一号”沉船文物进行了第一次发掘。经过一个多月的工作，清理出了来自江西景德镇、福建德化等窑系的瓷器200多件。目前，发掘工作仍在继续。

魏俊：“我们现在还能看到，整个船货上包装瓷器之间还有绳子的痕迹，对于铁锅的包扎使用了篾片，而这些篾片出水的时候甚至还是绿的。这些绳子、篾片是怎么打结、怎么包装的？都是活生生的资料，这在任何史料中都是查不到的，只有通过这种考古发掘才能解决这些问题。随着我们对船体的了解逐渐增多，所了解的信息量也会越来越多，将来解开的谜团也就越来越多。”

“南海一号”打捞出水将于世人见面（二）

从1987年至今，随着考古工作的继续，它终将会揭开神秘面纱，破解人们心中的疑惑。尘封在海底800多年的古船和财宝相继出水，向我们展示着这片黄金海岸的秘密。虽然它们历经沉海磨难，依旧保存着昔日的光华，每件沉船遗物的价值都无法估量。

“南海一号”就像是一个聚宝盆，不仅满载财富，也装满了800年前的历史信息，这是大自然给人类的馈赠，通过它和它所承载的文物，我们可以更多地了解关于海上丝绸之路的历史。通过对文物的打捞和“南海一号”的研究，专家们破解了“南海一号”保存至今的原因，但很多谜团期待着发掘工作的进展进一步寻找答案。这一次专家们要在水晶宫探摸船头和船尾，为“南海一号”整体发掘做准备，让我们一起期待“南海一号”更多的发现吧。

（吴梦）

盗墓案背后的真相

2006年年初的一天，西安市公安局的文物侦察人员突然得到了一个线索，有人在文物市场放出风声，说手里有一些名贵瓷器要出手，正在四处打探合适的买主，这马上引起了他们的警觉。

公安局长："行话说有人出货了，他拿了一些东西，在市场上问过价钱。"

按照以往的经验，他们感觉，这批名贵瓷器很可能是从古墓里偷盗出来的文物，而这个被盗墓葬很可能就在陕西境内。通过多方侦察，公安干警马上锁定，那处被盗的墓葬应该就在西安市郊区的蓝田县三里镇附近。然而，三里镇有37个村落，被盗的墓葬在哪里呢？虽然他们对诸多可疑地点进行了大量的侦察，但仍然一无所获。

追回的被盗文物（一）

正在他们一筹莫展之际，一个新的线索出现了，有群众举报，在西安市内的某家宾馆住着一伙人，很像是盗墓的不法分子，公安干警马上出动，将他们一举抓获。

同时，还缴获了大量的盗墓工具，包括铁锹、炸药、雷管、洛阳铲等。这些非常齐全的盗墓工具显示，他们盗掘或者计划盗掘的绝不是一般的小墓，很有可能是有一定规格的大墓。

但是，现场却并没有找到他们盗掘出的文物，难道是他们还没有得手吗？经审讯，这些可疑人员确实就是盗墓贼，而且已经得手。让干警们惊喜的是这伙人正是他们一直寻找的盗掘蓝田县三里镇古墓的犯罪分子。他们交代，自己只是干活的，盗出的东西都在他们的头目吕富平那里。

追回的被盗文物（二

吕富平这个名字让负责文物侦察的大队长韩清龙心头一震，他总觉得自己和这个叫吕富平的人有过接触。于是，他在资料库里进行了搜索，发现这个人当年就因盗墓被抓过。

韩清龙（侦查大队长）：“这个吕富平 2002 年因为盗墓被判过两年半，2004 年刑满释放。”

而吕富平的基本信息更让韩清龙惊讶不已，他的家乡竟然就在被盗墓葬所在的蓝田县三里镇。

吕富平晚一天抓到，那些文物流失出去的可能性就增大一分，公安干警决定，马上对吕富平实施抓捕。多方摸排后，他们发现了吕富平可能居住在西安的某个居民小区。在几日的蹲守后，终于将其一举抓获。

当公安干警进入吕富平居住的单元房内的时候，屋内的情景让他们非常吃惊，大量的文物被随意地堆放着，但是，这些文物的精美程度却跟线索中的信息有些落差，难道那些更有价值的文物已经被他出手了吗？

公安局长：“他交代了一部分，但我们公安干警根据经验觉得事情不会这么简单，是不是有文物被他在别的地方藏起来了？”

他们马上对吕富平进行了审讯，吕富平先是声称没有其他文物了，在多次审问后最终交代，还有一批文物就藏在他居住房屋的地板下。

根据他的交代，这批文物马上被搜查出来了。相比第一批缴获的文物，这批文物更加精美，其中有大量的瓷器，经相关部门鉴定，这批文物的价值非常巨大。

韩清龙：“总共是 125 件，其中国家一级文物 3 件，二级文物 11 件，三级文物 47 件。在我办案的这十几年来，这样高等级的文物非常少见。”

那么这些东西又是从哪里盗出来的呢？在吕富平的带领下，公安干警找到了盗掘古墓的现场，虽然已经知道吕富平就是蓝田县三里镇的人，但他们万万没有想到，吕富平组织盗墓的地点竟然就在距离他家几百米远的农田里。一般的犯罪分子实施犯罪行为的时候都会刻意远离自己的熟人圈子，那么吕富平为什么要在自己家附近盗掘古墓呢？吕富平的回答是，这里竟然就是他家的祖坟！

韩清龙：“他交代小时候就有过跟着家里的长辈来这里上坟的经历，清楚祖坟的具体位置。”

据公安干警回忆，当时带着吕富平回村子指认盗墓现场的时候，还出现了一个突发情况，看到干警们押着吕富平回来，村子里突然冲出了两三百人，手拿各种农具，喊着要打死这个盗掘祖宗坟墓的不肖子孙，后来干警们做了大量的劝说工作才得以制止。盗墓行为本就可恶，盗自己祖先的坟墓更是令人不齿。

由于这次案件的涉案金额非常巨大。最终，吕富平被判处死刑缓期两年执行，其他同伙也得到了应有的惩罚。

公安局长：“这个案件结束之后，我们整个专案组包括我在内立了集体二等功，负责侦办的韩清龙队长，还有我们的指导员获得个人三等功。”

考古发掘现场

进行清理修复之后，这些追回的文物在陕西省历史博物馆面向公众展览。根据这些瓷器的特征判断，考古专家认为被盗的墓葬很有可能是一座宋代墓葬。这些文物的精美程度更是让他们非常惊讶。

张蕴（考古专家）：“看到这批文物很惊讶，没有见过这么精美的宋代大批文物出现，而且这些文物有很多都是带有金银扣镶的边，非常讲究。”

这起案件宣判后，很多新闻媒体刊发了报道，纷纷对这种盗掘自己祖坟的盗墓行为进行谴责，但是谁也没有想到的是，一个意外的状况出现了。这些报道竟然让很多的盗墓贼动了心思。

卫峰：“经过媒体报道以后，从 2006 年到 2007 年，前后有两到三批不明身份的闲杂人员老在这附近转悠。”

当地的文物管理部门紧急加派人手，发动村民，对被盗的墓葬进行昼夜看管。但是，在精美的文物面前，还是有一些盗墓贼屡屡铤而走险。

按照文物保护的相关规定，能不发掘的墓葬就尽量不去发掘，因为在地下的原始环境更有利于文物的保护。然而此时，这座古墓的安全已经受到了前所未有的挑战。

张蕴：“盗掘这种情况不能控制，我们昼夜派人看管，有文管员 24 小时值班，但是这些人都是武装盗墓，等到我们到的时候，他们就逃走了。但是趁你不备的时候，或者没有大量的人力在场的情况下，他们突然就来了。”

文物部门开始频繁地接到盗墓贼出没的报告。专家们感到，在目前的条件下，要想最安全妥善地保护这些文物，最好的办法就是对这座墓葬进行抢救性考古发掘。

然而，这是一座已经被严重盗掘的古墓，虽然盗洞已经在第一时间进行了填埋，但据当时下到盗洞里去勘察的人员回忆，里边能看到的部分已经没有什么文物。而且，从盗墓贼手里缴获的文物已经达一百多件，墓葬里边还有其他的文物吗？会不会已经被盗掘一空了呢？

据吕富平和村子里老人的回忆，这里曾经是一片墓地，那么会不会还有其他的大墓葬呢？考古人员决定，先对这片区域进行一次大面积的考古勘探。初步的勘探显示，这里确实不只有这一座墓葬，而且这些墓葬的规格大大出乎他们的意料。

张蕴：“全部是很深的土洞墓，跟一般的老百姓的墓是一样的。稍微富足一点的家庭都可以做成砖墓的，但是它们全是土的。”

更奇怪的是，在对那座被盗的大墓进行勘探后，他们发现那里竟然是一座土洞墓，连一块砖的痕迹都没有发现，更多的墓室只能勘探到墓道的痕迹，但是具体的墓葬位置却难以确定，这些简陋的土洞墓会是贵族大墓吗？为什么只勘探到墓道而确定不了墓穴的位置呢？

按照盗墓贼吕富平的说法，这里埋葬的是他吕家的先祖，在专家脑海中冒出了一个概念，这片墓地会不会和宋代著名的“蓝田四吕”有关系呢？

在北宋时期，陕西蓝田县一吕姓人家，有兄弟四人皆聪慧好学，进士及第，一门四进士故得“蓝田四吕”的美名。在《宋史》中，关于这兄弟四人都有记载，其中吕大防在宋哲宗元祐年间曾任宰相。而吕大临则是最早对青铜器及其铭文进行系统研究的学者，著有《考古图》十卷，书里收录了青铜器、石器、玉器共两百余件，为我国现代考古学、古文字学奠定了基础，被誉为中国考古学的鼻祖。如果这里真的是他们的墓地，那价值自然不可低估。

来自五里头村吕氏家庙的碑刻

吕氏家族的后人聚居的乔村

通过对墓葬所在的五里头村进行寻访，考古人员了解到，现在村子里的小学校位置当年曾经有一座祠堂，有人说那里就是吕氏家族的家庙。直到现在，操场上仍然可以看到当年的地基痕迹，院子里还有两棵老树，而在教学楼的后面还发现有安放房柱的柱础。然而，这些只是间接的线索，由于当年的家庙已经不复存在，具体的细节很难考证。

张蕴："20世纪50年代的时候，这个地方还有碑，而且可能还有一些标志。但是经过70年代的平整土地，后来又多次平整以后，这个地方的坟头全部被铲掉了，碑刻也没有了。很多的碑，有的可能被当地村民收藏了，有的是拿回家作为房屋的基础打在地下了。"

正在这时，当地的文物人员提供了一个新的线索。在蓝田县城附近，有一座蔡文姬纪念馆，按照当地县志记载，这里就是著名才女蔡文姬的墓葬所在地。由于当地还没有建造博物馆，一些文物也被暂时存放于这里。

这其中就有一块石牌匾，上书"宋四献祠"，还有两块碑刻，上面记载了吕家四兄弟的官职等基本情况。据说这些碑刻就出自当年五里头村的吕氏家庙。然而，这些碑刻毕竟是后人制作的，真假难辨。五里头村的那片墓葬会是吕大临家族的墓葬吗？

如果真是如此，那将是一个重大发现。然而，当他们在五里头村多方寻访后，却意外发现，这个村子里姓吕的人家只有吕富平一家，如果这里真的就是吕氏的祖坟，为什么只有一家姓吕的呢？

这个现象让他们非常疑惑，有考古人员提出，吕富平所交代的这里是他家祖坟的说法会不会只是应付侦察人员的一种说辞，这片墓葬或许跟吕大临家族完全没有关系呢？正在这个时候，有人提出，听村民说在离这里有几公里远的地方有一个名为乔村的小村子，那里有很多人都姓吕，他们很有可能就是吕大临家族真正的后人。

考古人员决定去往乔村进行一次探访，如果那里居住的确实是吕大临家族的后人，对于祖先埋葬的具体地点会不会有一些传说或者记载呢？据当地村民介绍，吕姓正是这个村子的三个大姓之一。然

出土的墓志铭

而，对于自己和宋代辉煌的吕大临家族的关系，村民们却是一问三不知，是由于年代太过久远家族历史的记忆没有延续下来吗？还是他们之间本身就没有什么联系呢？

在他们一筹莫展之际，一位老人给他们提供了重要的线索，老人由于上了年纪，听力不好，只能用写字的方法和他交流。但他表示，他们村子姓吕的这些人正是当年吕氏家族的后人，说起自己的祖先，老人充满了自豪。

村民："老二吕大防是跟司马光齐名的一代名相。"

老人表示，自己的祖先确实埋葬在几公里外的五里头村附近，因为自己在小的时候曾经看到过相关的记载。

村民："有家族谱，原来在吕氏家庙，后来烧了，再没有家谱延续。"

根据种种线索分析，五里头村的这片墓葬确实很有可能就是吕大临家族的墓葬，考古发掘已经展开，考古人员能够找到相关的证据吗？这些一反常态的土洞墓里埋葬的究竟是贵族士大夫还是平民百姓？为什么用这种土洞墓的埋葬方式呢？更重要的是中国考古学的鼻祖吕大临是不是埋葬在这里呢？

虽然他们的心情非常急迫，但是，墓葬的考古发掘是一个漫长的过程。一般情况下，这样的墓葬显露出真面目需要一个月甚至几个月的时间，所有人都期待着，这些谜团能尽早揭开。

考古发掘进行中

谁也没有想到的是，发掘刚刚进行了十几天，在没有任何预兆的情况下，一块显然经过人工修整后的方形石块就显露出来，考古人员非常兴奋地发现，这竟然是一块墓志。

刘思哲："根据这座墓葬的深度，它至少应该在 7 米或 8 米左右，应该更接近于墓室吧，但是这个距地表确实非常浅，大概只有 3 米。"

在魏晋之后的墓葬中，墓志时有发现，这些墓葬的主人一般都是有一定身份地位的人，换句话说，如果一个墓葬中出了墓志，那就基本可以肯定，这座墓葬具有一定的等级，绝非一般平民百姓的墓葬。更重要的是，墓志上所刻的文字，往往能提供关于墓葬主人的大量信息。

焦南峰："如果一个墓有墓志出土，那是确定年代和确定身份的最好的东西，北宋出墓志应该是比较多见的。咱们现在举行什么遗体告别仪式，或者是开追悼会念的那个悼词，实际上，当时大概不念，就直接刻在石头上，或者砖上，放在墓里。"

由于这种用一整块石头制成的墓志非常沉重，所以考古人员不得不动用吊土方的起重设备把它吊出墓穴，这块墓志里到底记载着怎样的信息呢？会有他们最想知道的内容吗？

刘思哲："刚看到的这个墓志是夫人墓。记载她是嫁入吕家，可以确定这是吕家家族的成员。"

按照墓志的记载基本可以断定，这片墓葬很可能就是吕大临家族的墓地。那么吕大临的墓葬也在这片墓地里吗？他的墓葬又会有什么奇特之处呢？墓志的出土让考古人员激动不已，发掘进度也在快速推进。几天后，就已经挖到了充满小石子的砾石层，一般的墓穴都应该在这个深度以上，但此时，墓穴依然没有被发现。

一个月过去了仍然没有找到墓穴，这让考古人员焦急不已，但是由于考古发掘只能手工作业，其进度自然相当缓慢；在发掘现场的附近就有一个砖厂，那里的推土机只用几天时间就能挖出一个大坑，但是考古是门科学，再着急也必须按照程序一步步认真进行。

发掘的进度仍然在缓慢地推进着，可以预见的是这座墓葬的深度显然超出了一般宋代墓葬，在砾石层三四米下还有一层密集砾石层。考古人员推测，墓葬应该不会在密集砾石层以下，因为那层石板很难挖穿，他们觉得墓穴马上就快发现了。

然而，让他们惊讶的事情发生了。发掘工作在穿过砾石层后又穿过了更深的很难穿透的密集砾石层，但是仍然没有找到墓室。这个现象大大超出了他们的预计，回想起当时勘探的时候就没有找到准确的墓室位置，他们不禁想到，难道这里并没有古墓吗？之前的工作全部白做了吗？

现场虽然看起来规模不小，但是挖了半天一块砖都没有发现，挖到了石板层后，仍然没有找到墓穴，这让他们的心里不免有一丝不太好的感觉，这里确实有墓葬吗？会不会是当年只挖掘了墓道，但并没有真正使用的废弃墓地呢？但是墓志一般都是在下葬的时候放入的，按照这个推测就应该有墓葬存在，那墓葬又在哪里呢？考古学鼻祖吕大临的墓葬也在这片墓地里吗？他的墓葬又有什么与常人不同的地方呢？

焦院长：“吕大临是北宋时期有名的金石学家，他写过一本书叫《考古图》，也就是说实际上他是我们中国考古学家的鼻祖。”

张蕴：“这本书实际上收录了一些前人编纂的零零星星的资料和书，然后把它们编纂到一起，命名为《考古图》，里面当然也加上他自己的一些收藏、一些看法。这本书到现在对考古学来说，还是一本有价值的书。”

吕大临确实埋葬在这里吗？他的墓葬又有什么特别之处呢？所有的考古人员都急切地想知道这些问题的答案。

随着抢救性考古发掘工作的进展，最先出土的是一块墓志，按照上面记载的内容分析，这里确实就是北宋时期吕大临家族的墓地。按照以往的经验，当地北宋时期墓葬的深度一般都在 7 ～ 8 米。然而，让考古人员觉得奇怪的是，当发掘深度已经达到地表下 11 米左右的密集砾石层以后，墓葬的踪迹仍然没有出现，难道这里并没有墓葬吗？

但是，按照常理，有墓志出现就必然有墓葬存在，因此考古人员推断，墓葬的位置很可能还在更深的地下，于是他们决定继续往下发掘。然而几天后他们突然发现，在探方的壁上竟然出现了两个类似于洞口的东西，这一下子让他们紧张起来，难道是这座墓葬已经被盗了吗？

考古人员赶忙对这两个位置进行了详细的考察，他们发现，洞口里面的土质和周围的土质完全相同，而人为挖掘盗洞后回填的土显然与此不同。因此他们认定，这只是两个自然塌陷形成的坑洞，和盗墓应该没有关系。

虽然证实到目前为止并没有发现被盗的痕迹，但是随着探方越挖越深，而墓穴却仍然没有出现，这大大违反了常理，难道真的是前期勘探的时候对墓穴的位置判断有误吗？或者这里真的是因种种原因而被废弃的墓地吗？考古队员最终决定，在现在的深度上，再用洛阳铲进行一次勘探，试图找到墓穴的具体位置。

由于探方已经挖到了密集砾石层以下，现在进行勘探难度自然减少了很多。所有人的心都提到了嗓子眼，如果现在还探不到，就基本上可以肯定这里并没有墓穴，之前两个月的工作也就完全白做了。在洛阳铲又往下打了2米深度的时候，奇迹终于出现了。这个深度的土质显然和之前不同，应该就是被人为翻动过的土壤，换句话说，这里就很可能是墓穴的位置。

孙秉君："这应该是当时比较精心的一个设计，因为探铲一般是打到砾石层以下，也很不好打穿。另外即使把它使劲打穿，底下土容易混乱，所以对判断就带来一定的难度。再一个，因为一般挖墓的时候，不会挖到砾石层以下，所以从常理上分析，如果在这底下的话，可能性不大，很多人也就放弃了。"

用来勘探的洛阳铲是考古人员必备的一个常用工具，它从地表打下去以后，可以通过提取土样来判断地下的情况。但是这个工具却不是考古界自己发明的，据说是早年洛阳一个叫李鸭子的盗墓贼发明的，最早它就是一种用来盗墓的工具。关于这个铲子，有多种说法，有说这个铲子明代就有，有说是清代有，有说在民国时期才有。不管怎么说，洛阳铲的出现应该是晚于宋代的。而在宋代的这座古墓里这种看似简单的防盗措施竟然能对之后很多年才出现的洛阳铲也起到防盗作用，不禁让考古学家都非常佩服。

得到了确实有墓葬的消息后，发掘现场的进度自然加快了，所有人都想尽快知道，在这样深度的墓葬有什么特别之处。然而，没有想到的是负责发掘现场安全的考古队员发现，探方的墙壁上竟然出现了一道裂缝，这显然是塌方的前兆。

张蕴："这裂缝每天在往下走，缝很细。我就专门派一个人天天在那儿看，看它发展的情况，每天划道，看看它走了多少。很危险，因为这个墓葬没到底，一旦塌方了以后，会非常的麻烦，等于所有的工作白做。”

谁都不愿意就此停止发掘工作，他们在整个探方内用木料打满了支撑，最大限度地延缓裂缝的扩张，同时全力加快了发掘进程。

勘探出的墓穴范围

几天之后，发掘工作终于进行到了墓穴的位置。考古人员惊喜地发现，和当时的丧葬习俗较常用的明器陪葬不同，这里发现的器物全部都是实用器，其中最多的就是精美的瓷器。这种用实用器皿陪葬的宋代墓葬非常少见。更让他们觉得奇怪的是虽然之前的勘探结果就表明可能是土洞墓，但整座墓葬的发掘过程中竟然真的连一块砖瓦都没有见到。

张蕴：“挖的时候，90% 的可能性应该是土洞墓，但是我想好歹也应该见点砖吧。因为钻探能打下去的很有限，是不是还有遗漏？而且即便是土洞墓，一般人的封门砖都是用砖的，但是这个连封门都是土坯的。”

显然，这种不用砖瓦的埋葬方式也同样是为了防止被盗墓贼找到。墓穴发现了，在各种复杂情绪下工作了好几个月的考古队员们放下了心里的包袱，有说有笑地吃上了几个月来气氛最欢快的一顿饭菜。

文物的清理完毕还需要几天的时间，但最近多雨的天气显然给他们带来了困扰，不仅文物清理的难度加大了，塌方的风险也陡然加大了。

幸运的是，意外一直没有发生，这座墓葬的所有文物全部清理出来了。这些精美的文物经过缜密的运输，终于完好地来到了陕西省考古研究院。所有人都沉浸在这种喜悦中，但是，当他们刚刚返回发掘现场的时候，意外就突然发生了。

张蕴：“我们的安全监督员突然就说，老师你赶快过来，看这个地方有裂缝。我一看，那个裂缝正在慢慢地扩张，而且土渣子往下掉，大家就说赶快撤离。”

刘思哲：“走出来的一瞬间，前后不过三四秒吧，墓道两边的土就塌陷下来了。”

张蕴：“一下子一大块土就掉下来了，把这个墓坑都填满了。”

刘思哲：“明显可以感觉到土塌下来之后的那种力量，就像一股风一样吹到自己身上，离我们工作人员也就是一两米的距离，他们上来也就三四秒，非常危险，非常惊险。”

考古人员都暗自庆幸，如果这次意外早发生几个小时，后果将不堪设想。在陕西省考古研究院的实验室里，这些刚刚出土的文物的修复工作已经开始，由于瓷器极易损坏，有很大一批瓷器出土的时候就已经是碎片，甚至是不全的碎片，研究人员只能尽最大可能去修复还原它们本来的面目。

大家发现，就连很多在发掘现场看来不起眼的东西，经过简单的清洗修复之后，都显得非常精美。而这些仅仅是一座墓葬中出土的器物，还有很多墓葬正在进行发掘，那里面会埋葬着多少精美的文物呢？

这天，领队张蕴得到报告，又有一座墓葬被发掘出来了，但随后的话让她心里骤然一紧——这座墓葬中发现了被盗的痕迹。

赶到现场后，张蕴发现这座墓葬基本已经被盗掘一空，在墓壁上发现了盗洞，在墓室中还发现了盗墓贼遗弃的生活用品和各种盗墓工具，显然这次盗墓就发生在现代。

张蕴：“在一个墓里发现有绿茶瓶子，上面写的是2006年到期，说明被盗掘时间很近。”

在对墓室进行清理后，他们发现，墓室中残留的基本上只剩下了墓志，而在之后的发掘中，他们发现还有几座墓葬同样遭到了盗掘，有的发生在近现代，也有的发生在古代。

这些墓葬的主人们精心地设计了防盗措施，虽然起到了一定的作用，但并没能完全阻挡住盗墓贼的疯狂盗掘。让考古人员觉得安慰的是几乎所有的墓葬中都还有墓志出土。经过分析后他们发现，这片家族墓葬的排列跟墓主人的身份辈分紧密相关，如果照此推断，一座尚未开始发掘的墓葬很有可能就是考古学鼻祖吕大临的墓葬。

这个推断是正确的吗？作为考古学的鼻祖，吕大临的墓葬又有什么奇特之处呢？考古人员决定，马上对这座墓葬进行发掘。

发掘刚开始几天，一个让他们意外的情况就出现了，在仅仅距离地表三四米深的地方，一个墓室显露出来了。难道这里并不是吕大临的墓葬吗？怎么会埋得这么浅呢？

刘思哲："刚开始的时候我们的判断是这是一个盗洞，但是后来我们的技工很有意思地调侃说，这个盗洞怎么会拐弯？后来发现这其实是一座墓室。"

然而，对这座墓室进行清理后他们发现，这座墓室空无一物，难道是已经被盗了吗？但是仔细分析后他们发现这里没有任何盗过的痕迹。

张蕴："就是觉得奇怪，为什么有一个空穴，什么东西都没有？葬过人和没葬过人的一眼就能看出来，一看就是没葬过人。"

考古人员发现，墓道的痕迹还在继续向下延伸，是不是在更下面的地方还有墓室呢？他们决定带着疑惑继续向下发掘。

刘思哲："根据墓道情况，也不能确定是真正的墓室，我们也怀疑是不是墓道比墓室还要深，因为我们在发掘中也遇到过这种情况。"

果然，在距离地表 7 米左右深的地方，又有一座墓室出现了，但是，这处墓室同样没有任何使用痕迹，而墓道的走向似乎还在向下延伸。考古人员忽然想到，这两处很可能就是为了防盗而专门设计的假墓室。

联系之前的墓葬埋葬的深度，整片墓地不用砖瓦直接用土，还有现在出现的假墓室，这片墓地的种种奇特的现象，正是为了防盗！而能设计出如此巧妙的防盗措施的人必定是一个非常熟悉盗墓手段的人，这个人很有可能就是考古学鼻祖吕大临。那么，正在发掘的这座墓葬确实是他的墓葬吗？还没有到达的墓穴会是什么样子的呢？这些防盗措施起到作用了吗？

事实上，盗墓与反盗墓的斗争历史已经延续了几千年，在有些特殊的时期，盗墓甚至变成了一种集体行为。据说西汉晚期和唐代晚期的几支农民起义军就曾经干过集体盗墓的勾当。而人数更多的是民间的大量盗墓贼，虽然历朝历代对盗墓的处罚都非常重，但巨大的经济利益仍然让盗墓贼铤而走险。

孙秉君："周代就开始有盗墓，有人说在商代就有了，目前见到的最早的一种说法是在龙山时代，就是距今四千多年前，就发现有一些墓葬里面有盗墓的痕迹，那个时代主要随葬一些玉器。如果四千多年以前就有盗墓，到现在已经有四千多年的盗墓史。"

2005 年，河南省考古研究所曾经发掘了一座古蔡国的王族墓葬。发掘没过多久，考古人员就发现了一个让他们非常沮丧的事实，这座墓葬从古至今，经历了几十次的盗掘，很有可能早已被盗掘一空。

然而，发掘的结果大大超出了考古人员的想象。墓葬中的大部分文物竟然保存完好。各种各样精致的玉器和青铜器，代表墓主人身份的青铜鼎，完全保留在它们原始的位置。

这些珍贵的文物得以留存，正是由于这座墓葬采用了一种特别的积石、积沙的防盗措施，在它的墓室四周，堆积了大量的细沙，从而给盗墓贼盗洞的挖掘制造了障碍。

孙秉君："土一挖可以拿走，或者扒拉到旁边，沙子老是往下流，这样始终不容易挖到底部，就给盗墓带来很大困难。有些人就是因为盗积沙墓葬送了性命。"

在这些沙子中间，还夹杂着大量边缘锋利的大石头，这些石头不仅给盗墓贼挖掘盗洞形成了巨大障碍，而且当周围的沙子被挖走后，这些石块就会自然落下，从而成为攻击入侵者的武器。发掘结果表明，这些防盗措施很大程度上起到了应有的作用。

而在陕西蓝田正在发掘的这座墓葬中，假墓室的设置同样起到了很好的迷惑作用，在第一个出现的假墓室上方，考古人员就发现了一处盗洞，这个盗墓贼在进入假墓室之后显然认为这是一座空墓，之后没有继续向下挖掘就离去了。

张蕴："像这样的情况以前没有发现过，我觉得这可能真是吕家的一个首创。因为宋代的墓葬一般来说不是太深，砖圈墓也多。但是像吕家这样又深又有假墓室作为干扰，而且坚决不用砖圈，这种情况很特殊。”

在挖掉上方的两座假墓室之后，这座墓葬终于露出了它神秘的面目，里面出土了大量瓷器和各种金属器皿。然而考古人员最关心的墓葬主人是否就是考古学鼻祖吕大临的问题，却没有找到确凿答案，因为在这座墓葬里竟然没有墓志出土，这是什么原因呢？

仔细分析后他们发现，这个墓葬里竟然有一处从隔壁的墓葬打通过来的盗洞，而这次盗墓的年代应该是在古代。

刘思哲：“留下了一些瓷器。如果是古人盗掘的话，应该是盗掘金器、银器，瓷器在那个时代可能并不是一种很有价值的东西，会留下来，如果是近现代盗的话，一般瓷器也不会剩下。”

吕氏家庙碑刻上记载的吕家四兄弟的官职

尽管做了如此众多的防盗工作，但这座墓葬仍然没有避免被盗，让考古人员稍感安慰的是墓室中的瓷器基本上没有被动过。那么，这座墓葬的主人到底是不是吕大临呢？

在清理随葬器皿的时候，领队张蕴发现了一件特别的器物，这是一件石墩，器物本身没有太多的过人之处，但上面刻着的文字却让她非常兴奋，这件石墩与吕大临有密切关系。

张蕴：“吕大圭在他们九兄弟里，可能是排行老大，是他赠送给吕大临的，这上面明确地有吕大临的官衔——‘秘书省正字’，这是吕大临的官衔，‘与叔’是吕大临的字。我认为这个器物是哥哥送给弟弟的，那么在弟弟的墓葬里头，这个器物就应该是属于弟弟的，而且是很郑重其事的，用仿古器皿的一种形式来送给他的。这可能是吕大临比较钟爱的一件东西，所以埋在墓里。”

再结合这座墓葬在整个家族墓地中的相对位置，虽然没有十足证据，但是据此推断，这座墓葬很有可能就是考古人员一直寻找的吕大临墓。

整个墓葬群的发掘工作已经全部结束，总计出土了各类文物600余件组，其中以多个著名窑口出产的瓷器为主，在北宋年代的墓葬中，能够出土如此大量的精美瓷器实属罕见，其价值不可估量。

张蕴：“瓷器是个大宗，以耀州窑产品居多，里面有景德镇的湖田窑青白釉，还有福建隆窑的一些茶具。另外还有一些定窑的产品。我们看到景德镇的青白釉的茶壶，制造得非常精细，到现在釉色晶莹剔透，在我所见到的瓷器里头，确实是佼佼者。”

虽然这些墓葬采取了很多防盗措施，但其中的一部分还是遭到了疯狂盗掘，这不禁让我们非常痛心。我们知道现在由于盗墓行为的猖獗，导致很多文物流失海外，或者落入某些不道德的私人收藏者手中，这不能不让人痛心疾首。这些文物也许很值钱，但是若失去了它的研究价值，甚至可能由此失去了某些关键的历史信息。它必须在它的原生地，配合其他的文物才能共同反映出一个时代的特征。这些都是我们的老祖宗留给后人的，真的值得我们好好地珍惜。

（任超）

朱砂下的宝藏

秦岭是中国南北方的分界线，也是古老关中的南部屏障。穿过秦岭，北麓下是一座历史名城：三千年前，周秦王朝发祥于此；今天，占全国三分之一的青铜器考古发现使它成为有名的青铜器之乡。这个地方自唐代起就被命名为宝鸡。

1992 年 4 月 23 日，又一次考古勘探在距宝鸡市区 8 千米外的益门村进行。宝鸡市考古队的技工张天林在一处建筑工地偶尔发现几块散落的汉代陶片，出于对工作的负责，他决定例行勘探一下。

张天林（宝鸡市考古队技工）：“当时钻探发现墓葬里有五花土，这个墓葬是长方形的，里面有板灰，还有朱砂。”

考古实践证明，从原始社会晚期到唐朝以前，朱砂这种防腐物质被广泛使用于中国贵族阶层的墓葬。比如轰动一时的马王堆汉墓女尸的发现。女尸千年不腐，皮肤富有弹性。她的皮肤中渗透的红色物质，其实就是朱砂。

一次考古勘探在距陕西宝鸡市区8千米外的益门村进行

在等级森严的古代社会，普通人是决不允许使用朱砂的。马王堆女尸是西汉长沙国丞相的夫人，她的墓中出土了三千件珍贵的漆器、铜器、丝织品就是身份显赫的证明；秦始皇陵虽然仍未发掘，但也已证明充满水银，即朱砂的组成成分——硫化汞中的汞。朱砂往往意味着显贵的墓葬。

所以，当张天林发现朱砂时，忍不住内心

激动起来。可是让他激动的事情还不止于此。

张天林："当时朱砂在洛阳铲里至少有 5 厘米左右，和泥土混合在一起，最后一铲打下去以后，出现了红色。"

这样厚度的朱砂是很不寻常的。朱砂越厚意味着埋的器物越重大

这样厚度的朱砂是很不寻常的。宝鸡作为周秦王朝的发源地，又是位置险要的关中腹地，保存有大量年代久远且规格相当的墓葬。但绝大多数墓葬中的朱砂厚度都不会超过 2 厘米，主要是为了保存尸体、青铜器、玉器等。朱砂越厚意味着埋藏的器物越重大，而厚度达到 5 ~ 10 厘米的，只有秦公一号大墓。

秦公一号大墓是中国迄今发现的最大墓葬，位于宝鸡市凤翔县雍城遗址范围。公元前 776 年秦人从甘肃迁入宝鸡，从汧邑、汧渭之会到平阳再到雍城，他们在宝鸡境内四易都城，苦心经营，才最终奠定秦的统一大业。

雍城是其中定都时间最久的一个，长达 294 年。如今雍城虽已杳无踪迹，但这里的历代秦王陵区仍可展现秦当年的气概。目前的秦公一号大墓正在整修，不可见底，实际上这座秦第 14 代国君秦景公之墓，纵深 24.5 米，长 300 米，等于在地下埋了一座足球场面积大小的八层楼。而这样的大墓是雍城陵区唯一被发掘的一座，这里还埋葬了秦其他 19 位国君，秦墓在宝鸡的恢宏与壮阔由此可见一斑。

5 厘米的朱砂难道会与秦有关？这个发现非同小可，张天林慌忙回到城里汇报。这天华灯燃起的时候，也许很多人都已随着他们安详的小城入睡，但考古人员注定一夜无眠。

5 月 4 日，挖掘正式开始。考古人员已经探明这里有两座墓葬，一座是露出陶片的一号汉墓，一座就是发现朱砂、处于春秋晚期土层中的二号墓。张天林他们鼓足干劲向下挖去。很快，他被脚下一件东西吸引了注意力。

张天林：“当时我用刀子稍微翻了一下，就发现了一个剑柄，并且剑把上有红、有绿，五颜六色的。”

张天林看到的是一个剑柄，剑柄用黄金浇铸而成，花纹镂空浮雕，繁复华丽，但更令人震惊的是，绿松石和料珠巧夺天工般镶嵌其间，与金质剑柄交相辉映、金碧辉煌。

张天林：“红的就是朱砂，黄的就是黄金，绿的是绿松石，器物发出的五颜六色的光很刺眼。我就问田老师，田老师说这就是有钱难买金镶玉。”

玉，中国古代最贵重的石头，原始社会晚期就被运用于祭祀、庆典等重要场合；金，凤毛麟角，是人类最早发现的贵重金属，但金与玉的结合直到春秋时期才得以实现，因为它在制作上要求精选最合适的玉料，设计最完美的造型，实现连续敲击、镶嵌等繁复高难的工艺。这项工艺在历史上曾多次失传，今天只有台北故宫保留着中国一件乾隆年间的金镶玉作品。因此作为民间难得一见的珍宝，金镶玉永远被用来形容人世间最美好的事物，如金玉良缘、金玉满堂、金科玉律等。2008 年北京奥运会上金镶玉也被用在奖牌的设计当中，因为它是中国人最珍贵、最尊崇的珍藏。而接下去的发现更加令人吃惊。

张天林：“板灰基本到了，我第一眼就看到剑刃，当时那个剑刃有 20~30 厘米，我把土撬起来一看发现剑刃已经生锈了，再一看发现是铁的。”

今天，铁已广泛存在于人们的生活当中，飞机、轮船、现代城市，没有钢铁存在的世界已不可想象。学者普遍认为，人类历史发展阶段经历了石器、青铜、铁器时代。铁比青铜坚硬，铁矿分布更广，掌握了冶铁技术后，人类文明快速地推进了 3 000 年，直至今日。

大秦帝国也是由于率先掌握铁器技术，才在与诸侯国的竞争中脱颖而出。秦军所向披靡在于他们甚至早于西方 1 900 年就掌握了生铁冶炼技术；秦国强大的生产力与秦最早推广铁制农具有关；铁器的发展还促进了手工业的兴起、

在还剩最后一小片土地勘探工作就将全部结束时，情况忽然发生了变化

高台宫殿的兴建，甚至万里长城的完成。当秦立国之初就引进铁器，历史已经注定中国第一个统一王朝将在秦人手中诞生。

目前推断中国最早的人工冶铁技术出现于西周末年。可以想见，在冶铁术还处于萌发阶段的春秋时期，任何铁器的出现无疑都极为珍贵，甚至比金贵重。因此，如果说张天林之前发现的金镶玉剑柄是稀世珍宝，这把剑的剑身竟然是中国最早阶段的铁器，它又该是怎样的罕见之物呢？更令人难以想象的是，其后的事实证明，在这座春秋墓葬中总共发现了三把同样精美绝伦、价值连城的金柄铁剑，而同样质地的金铁合成器还有 24 件，是什么样的人物才能拥有如此惊人的陪葬品呢？

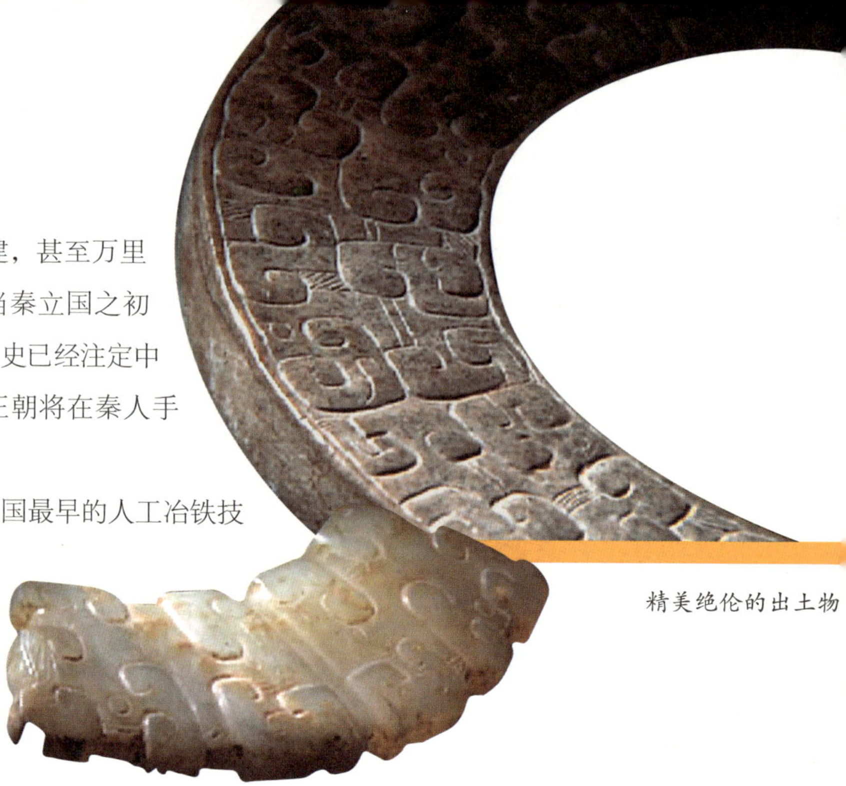

精美绝伦的出土物

而这个时候，考古现场越来越多金器的出土使大家逐渐对这个问题有了一个基本判断，益门二号墓的墓主人级别可能已高于普通诸侯。考古界熟知，中国境内从商周到汉初的古墓中，出土金器的寥寥无几，金器发现最多的湖北曾侯乙墓，总重量为 3.5 千克。而益门二号墓的金器粗略估计也有 2 ~ 3 千克，如果曾侯是与鲁、宋并列的二等诸侯国国君，同样出土了大量金器的益门二号墓墓主人也应当为王侯之列，况且它还拥有大批极为罕见的金柄铁剑，因此益门二号墓的墓主人级别只能更高！那么在两千多年前的秦国土地上，除了秦的最高统治者，谁还能拥有如此规格的陪葬品呢？所有人都意识到他们可能开启了中国第一个统一王朝——秦帝国的国家宝藏！

1986 年，秦公一号大墓的开棺曾是一次开启秦国宝藏极好的机会，当时秦兵马俑正以轰动世界之势昭示了秦不可想象的财富。秦公一号大墓，作为全国最大的墓葬，体积比先秦最大的国王墓——河南殷墟商代王陵大 10 倍，比中国近代发掘的最大墓葬——马王堆一号汉墓大 20 倍，因此人们对它的开启翘首以盼。

然而 5 月 2 日开棺后，先前的喧嚣烟消云散。247 个盗洞遍布整个秦公大墓，这是全国被盗墓葬中盗洞最多的一座，大墓几乎被盗掘一空，秦国宝藏遗憾地与世人失之交臂。而考古队员充满了激动和期待的心情，此时，大量玉器的出土更使大家欣喜若狂。

会是秦时墓葬吗

此次金器总共出土105件组，居中原地区所有春秋墓葬出土黄金总量之最

玉器是古代中原贵族一种身份的象征。孔子说“君子比德于玉”，又说“君子无故玉不去身”，中国历代君王和有社会地位的人都会佩带美玉，陪葬品中玉器更是必备之物。而细看益门二号墓中的玉器，它们不但鲜明表示了墓葬中原显贵的身份，并且玉器上雕刻的图案正是春秋以后关中地区流行的蟠虺纹、云雷纹等，从纹饰上看是典型的秦的器物。湮没了两千多年的帝国宝藏竟然真的在宝鸡益门悄然面世！

发掘工作刚刚结束，考古队又紧张地开始了清理工作，这一步工作将最终确定益门宝藏的身份，因此大家都迫不及待。在考古人员仔细清理下，所有金器首先露出头来。最终结果表明，此次金器总共出土 105 件组，总重量约 3 千克，居中原地区所有春秋墓葬出土黄金总量之最。

灯光下精美的金器散发着诱人的光泽，所有人都沉浸在欣喜的气氛中，只有个别人提出一点疑问：金器数量过多！

曾侯乙墓出土金器最多，可那里除 5 件金器还出土了 15 000 多件其他器物，而益门二号墓的金器数量占全部陪葬品一半以上，如此大的比重在中原古墓中极为少见。大比重的出土金器，从全国范围来看，都集中在少数民族地区。草原游牧民族由于生产方式的差异，习惯于将贵重物品随身携带，而且他们重服饰、善装饰，因此金器饰物在他们的生活中占有重要地位。

迄今为止全国出土金器最多的一次是在内蒙古伊克昭蒙的阿鲁柴登战国晚期匈奴王墓，出土金冠饰、金牌饰、金项圈等 218 件，总重量超过 4 千克，也在墓中占据最大比重，中原益门二号墓的情况怎么会与它类似呢？

陆续清理出来的小件铜器也存在疑问。考古人员找到 19 件包括鸭首铜带扣、铜转子、铜马衔的马器，不过令他们困惑的是始终没有发现一件车器，对于秦这样一个中原诸侯国，应该车马器同在，以往的考古发现也都证明，秦墓通常车马器同出，这一次却不知何故出现反常。

而出土了小件铜器，同时让原本沉浸在欣喜之中的专家们还突然意识到一个一直被忽视的问题——作为秦国墓葬，益门二号墓怎么会缺乏中原墓葬中最重要的表示身份的青铜礼器呢？

曾侯乙墓就曾出土六千余件青铜礼器，尤其中国年代最早、保存最完整的 64 件青铜编钟给人留下深刻印象。“国之大事，在祀在戎”，青铜礼器是阶级社会一个人身份、等级与权力的标志，统治阶级无不竭尽所能为自己准备彰显地位的青铜器物。

考古实践证明，即使平民不允许使用钟、鼎、簋、盘等青铜礼器，他们也会陪葬仿青铜器的豆、壶、鬲、釜等陶器，这一点在雍城附近的秦国人墓葬区就得到证实。那么对于出土了规格极高陪葬品的益门二号墓，财力绝对不成问题，可却为什么单单没有陪葬这项最重要的器物呢？

一连串的异常使大家隐约对以前秦国宝藏的推论产生怀疑。就在这时，一件“三翼有銎铜镞”的出现彻底改变了原先的思路。

中原地区与北方草原少数民族的箭制有着明显的区别。最重要的差别在于镞的尾部，中原地区主要使用实心圆铤式，就是将铤插入中空的箭杆，而草原少数民族多用空心銎式，即将木材做的箭杆直接插入箭镞的尾部固定。

益门二号墓出土的总计200余件组的珍贵文物里，独独没有中原墓葬中最重要的表示身份的青铜礼器

虽然在春秋末期中原开始流行三翼镞，但春秋时期中原箭镞的主流都是双翼，而且由于征战频繁，各国都铸造出各种穿透力更强的双翼箭镞，双翼镞的发展此时正是顶峰。因此益门二号墓发现的这件三翼有銎铜镞显然具有浓郁的北方草原少数民族风格，可是它怎么会出现在中原秦人的墓葬中呢？

罕见的金柄铁剑，剑柄为中国黄金工艺的最高体现——金镶玉

再次仔细查看三把罕见的金柄铁剑。精美绝伦的剑柄，通长不过35厘米的剑身，它们与其说是用来防身，不如说更像随身携带的装饰品或礼器。作为一座秦墓，益门二号墓全部出土短剑，这与善使长兵的秦人风俗显然不符。

金柄铁剑，象征着墓主人高贵的身份

中原地区典型的作战方式是战车与步兵配合，对于这种战法，长兵器更为适合。赵武灵王的胡服骑射对中原骑兵的建立起了重要作用，但直到秦始皇时，骑兵都不是军阵中的主力。秦兵马俑坑发现最多的是矛、铍和戟，它们最长达到7米，最短也在2.8米，甚至军官的青铜剑都达到91厘米。

为什么益门宝藏作为秦国宝藏出现了如此多的疑点？只有骑马游牧的草原少数民族才有携带短兵器的习俗，只有他们的墓葬才会多马器而不见或少见车器，也只有他们惯常佩带金器牌饰，益门二号墓难道真的会与少数民族发生关系?

至此专家们不得不重新翻开秦国历史，3 000 年前当秦还只是一个偏居于甘肃东部的小方国时，它的驻地西犬丘周围就至少有 7 支被中原国家称为戎狄的少数民族部族。公元前 776 年起，秦人开始西迁，因为他们在与戎狄的战争中处境艰难，甚至失去了自己的领袖。秦人进入宝鸡后四次迁移自己的都城，为了寻找与戎狄作战的最佳据点，尤其接受周的受封后，秦四代国君连续 80 年艰苦作战，才终于在公元前 623 年灭西戎十二国。秦人发展的历史其实就是与戎狄少数民族持续争夺生存空间的历史。那么现在，在益门二号墓中，同时出现中原和草原这两种文明的纠葛，他们究竟意味着什么?

在益门二号墓中，出土了总计 200 余件组的金、玉、铁等珍贵文物，其中纯金器 81 件组，总量重 3 千克，居中原地区春秋墓葬黄金总量之最；金铁、金铜合成器 24 件，在铁比金贵的春秋时期，铁器居春秋及其前所有中国古墓出土铁器数量之最。尤其三把极为罕见的金柄铁剑，剑柄为金镶玉，剑身是中国最早阶段的铁器，工艺精湛，极尽尊贵。

当所有人几乎要认定在宝鸡这片秦帝国四定都城的地方，能配得起如此豪华陪葬品的人，只能是秦帝国的国家宝藏时，有人却提出，金器数量是不是过多了?

因为按照比例，益门二号墓的金器数量占全部陪葬品一半以上，如此大的比重在中原古墓中极为少见。大比重的出土金器，从全国范围来看，都集中在少数民族地区。而此时，一件具有浓郁少数民族风

益门二号墓出土的金器种类数量都超出常规

格“三翼有銎铜镞”的出现似乎也是论证。

再次仔细查看三把罕见的金柄铁剑，精美绝伦的剑柄，通长不过 35 厘米的剑身，它们与其说是用来防身，不如说更像随身携带的装饰品或礼器。作为一座秦墓，益门二号墓全部出土短剑，这与善使长兵的秦人风俗显然不符。

考古学家们还注意到一个一直被他们忽略的问题——如果益门二号墓真是秦帝国国君，为什么里面什么都有，独独缺乏中原墓葬中最重要的表示身份的青铜礼器呢？

著名秦文化考古专家陈平在偶然翻开最新的文物期刊，也被头版宝鸡市益门村的发现吸引住了，墓中出土的文物价值之高在他几十年考古经历中都是罕见的。

不过让陈平更感兴趣的是这样一批惊人的宝藏竟然没人说得清来历，它的背后究竟隐藏了什么秘密？陈平潜心研究，最后他得出一个大胆的结论，益门宝藏属于某一被秦国内迁到秦地的西北少数民族戎王。

陈平（秦文化考古专家）：“在秦穆公晚期，根据《史记》的《秦本记》和《史记》的《匈奴立传》记载，在他去世前两三年，他曾经率领秦国的部队，灭了西戎 12 国以后，曾经把戎国的戎王从西北，甘肃宁夏迁到陕西关中秦国的内地，来进行监管，防止他们捣乱，这种方式在中国历史上是常用的。”

可是谁也没有料到，陈平的推论不但没成为结论，反而一石激起千层浪，学者们众说纷纭，观点主要分为中原王墓说和西北戎王墓说两派，一场激辩拉开大幕。

陈平：“理由最主要的就是看墓中出土的这些文物，这个是一个很小的墓，长两米多，宽度才一米五，一椁一棺是很小的墓，但是就在这么小的墓

益门二号墓的金器粗略估计达3千克

里面出土了很惊人的文物：共出土了 104 件组的黄金器，加上三把金柄铁剑，出土的黄金的总重量达到了三千克多，这个数字是在它以前所有中原出土的诸侯墓葬、诸侯王的墓葬里边都不具有的。一般人看到金器就联系到北方少数民族，中原人当时可能不善于用金器，尽管两个地方都有很多金器，但是气味、形状、器形等不同，没有太多的可比性。”

金器数量过多，竟成疑点

刘军社的研究认为，草原少数民族金器以耳环、头饰、牌饰居多，并饰以动物争斗、人兽争斗等图案，而益门二号墓出土的金器种类多样，以中原流行纹饰为主，两类金器名不同，形更加不同。

刘军社反复地翻看当年的发掘资料，他发现益门二号墓的墓主人骨架无存

北方草原少数民族，自三千多年前由于自然环境的变迁，在东起辽西、中经内蒙古、西至宁夏的广大区域形成以游牧为主的生产方式，就孕育了特色鲜明的草原文化。中原王墓说认为，益门二号墓不符合草原少数民族无葬具、多动物纹饰的随葬品、多牲畜殉葬的墓葬风俗，仅一件铜镞为确定无疑的少数民族风格，对于证明墓主人是西北戎王太过单薄。

对于持西北戎王墓观点的学者，益门二号墓最重要的疑问是出土大量金器，却没有出土任何中原贵族墓葬必需的青铜礼器。

陈平：“从它出土的 3 千克左右的黄金、20 多件铁器和 80 件玉器来看，这个墓主富可敌国，他这种豪富的程度和中原地区的君王是不相上下的，那么它一定是一国的君王，但是他又不是秦国的君王，因为他的墓葬里没有秦国的官员所带有的象征性青铜礼器，这并不是说他经济上达不到，而是政治上不许可，他是被秦国打败的俘虏，被看押在这个地方的亡国的国王。”

雄伟传奇的大秦帝国，在它数百年开疆辟土的历史中从未离开过与草原少数民族的冲突和交融。益门二号墓第一次同时展现了两种文明的特质，却由于墓主人财富惊人、身份缺失成为争论的焦点。西北戎王墓说推理缜密，但缺乏史料和考古证据；而对于中原王墓说，益门墓的出现几乎打破了先前中原墓葬的规律，秦帝国再一次在时间的长河中蒙上神秘的面纱。但益门二号墓的巨大谜题并不会由于一时解决不了，就终结人们的追问。尤其对于宝鸡市考古队来说，它具有特殊意义，刘军社是考古队的在任队长，当年他虽然没有亲自参与发掘，但还有很多不符合常规的谜题始终萦绕在心头。

首先是益门二号墓所在的位置。益门村距离宝鸡市中心 8 千米左右，位于川陕通道的大山入口。今天这里交通频繁，但直到 20 世纪 60 年代当地人还将益门称为山里，因此 2 000 多年前的益门应该绵延着茂密的秦岭山脉。这样的位置，无论对于讲究风水的中原，还是少数民族来说，都是一个极为偏僻的地方，因此至今也只发现两座古墓。一个巨富，而且很可能是王一级的人物，怎么会选择这样一个偏远的地方葬身呢？

其次，它也不符合墓葬埋葬的规律。多年的考古经验证明，无论在中原还是少数民族地区，墓葬都是按照一定的家族或血缘等关系采取集中埋葬的方式。秦公一号大墓位于埋葬了 20 位秦国国君的秦公陵园，而在秦公陵园北面，同样还有集中埋葬平民和一般官吏的国人墓葬区。

对于少数民族来说，比如出土了大量金器的内蒙古阿鲁柴登战国匈奴王墓位于桃红巴拉墓葬群，其他早期草原少数民族墓葬还有西沟畔、毛庆沟墓葬群等。益门二号墓的墓主人即使是被内迁到秦地的西北戎王，也不希望身后独守荒野吧？

刘军社：“益门墓葬所处的地方，只发现一座墓地，这不符合埋葬规律。一般单独的墓葬确实是没有的。”

再次研读益门二号墓的考古报告后，刘军社还发现一个奇异的现象，益门二号墓的墓主人骨架无存！

墓棺中有厚达5厘米的朱砂层，这是中原常用的防腐方法，并且由于宝鸡降雨少，土壤干燥，尸体大多能以骨架的形式保存，即便骨架腐朽严重，墓底也会保存骨粉，但像益门二号墓连骨粉都看不出来，实属罕见。

刘军社查问出与益门二号墓相邻的一号汉墓中却是存有骨架的。同一水文条件下，仅仅相差三四百年，怎么会造成这样大的差别呢？唯一的解释就是益门二号墓中根本就没有人！一座没有人的假墓，一批与墓葬规格极不相称的超级宝藏，益门二号墓的身世之谜会不会给出新的解释呢？

宝鸡的文物市场珍藏丰富。刘军社徘徊其间，因为他怀疑益门二号墓的谜团与盗墓有关。作为周秦王朝的发祥地，宝鸡历来是文物大市，但自20世纪80年代文物环境恶化后，盗墓现象尤为严重。当地人说，如果将陕西所有的盗墓钻孔连起来，足以把地球打穿三个来回。盗墓已经造成中国的古墓十墓九空。

益门宝藏也许属于某一被秦国内迁到秦地的西北少数民族戎王

这种惨状是与中国久远的盗墓史密不可分的。3 600多年前当商王朝的第一代王商汤安眠于河南安阳时，决不会想到仅仅一千年后，墓葬就遭到盗掘。这是史书中有关盗墓最早的记载，当时世间流落一个刻有十字的玉印，今天人们知道那是甲骨文的汤字。

中原王墓说和西北戎王墓说，两派学者争论不休

事实上，历史上最猖獗的盗墓案件就发生在宝鸡，对象也是迄今发现的中国最大墓葬——雍城秦公一号大墓。247 个盗洞直达墓底，是全国被盗墓葬中盗洞最多的一座，大墓几乎被盗掘一空，并且更离奇的是专家认为盗墓可能最早从战国晚期就开始了。

覆巢之下无有完卵。在这种情况下，刘军社不禁想到，益门二号墓如此丰富的宝藏为什么历经两千余年仍完好无损呢？

再来回顾益门二号墓的出土物，81 件组纯金器总重量达 3 千克，这在商周以后的所有中原古墓中数一数二，还有 24 件金铁、金铜合成器，在铁器刚刚诞生的春秋晚期，它甚至比金贵重，可益门一次就出土了 20 多件。尤其是 3 柄罕见的金柄铁剑，剑柄为中国黄金工艺的最高体现——金镶玉，剑身是中国目前保留最完整、年代最早的铁器，它们的价值难以言表。再加上 81 件组玉器、108 件玛瑙串饰、40 件绿松石串饰等，如此宝藏任何一件都是盗墓者一辈子觊觎的。

历数中国今天的地下宝藏，它们不外乎两种形式，一种是人所周知的墓葬，从帝王陵园到贵族墓葬都出土了相当数量的珍奇古董；而另一种就是在匆忙状态下掩埋宝物的窖藏，由于某种原因埋藏从临时转变为永久，其后就成为宝藏，宝鸡众多的西周青铜器窖藏就是典型代表。

益门二号墓仅 3 平方米，没有一辆小轿车长，甚至不如宝鸡当地农民的墓葬。它的出土物与埋葬方式极不相称，解释为中原或少数民族墓葬又存在种种矛盾，并且还是一个无人的假墓，一切似乎都在指明，这是一个藏宝的窖藏！

这个大胆的猜想令刘军社也感到匪夷所思，但他必须确认宝藏究竟盗自何处。首先可以确定的是益门二号墓的年代应在春秋中期晚段至春秋晚期中段，在这一点上，学者们意见一致。

刘军社：“李学勤先生也是通过益门二号墓里边的三把金柄铁剑之间的互相对比，把益门二号墓的年代，断在了春秋晚期的早端。因为这个金柄铁剑是一个非常珍贵的宝物，上面是透雕的盘龙纹又镶了绿松石，是非常珍贵的。这类器物，在古代经常是世代相传，所以它也有可能会下延到春秋晚期的中段。”

那么，什么样的人物才能拥有如此高等级的宝藏呢？刘军社将益门二号墓与秦始皇陵铜车马坑出土的同类器物——马络饰做了一个比较。秦始皇陵出土的络饰无疑是秦国最高工艺水平的反映，可仍然有纯金、鎏金之别，并有银管络饰，数量也不是很多，虽然历史上秦始皇陵有没有被盗仍属疑问，但益门二号墓一个小小的墓葬，却出土络饰达143件，而且全部为纯金制作，难道宝藏主人的身份竟不输于始皇帝？

难道益门宝藏真的盗自中国最大墓葬，也是历史上被盗最严重的秦公一号大墓吗？

现存的春秋帝王级文物，最多的恰好来自秦公一号大墓。秦公一号大墓属于春秋晚期早段、第十四代秦王——秦景公之墓，这与益门二号墓在时间上是吻合的，而秦公大墓虽然被盗，仍留下三千余件小器物。

雍城秦公一号大墓。247个盗洞直达墓底，是全国被盗墓葬中盗洞最多的一座，大墓几乎被盗掘一空

比较两墓的出土物，竟然存在惊人的相似之处。秦公一号墓的金器同样包括带钩、节约、管饰、泡等形制，且纹饰与益门二号墓的几乎完全相同，特别是益门墓中的鸭兽金带扣，与秦公一号墓同类器物如出一范。玉器方面，秦公一号墓出土的玉器同样

雕刻着秦地当时流行的蟠虺纹、云雷纹、夔纹等，而亚字形饰、虎首玉角等在形制纹饰上则完全相同。

难道益门宝藏真的盗自中国最大墓葬，也是历史上被盗最严重的秦公一号大墓？这个匪夷所思的推想无疑将引出一段隐秘而震惊的传奇！

刘军社："在秦始皇死以前，秦的规格是非常严的，他能统一六国，内部的制度是非常健全的，在古代，对先人的供养和祖先的守护也是非常大的职责，如果在此期间被盗，我认为是不可能的。"

专家认为如果真的是盗墓，那么时间是在秦始皇之后，也就是在政权瓦解、天下大乱的动荡年代。那么，是谁有这样的胆量和能力去盗掘秦公陵园呢？

专家："从盗墓来说，有几种可能，一种是个人行为，一种是团伙行为，一种是有组织的行为。从这些行动来讲，秦公园陵被盗掘的墓葬，基本上是团伙作案。因为在秦公一号大墓的墓底发现有盗墓者的尸体，可以看出是一个团伙。"

盗墓贼十分精明，他们放弃了有明显帝王标志的玉器印章等，盗取的全部是便于携带又等级最高的金、铁、玉器，尤其可能是少数民族觐献的几柄罕见的金柄铁剑。只是他们无福消受，最终因为人们不知道的种种原因，宝物被永久掩埋在了益门荒野。

这种猜想虽然可行，但仍存在一个显而易见的疑问：盗墓贼为何要费尽心思地将藏宝地伪装成墓葬而不直接就地掩埋？如果秦公一号大墓的盗洞最早出现于战国晚期，而益门二号墓的年代判定为春秋晚期，藏宝之地怎么会比被盗之地时间还早呢？宝鸡刘军社等人的观点引起其他学者的强烈反应。

刘军社对最后的疑问提出一种解释，也许益门二号墓本来就存在，而且之前就被盗墓贼盗掘过，盗墓者只是利用它来藏匿秦公宝藏。这种观点仅仅是一种推测，历史真相究竟如何，争论仍将继续下去。

（陈子隽）

飞来的宝藏

在江苏省镇江市区的东南部，有一个名为丁卯桥的地方，直到现在，其周边的建设仍在继续，这些建设者们也许并不知道，在当年这一带刚刚开发的时候，曾经有过一次震动全国文物界的惊天大发现。

那是20世纪80年代的一个元旦，为了加快进度，一些工人仍在赶工。忽然，在一处地基的挖掘中，他们发现了一个糊满了泥的坛子，坛子内部和旁边都放满了各种各样的东西，随即报告了镇江博物馆。

出土器物（一）

肖梦龙（专家）：“那天下午四五点钟的样子，当时我正在门口传达室，接到一个电话，那头的农民也没有完全说清楚，说是有一些筷子呀、碗呀，我当时估计可能是墓葬出土的。”

刘丽文（专家）：“那天是元旦，没有人，当时只有杨志贵在裱画间裱画。”

杨志贵：“电话里就说有东西，不知道是什么。叫我赶紧去，不管是什么，无论如何都把它们拿回来。”

看着丁卯桥施工现场那些糊满了泥的物件，杨志贵也不知道是什么东西，他决定先找一辆手推车，把这些东西运回博物馆。

出土器物（二）

出土器物（三）

杨志贵："大的放在一个地方，小的放在另一个地方。结果，一板车都装不下。后来，又装了一小板车。黑乎乎的，都糊满了泥巴，当时我也不知道是什么东西，一堆堆地放在那里。"

刘丽文："我们清洗之后，发现一件件器物闪闪发光。金黄色的，全是金器嘛，人们都很激动，这种心情是能理解的。"

除了这些金光闪闪的东西，还有大量的银器。不过，专家们马上就发现，那些金黄色的器物其实也是镏金的银器。

刘丽文："在这些器物当中发现了一些残碎片，都是农民工用钉耙凿坏的，发现外面是一层金黄的，里面是银质的。"

虽然发现金器的喜悦落空了，但是，当这批银器初步清理出来之后，所有人都被再次震惊了。这批银器的数量，竟然达近千件之多。众多的谜团也随之出现，这些银器是什么年代的？它的主人是谁？又是因为什么原因被埋在这里呢？

马上，镇江博物馆组织人员对这批银器的发现地点进行了清理发掘，希望能找到相关的线索。

刘丽文："进行清理发掘之后，发现这是一个唐代的遗址，是城址，就是一个居住遗址。出土了一些唐代的器物，主要是陶瓷器比较多，有宜兴窑的粗碗类，还有长沙窑的器物，主要有执壶，都是残碎品。"

根据清理发掘的结果，再结合这些器物的风格纹饰特点，专家们最终作出判断，这批银器的年代应该为唐代。

刘丽文：“由于唐代接受外来文化的影响，显得很富丽堂皇，好多纹饰也受到外来文化的影响。这次出土的有鹦鹉纹，也是唐代时候的纹饰，另外像鱼子纹也是唐代时期的一个主要特色。”

其中最为精美的就是这件名为“论语玉烛”的器物。一只龟背上驮着一个签筒，里面装着各式各样的银签子。仔细考证后，专家们发现，这其实是当时贵族使用的一种喝酒行令的酒具。

肖梦龙：“朋友们在一起聚会时，把这些酒令筹放在桶里以后，摇一摇，大家抽。抽一根一看，抽的是什么？比如说，有朋自远方来不亦乐乎，饮五分。饮五分就是半杯。有的意思是说你比较好学，有的意思是说你今天衣服穿得比较华丽，饮五分或者饮八分饮十分，实际上是一种娱乐，也宣传了儒家文化。”

出土器物上的纹饰

这批唐代宝藏的发现，马上在全国文物界引起了轰动。唐代金银器存世的数量本来就不多，这次意外发现的这批银器不仅数量极其庞大，而且其中的很多器物都极其精美。

出土器物之“论语玉烛”

肖梦龙：“从目前来说，因为它是属于南方的唐代晚期的银器窖藏，唐代晚期出土的金银器一共有 1 100 多件，这些就占到 950 件，这个数量是占绝对优势了。”

年代的问题有了定论，但是，众多的谜团依然没有找到答案，这批银器的主人是谁？又为什么把它埋藏在这里呢?

当把原先那只装满银器的坛子清理完之后，专家们惊讶地发现，这只糊满了泥浆的坛子竟然也是由纯银打造的，在它的底部，还有一行小字，它其实是一口酒瓮。这行小字里，会有相关的线索吗?

刘丽文：“它刻的字就是跟这个器物有关系的，因为这个器物当时出土的时候我们不知道它叫酒瓮，就是看到它的底部刻有的铭文，发现它名为酒瓮。”

然而，这并没有解释银器主人的问题。在一次偶然的机会，刘丽文忽然发现，在一件器物的底部似乎有两个很不起眼的文字存在，当把放大镜移过去之后，她发现，那两个字竟然是“力士”。在历史上，“力士”从来没有被用做年号使用过，显然它并不是常见的年号标志。

专家们随后发现，在好几件器物上都有这两个字，那么“力士”两字到底代表着什么含义呢? 这批宝藏和高力士是否有关? 众多线索浮出水面。探索研究的过程又将迎来什么转机? 宝藏的背后，到底有着怎样的秘密?

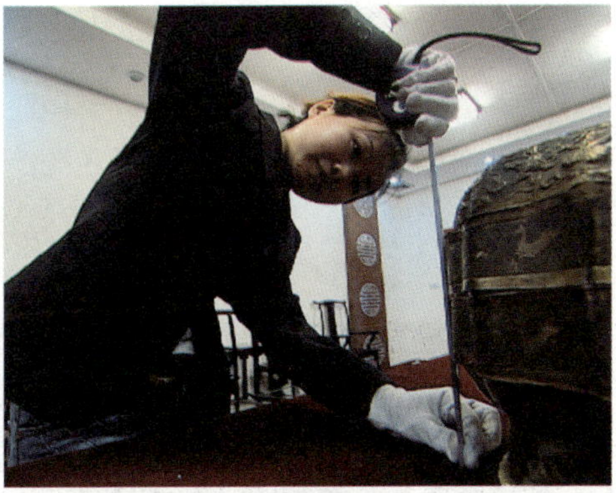

对出土器物进行测量

肖梦龙：“唐代李德裕名相曾经三次做过我们润州的刺史，是地方最高官员，他为唐皇室进贡了很多润州产的金银器。于是有人猜测这一批银器是不是给高力士进贡的?”

高力士是唐玄宗时期著名的宦官，他的权势地位倒是与这批银器的价值相符。但是，在正史记载中，高力士一生并没有到过镇江一带，把日常使用的银器埋葬在这里自然无从谈起。那么，这批银器会不会是当地官员准备用来贿赂高力士的呢?

在正史上，高力士是一个显宦，但他又是一个贤宦，绝对不是一个阉党，不是一个大坏蛋，不像后世的魏忠贤、刘谨，可以说他在唐代还是颇有作为的一位宦官，正是因为功劳比较大，最后能够以一个宦官的身份被封为骠骑大将军。从这个角度上讲，他会不会接受一个外臣的贿赂，本身就比较让人质疑。再有，就算这个送礼的人再傻，也不至于说行贿的这种赃钱上面，还要写上这个接受它的人的名字吧。

更直接的证据是根据这批银器的风格纹饰特点判断，这些器物的时代应该是唐代晚期。高力士去世时，还处于时代更早的盛唐与中唐交接时期。显然，银器的时代特征和高力士生活的年代也不相符。

但是，如果与高力士无关，这“力士”两字又该怎么解释呢？多方查找后，专家们得到了一个新的线索。在李白的诗中曾经出现过“苏州勺、力士饮”的句子，他们由此推断，这个“力士”可能只是某一个作坊，或者某个工匠的名号。

肖梦龙：“据研究，这个‘力士’实际上是一种器物的品牌、商标，或者是名牌的一种标志。唐宋时期，特别是到宋代，商品经济已经很发达了，像长沙窑的各个窑口的产品，都有有名的产品或者是有名的匠师，那个时候一般都刻铸或者是印在自己的产品当中。”

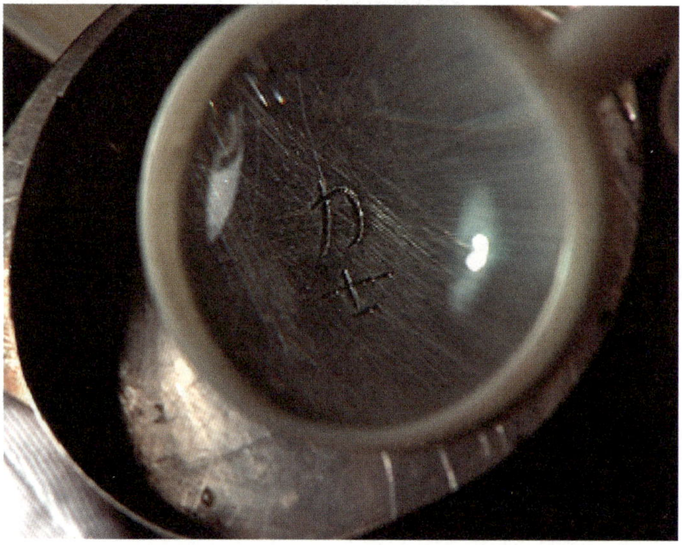

银器上的“力士”字样

“力士”两字带来的线索有了大致的结论，但是，这批银器的主人又在哪里呢？

专家们的注意力再次回到了出土这批银器的丁卯桥，他们发现，之所以在这里发掘出这批宝藏有一定的必然性。

丁卯桥位于当

年最重要的交通要道京杭大运河的分支上。而自古以来，镇江就是南北水路交通的一个重要枢纽，即使在陆地运输和航空运输高速发展的今天，这里的水运依然繁忙。

肖梦龙："王朝的赋税十之八九出在江南，都要从润州，就是镇江这个地方来转运，从这儿接上以后运到西安、洛阳，向北方运，所以说商品经济除了王朝的经济命脉漕运以外，它也是各种商品的集散地；除了陶瓷器，也包括其他各个方面的产品，运到这儿以后，再转运到全国各地，也出口到海外去。"

当年的丁卯桥一带，就是一个规模较大的漕运码头，店铺林立，人流密集，由此带动了各种商业和手工业的发展。同时，它的日益繁华也吸引了大量的达官贵族在此居住。

按照常理推断，埋藏这批银器的地方应该和他主人的住所距离不远，专家们由此想到，这批银器会不会和当年居住在这里的某个达官贵族有关系呢？

这时候，一个与丁卯桥有密切关系的历史人物进入了他们的视野，他就是唐代诗人许浑。许浑当年的住所就在丁卯桥一带，而且距离这批银器的发现地点非常之近。专家们自然联想到，这批宝藏的主人会不会就是许浑呢？

工地施工中发现装有宝藏的坛子

根据历史资料记载，许浑不仅是一位诗人，也曾经做过一系列的官职，从县令、监察御史，最终做到了郢州刺史，晚年时期回到丁卯桥专心写作，他的诗集就命名为《丁卯集》。以许浑家族的财力，拥有这些宝藏倒也说得过去。

然而，一个重要的事实却让这个假设顿生疑点。在这批唐代宝藏中，有众多的银钗。银钗是妇女头饰的重要配件，但让人疑惑的是，这批宝藏中银钗的数量非常庞大，统计之后竟然有800多支。

这批银钗看起来虽然说有一些差别，但是样式基本是相同的，如果说这是

由漕运码头而兴盛的市镇

一个大户人家，一高兴打了800多枚银钗，倒也有可能；但是你说阖府上下，老老少少，无论主幼尊卑，全部戴一样的发簪、钗子，这个可能性似乎不太大。

另一个发现就是，在这批宝藏中，有很多银器上面没有任何纹饰，相比那些精美的镏金器物，差别非常之大。为什么在同一批出土的器物中，精美程度会相差这么大呢？

刘丽文："大约就是半制成品，还没有最后成功，这一批素面银盒相同的一共有二十几件。如果说一个家庭用的话，不可能用那么多。还有素面的银碗、银碟，都是成套的十几件、二十件。"

新的线索再次出现，银器主人的假设遭遇新的挑战。它的主人到底是谁？当时究竟发生了怎样的状况让这批宝藏在此沉睡了千年？

由此，专家们提出了一个大胆的猜想。既然这批宝藏中有众多的疑似半成品出现。那它最有可能的主人，就是一家生产这些银器的作坊。从丁卯桥码头这样的地理位置来说，把银器作坊设置在这里显然非常合适，不仅客流量大便于出售，也便于把商品通过水路进行运输。

然而，这仅仅是一种假设而已，要想证实，还需要大量的证据。但是，这批银器是一次意外发现地埋在地下的窖藏，除了器物本身外，其他的线索少之又少。

不过，专家们联想到了更早的一次发现。就在这批银器发现的前两年，也是在丁卯桥一带，曾经出土过几块银板，这种银板很有可能就是银器作坊的生产原料。

刘丽文：“它不流通，从这个特别银业来看，有可能是作为原料来使用的，因为我们发现这些银板有被敲的痕迹。银板后来也是朝廷赏赐给地方政府的。”

这些银板的出现，为考古人员的假设提供了一个间接的证据。虽然这些银板和这批银器的主人之间并没有找到必然的联系，但是，由此可见，当年的丁卯桥一带应该有类似的银器作坊存在。

这批宝藏的主人极有可能就是一家当时的作坊。那么，这家银器作坊又为什么要把这批宝藏埋在这里呢？

肖梦龙：“历史上的窖藏基本上都是在特殊紧急情况下掩埋的，当时由于情况紧急，东西不便携带走，多半原因就是发生战争。可以说从商周时期一直到封建社会各个朝代都出现过这种情况，比如发现过西周青铜器的窖藏。”

假设发生了战争等紧急情况，需要紧急撤离，以这批银器的规模，显然不便于随身带走。而且，在战争期间，掠夺百姓财物的事情也时有发生，就算勉强随身带上了，也难以保证逃难途中还能完好无损。于是，把这批银器找一个隐秘的地方埋藏起来，无疑是一个相对稳妥的方法。

这批银器的年代已经确定为唐代晚期，那么，在那个时期，镇江一带发生过什么战争动乱，或者是自然灾难之类的紧急事件吗？

专家们赶忙四处查找相关的线索，但是他们发现，以目前掌握的资料，唐代晚期的镇江一带并没有发生过什么大的自然灾难。

小规模的动乱倒是有过一次。当年的宋州刺史刘展由于被人陷害，曾经与江淮都统及淮南东道节度使之间有过一段的兵刃相见，但是这次动乱持续的时间非常短暂，很快就被平息，同时这场动乱发生在唐代中期，与器物鉴定得出的唐代晚期这一年代有所出入。

综合各种线索后，专家们认为这批银器的主人最有可能的就是当时的一家银器作坊，只有这样才能合理解释银器中大量的疑似半成品。时光穿梭，在千年之后去求证当年发生的紧急情况已经非常艰难。不过，正是这样的一个历史契机，让我们后人能够了解到唐代精湛的银器工艺，也让我们关于唐代历史文化的了解更加充实丰富。

无论是兵灾，还是自然灾害，还是疫病，总而言之，这批东西恐怕就是我们经常所说的金银细软，这些东西都没有带走，那么可想而知，当时的局势有多么的慌乱吧。在这种情况之下，最保险的方法是什么呢？地上挖一个坑，把它们埋进去，以期自己将来再回来的时候，还能够挖出来。但不知道是什么原因，也许是客死他乡，也许是子孙回来之后，却找不着这个地方了，也未可知。总而言之，很多年前的一次偶然的事件，却留给了我们后世的人，去了解古人生活、生产、社会生活一个侧影很多很多的证据。

（任超）

古墓中的博弈

对人们来说，古墓总是充满了神秘和恐怖的色彩。在许多传说中，古墓里总是埋藏着数不尽的宝藏，引起无数贪婪的人趋之若鹜。同时古人为了防止自己的墓葬被盗墓贼侵扰，为了保护这些宝藏不被偷盗，也会设置巧妙的机关暗器来防备外人的入侵。他们或者使用细沙代替土来填埋墓室，或者施行虚葬疑冢等防盗手段来保护墓中宝藏。2004，年河南省上蔡县发现的战国时期的郭庄楚墓，就是使用了独特的流沙暗石防盗术。在此基础上，2006 年，陕西蓝田县发现的宋代吕氏家族墓，又新加了虚墓障眼法，致使古墓中大量珍贵文物基本保存完好。但传说毕竟只是传说，事实究竟是怎样的呢？你是否也想知道，为了防止盗墓者入侵，古墓中究竟隐藏着古人哪些智慧呢？

古墓是人生终止时最后的定格，他们的主人无论生前如何威风显贵，死后都归于一把土；陵墓无论如何高大，历经沧桑变故，几乎都遭到不同程度的破坏。有人筑墓就有人盗墓，无论是官盗、贼盗、还是监守自盗，一双双贪婪的眼睛从古至今都令那些地下的亡灵不得安宁。为什么会有如此多的人从事这一为人不齿甚至遭人唾弃的行当呢？

盗贼用来出入的洞口

古墓历经沧桑变故，持续了几千

年的盗墓与反盗墓的博弈仍在继续。

王子今（中国人民大学国学院教授 中国秦汉史研究会会长）：“盗掘是有明确目的的，其中一个最直接的原因就是为了窃取墓主的随葬物品。盗墓其实无须太多的理由，‘要想富，盗古墓’，丰厚的墓葬物品，巨大的利益吸引，足以让盗墓者前赴后继，代代不绝。盗墓的出发点，有的出自财产追求，有的出自复仇心理，又有其他复杂的文化因素。形式上，有民间自发的盗墓，又有军政权势集团组织的盗墓。在中国古代，盗墓和反盗墓，是中国古代影响丧葬制度和丧葬习俗的重要因素。”

盗贼搭建的通道

王子今，现任中国人民大学国学院教授，主要研究秦汉史。在 2000 年之际，他的一本《中国盗墓史》面世于众，给他众多的学术研究中又新添一笔。正值放暑假的日子，也是研究生写毕业论文的时间，我们来到他的办公室，正巧赶上他在辅导研究生毕业论文，论文题目正是《论中国古墓的防盗墓与盗墓史》，在谈到关于传统反盗墓的技术和手段上，他显得有些迷茫。首先，中国常见的防盗方法有哪些？中国都有哪些古墓做到了成功防盗呢？

在位于河南省上蔡县大路李乡郭庄村东部岗地上，东距上蔡故城西垣约 3 千米，属楚据上蔡时城西楚国贵族的一片墓地。2005 年，考古人员发掘了大型楚国贵族墓葬 2 座、墓葬祭祀坑 11 座、周代聚落遗址近 900 平方米。

墓葬均为带封土的大型“甲”字形竖穴土坑墓，由于防盗设施严密，虽经

东汉末和现代共 18 次盗掘，仍在棺椁内发现了千件以上的随葬品。其中外棺内仅发现一些车马具，主棺内及扰区发现琮、璜、佩 40 余件和铜剑、铜削各 2 把。个别陪葬棺下压或旁置青铜鼎、盘、匜等器皿，陪葬人架上发现有玉环、玉佩、玉耳勺、水晶珠、玛瑙环等首饰。前室中残存的各种青铜礼乐器器形硕大、纹饰精美、排列有序。而大量形式多样的戈、矛、簇、车軎、马衔、节约等青铜兵器和车马杂器等多放置在近椁壁的四周。从随葬品和积沙内的陶器碎片看，推测出墓主人是春秋晚期或春战之际的楚国王室成员。

这些珍贵的文物见证了我们中华民族的历史，给我们留下了宝贵的历史证据。它们能够得以完整保存到今天，完全归功于墓葬的防盗功能，在这座墓葬中，一场盗墓与反盗墓之间的博弈正在进行。

河南省文物局考古所的领队马骏才接到任务后，起初虽然不敢确信，但是也不能不重视，因为如果真的是一座具有防盗功能的墓葬，那么不仅墓中的文物可以得到有效保护而不至于丧失殆尽，这样的墓葬本身也具有极大的研究价值。

这是一个东西向的甲字形大墓，有一条长长的墓道，东西长 27 米，南北宽 17 米。在墓壁的四角，考古队员清理出了阶梯，很显然，这些土阶梯是当初造墓的时候向外运土的通道。而在这些阶梯上，马骏才有了新的发现。

从被盗的古墓中拯救出来的青铜器

马骏才（河南省文物局考古研究所研究员）：“看下面这个弧面，好像人为踩踏的痕迹比较明显，那拐角的地方都有沙流，因为我很注意细节，你看拐角处，沙流滑下来，我知道80%就是积沙墓，因为那个沙子和以前我来的时候外面盗墓的沙子是一样的。”

当墓葬南壁的探沟挖掘到地面以下两米时，细密的沙层终于出现了，而几乎就在同一个高度，北部和西部也发现了积沙。

盗墓者:“因为流沙墓本身不好盗,不管你用什么办法,不正面直接挖完的话，沙子容易淌，沙子混杂着石头往下落。你不可能一个小盗洞盗成功，而你打一个洞，不管怎么掏，斜掏也好，沙子总会流动，盗洞被封闭起来，往前就进不去了。”

但是，在墓室的东部却一直没有发现沙面，这让马骏才感到一丝不安，作为一个积沙大墓，不可能单单留下墓室的东部不填埋沙子。最可能的原因就是后来有人把这个区域的沙子挖了出去。在墓室上方的土层被清理干净以后，马骏才看到了令他震惊的景象。

马骏才：“这个东部一片黑土，我们顺着那个黑土往下面做了一个小探沟再往下挖，到9米的时候还是黑土，出来一块汉砖。那无疑就是东汉时候的黑土，那肯定是个大盗洞。”

出现如此大面积的黑土，却没有意料中的沙子，而且出现了东汉时期的遗留物，意味着最不可能发生的情况发生了：盗墓者几乎挖空了墓室东部的积沙，在盗墓最为猖獗的东汉，这座大墓曾经遭受了被大揭顶式的毁灭性盗掘。

马骏才：“看到那个砖为什么有点发傻？因为知道这是东汉的，东汉的盗墓者是有经验的。整个的墓室是27米，它就占了将近14米，椭圆形那么大，它旁边还有几个小凹窝，那些小凹窝实际也是汉代早期的那些洞。”

当时，这个发现让满怀希望的考古人员几乎失去了挖下去的信心。因为盗墓在诸侯割据的东汉时期非常猖獗，而且大部分情况下是割据一方的军阀公然带领军队挖掘古代墓葬充作军饷。而那样公开大规模的盗掘，即使有防盗功能的积沙墓也是无济于事的。也就是说，这座古墓极有可能在两千年前就已经是一座空墓。

王子今:“盗墓筹军饷最典型的是东汉曹操和民国时期的孙殿英，曹操有‘盗墓三年粮饷不愁’的说法。曹操既是最大的盗墓贼，又是最狡猾的防盗墓作俑者。军阀割据那个时候很猖獗，也是第一波盗墓高峰期。”

马骏才：“东汉晚年很特殊，是一个军阀混战、农民起义遍布全国的时期，当时的大起义是黄巾大起义。”

汉代时期，盗墓相当一部分就是为了筹军饷。起义军没有什么供应，就是靠挖这些墓挖得一些珍贵的金银珠宝，可以变卖，可以筹军饷，筹了军饷才能打仗。

在清理完东部盗洞区的土以后，整个墓室东部共清理出五个汉代盗洞。而另一个现代盗洞更为奇特，通过用木板架设巷道也已经穿透墓壁进入了墓内，这种盗墓方式马骏才还是第一次遇到。

马骏才：“后来我们查了一下，汉代发生过六次小的盗墓和一次大的盗墓，就是那个揭顶盗，都是在东边。”

盗墓贼也不会不知道棺椁放置的正确位置，为什么汉代的多次盗墓都选择在东部下手呢？

考古人员继续清理，墓室的细沙里不断出现形状各异、大小不等的石块。在这一层石块全部清理出来以后，马骏才发现，这些残存的石头仍然可以看出是一个比较平整的平面，也就是说，古代的造墓者故意在这一层设置了一个石头铺成的平面，这是为什么呢？

马骏才：“就是现在残余的一半，也就不到 10 米这个沙子面，从西向东还是倾斜的。”

这层沙石面深入地下 10 米的深度，已经低于墓道口，按照马骏才发掘战国时期楚墓的经验，这个高度应该可以看见棺椁的痕迹了。但令他感到意外的是，在这个墓中丝毫没有发现一点棺椁的影子，这在战国楚墓当中绝对不是正常的现象！

王子今：“从魏晋南北朝的盗墓历史讲，中国第一波盗墓高潮出现在汉末，帝陵民冢被盗严重。所以，后世的各族统治者对保护陵墓极其重视，特别是在魏晋南北朝时期，普遍施行虚葬疑冢的反盗方法。对于防止盗墓来说，这是一种最有效、最简单的方式。茫茫大地，广袤无垠，没有封土，没有碑刻，任你盗墓技术再高，也是无可奈何的。据说先古时期，陵墓不封不树，不在地面设置突出的标识，其主要出发点之一就是为了防盗。”

出现这种意外的情况，只能有两种可能：一是墓主人的棺椁还在更深的沙层下面；另一种可能就是这根本就是一座假墓！墓中根本就没有埋葬墓主人的棺椁！就在人们疑惑不解的时候，在接近墓室中部的地方，工人们清理出一些木板残留的灰痕，那么这些灰痕是不是已经腐朽掉的墓主人的棺椁痕迹呢？

一座两千多年的古墓，传说中埋藏了王的宝藏：“王金鼎，王金鼎，说这个地方有金鼎。”

古今数十次疯狂的盗墓，都未能完全得逞：“你不可能用一个小盗洞盗成功。”是什么在保护着墓中宝藏？盗墓与反盗墓进行了怎样的较量？

这个方形结构被清理出来，马骏才看到它的体积与巨大的墓室相比显得极不协调，而且在这个方形结构里，既没有发现尸骸，也没有贵重的陪葬品。显然，它不可能是这个巨大墓葬主人的棺椁。那么这个方形的结构到底是什么呢？

马骏才：“往下清，刮沙面，就在这个方结构的东北角，又发现了一个，还是夯土，还是方的，百思不得其解。”

从被盗的古墓中拯救出来的精美瓷器

在这两个方形结构的下方，工人们又清理出一圈明显的灰痕，这些长方形的灰痕占据了墓室大部分的范围。在很多地方出现了红色的图案，这种图案正是战国时期楚国贵族墓葬的特征。沙子中不时出现金箔，这也预示着真正的棺椁应该在更深的沙层下面。那么椁室上方的那两个方形结构到底是做什么用的呢？

马骏才："当时它的位置和墓道的口基本上是平行的，在棺椁没有塌的时候，盗墓者碰到这两个箱形的东西，把这个砍开，一看里面是土，再看看里面出了小金件，或者是小的玉器，他很容易就明白了，这是一个假棺材。"

从西部保存完整的部分判断，椁室上方原来应该有很厚的沙层，但是在这个深度，石块的出现却是毫无规律的。与上面平整的石层相比，人们在这一层似乎只是随意地将这些石块扔进了沙子里。马骏才惊奇地发现，这些石块的边角都非常锋利，好像是有意挑选出来的。这仿佛说明，古人在这层沙子里安置这样的石块，有它特殊的用途：当盗墓者从盗洞中进入这个深度的时候，在毫无防备的情况下，将可能被突然落下的锋利石块砸伤甚至砸死。

马骏才："这个墓葬从开始建墓之前，就有这种规划，处处为了防盗，而且设计了高大封土，颜色多样的填土，深厚的积沙，很乱的乱石层，比较整齐的蒙顶石层，以及这个椁外面的贴顶石、拦腰石、卧底石，这些石头都很锋利，主要区域都是非常的大，为什么呢，就是为了阻止盗墓、防止盗墓。"

挖掘进行了5个月，现在整个墓室的结构已经清晰了：为了达到防盗效果，墓葬设计者先是在墓口位置放置了两个假棺，下面一层蒙顶石层，造成墓葬到底的假象，然后在下面的沙层中设置了三米厚的乱石层，在椁室顶部设置了巨大的贴顶石层。椁室中部的外面还设置了一圈拦腰石，底部是一层卧底石。正是这种全方位的防御，才能在古今十几次盗墓之后，还能留下大量的珍贵文物。各种各样精致的玉器和青铜器，代表墓主人身份的青铜鼎，完全保留在它们原始的位置。

这些珍贵的文物得以留存，正是由于这座墓葬采用了一种特别的积石积沙的防盗措施，从而给盗墓贼制造了障碍。

陕西蓝田县的宋代吕氏家族墓葬是在积石积沙的基础上又增加了障眼法的古墓，同样起到了很好的迷惑作用，从防盗手段上又进了一步。让我们看看这座经过双重防盗的墓葬结构吧。

一个极其重要的历史人物，千年古墓的秘密将指向何方？

层层挖掘之后，真真假假之间，延续了几千年的反盗墓与盗墓的斗争仍在继续。

2005 年年底，陕西省蓝田五里头村村北果园中一座古墓葬被盗，出土大批精美宋代瓷器六百余件（组），包括陶、瓷、石、铜、铁、锡、银、金、漆、骨、珠贝类,皆为实用器。其中以陕西铜川耀州窑青等多个著名窑口出产的釉瓷为主,在北宋年代的墓葬中,能够出土如此大量的精美瓷器实属罕见,其价值不可估量。

张蕴（陕西省考古研究院研究员）：“瓷器是大宗，以耀州窑产品居多，里头兼有景德镇的湖田窑的青白釉，还有福建龙窑的一些茶具，另外还有一些定窑的产品。我们看到景德镇的那个青白釉的茶壶，制造得非常精细，到现在釉色都晶莹剔透。我觉得在我所见到的瓷器里头，实在是佼佼者。”

考古人员正在清理被盗古墓中的青铜器等

从战国时期到北宋年间，历经几百年的历史演变，而险遭被盗的考古学鼻祖吕大临的墓葬，在防盗手段上又有哪些新的改进呢？得以使大量珍贵瓷器保存完好，这无疑归功于墓葬的防盗措施做得好，一股想要探个究竟的强大好奇心吸引着考古人员，他们决定马上对这座墓葬进行重点考古发掘。

这几百年间，中国防盗墓的历史衍变过程是丧葬习俗特点导致还是别的因素?

发掘刚刚进行了几天，就已经挖到了充满小石子的砾石层，一般墓室都应该在这个深度以上，在砾石层三四米下就是一层密集砾石层。按照考古人员的经验，墓葬应该就在密集砾石层之上，因为那层石板很难挖穿，因此他们觉得，墓室马上就该出现了。

然而，让他们惊讶的事情发生了。发掘工作在穿过砾石层后又穿过了更深

用来寻找古墓位置的洛阳铲

的很难挖穿的密集砾石层，但是仍然没有找到墓室。这个现象大大超出了他们的预计。

几天之后，发掘工作终于进行到了墓室的位置，考古人员惊喜地发现和当时的丧葬习俗较常用的明器陪葬不同，这里发现的器物全部都是实用器，其中最多的就是精美的瓷器。这在当地的宋代墓葬中非常少见。更让他们觉得奇怪的是整座墓葬的发掘过程中竟然连一块砖瓦都没有见到。显然，这种不用砖瓦的墓葬方式是为了防止被盗墓贼找到。

张蕴：“最奇怪的就是这一点，这样一个名门望族，全部是很深的土洞墓，就跟很一般的老百姓是一样的。稍微富足一点的家庭都可以做成砖墓的，但是它们全是土的。”

发掘工作仍在继续，一个让他们意外的情况就出现了，在仅仅距离地表三四米深的地方，一个墓室竟然就显露出来了。

刘思哲（专家）：“刚开始的时候我们的判断就是一个盗洞，但是后来我们的技工就

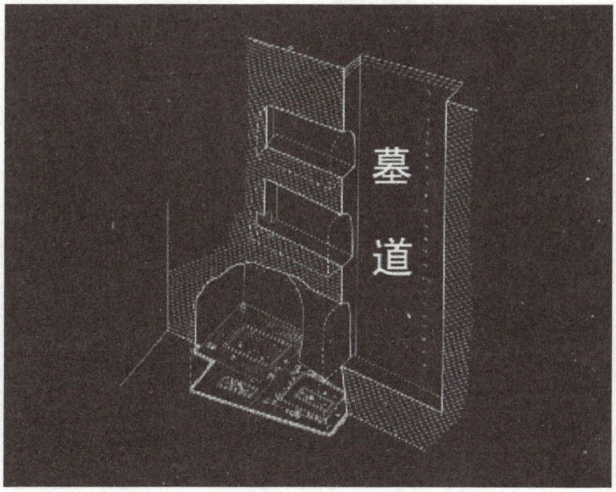

古墓防盗结构示意图

很有意思地调侃说这个盗洞怎么会拐弯，后来发现这其实是一座墓室。”

然而，对这座墓室进行清理后他们发现，这座墓室空无一物，难道也已经被盗了吗？但是仔细分析后他们却发现，这里没有任何使用过的痕迹。

张蕴：“也就是觉得奇怪，为什么有一个空穴，什么东西都没有？葬过人和没葬过人一眼就能看出来，一看就是没葬过人。”

考古人员发现，墓道的痕迹还在继续向下延伸，是不是在更下面的地方还有墓室呢？他们决定带着疑惑继续向下发掘。果然，在距离地表 7 米左右深度的地方，又有一座墓室出现了，但是，这处墓室同样没有任何使用痕迹，而墓道的走向似乎还在向下延伸。考古人员忽然想到，这两处很可能就是为了防盗而专门设计的假墓室。

与前面提到的河南墓葬相比，假墓室的设置起到了很好的迷惑作用，在第一个出现的假墓室上方，考古人员就发现了一处盗洞，盗墓贼在进入之后显然

出土文物陈列馆

认为这是一座空墓，没有继续向下挖掘就离去了。

在挖掉上方的两座假墓室之后，这座墓葬终于露出了它神秘的面目。整个墓葬群总计出土了各类文物600余件组，其中以多个著名窑口出产的瓷器为主，在北宋年代的墓葬中，能够出土如此大量的精美瓷器实属罕见，其价值不可估量。

除了这些实际的防盗手段，还有其他形式上的防盗方式吗？关于盗贼遭报应的故事传说有很多，例如诅咒、镇墓兽，自古至今对盗墓贼又是如何进行处置？

盗墓与反盗墓的斗争历史已经延续了几千年，在有些特殊的时期，盗墓甚至变成了一种集体行为。据说西汉晚期和唐代晚期的几支农民起义军就曾经干过集体盗墓的勾当。而人数更多的，是民间的大量盗墓贼，虽然历朝历代对盗墓的处罚都非常重，但巨大的经济利益仍然让盗墓贼铤而走险。

如今我们的文物保护工作者是痛心疾首，可能对于咱们平常人来说，只是失去了看一看这个墓主人生前陪葬品的一个机会，因为说不定过些日子就会出现在某一个拍卖会上，也说不定现在就被国外的私人收藏家据为己有了。盗墓是一种极端无耻、极没有人道的犯罪行为，应该遭受恶报，出于对报应惩罚的恐惧和敬畏，一些盗墓者金盆洗手退出了盗墓行业；有些盗墓者为了悔过，又将得来的财物完璧归赵，送回墓中。无论盗贼冒着怎样的风险，怎样将盗来的宝贝搁置，仔细想一想，作为在这片土地上生息繁衍的一个民族，我们的历史在哪里呢？恐怕文物就是其中一个很重要的部分，这些不肖子孙，千万不要对不起咱们的祖先啊！

（王文君）

发现上山

2002年上半年，浙江省考古研究所决定对浙江浦阳江流域进行一次考古调查。然而令考古人员没有想到的是，他们在这次例行考察时，发现了一个距今一万多年的新石器时代的古人类遗址——上山遗址。一件件人们从未见过的陶器出现在大家面前，专家们叫它“大口盆”。这种陶盆敞口无盖、口子的外延远远大于底部，这种奇特的“体态特征”是从未出现过的。在考古人员整理陶片的过程中，发现陶片当中存在着疑似稻谷壳一样的东西，经过专家鉴定，这是经过人工培育的稻谷。而上山遗址经过碳14测定，是距今一万多年的古人类遗址，也就是说早在一万年前，上山人就已经开始了稻作农业。随着上山遗址发掘的扩大，考古专家们相信上山人已经过着农业定居生活，形成早期氏族村落并开始仓储食物了，而且已经用他们的智慧和勤劳的双手构建了木结构房屋。人类开始离开洞穴生活到自由、平坦、开阔的山地田野生活，这是人类文明的一大进步，也许还是上山人的一大创举。

1. 奇特的大口盆

中国是世界上最早栽培水稻的国家，这是中华民族为全人类做出的伟大贡献，也是我们中国人引以为豪的精神财富！但是，我国的水稻到底是何时开始种植的，又是在何地开始培育的呢？这一切到现在为止还是个谜！2006 年 11 月间，考古工作者从四面八方汇聚到浙江省的浦江县，他们在那里宣布，找到了人类文明的一个重要源头——上山遗址，中国人栽培水稻的历史时间也将在这里被改写！那么，考古工作者到底在浦江发现了什么呢？

2002 年上半年，浙江省考古研究所决定对浙江浦阳江流域进行一次考古调查。

蒋乐平："我们想对这一带新石器时代的文化面貌做一个初步的了解。"

蒋乐平，浙江省考古研究所研究员，古人类考古专家。为了能找到更多有关新石器时代的遗迹线索，蒋乐平在浙江浦江县驻扎了下来，开展野外调查。

蒋乐平："我们发现了一座墓葬，是良渚时期的，我们感到非常的欣喜，因为钱塘江以南良渚文化的墓葬，本来就不是很多。现在发现这么一个，应该是填补了一个考古的空白。"

良渚文化是我国长江下游太湖流域一支重要的古文化群落，距今约 4 000 ～ 5 300 年。良渚遗址已成为实证中国 5 000 年文明史的最具规模和水平的遗址之一，是中华民族和东方文明的圣地。

蒋乐平在一个叫"扩塘山背"的遗址发掘中，发掘出了大量鼎、豆、盘、双鼻壶等文物，而这些文物正是良渚文化的典型器物。大量文物的出现引起了蒋乐平的极大关注，他打算再进一步扩展发掘范围。

故化群落

蒋乐平："扩塘山背实际上就是在一个小土丘上的墓地中发现了两种时期的文化遗存。类似的小土丘或高或低在周围分布还是比较多的，然后我们就提出问题：这个小土丘附近会不会有同样的一些遗址分布？”

带着这样的疑问，蒋乐平打算对扩塘山背遗址周边的小土丘作一番实地考察，看看能不能有更多的线索。然而，就在蒋乐平对一个叫“上山”的土丘进行野外考察时，他却有了意外发现！

蒋乐平：“有一天我们发现了一块夹炭陶片，它所属的文化时期与扩塘山背出土的陶器所属的良渚时期是完全不一样的。这时候我们就想到，这个地方可能还有其他历史时期的遗址，可能有新石器时代的遗址。”

这个意外的发现令蒋乐平困惑不解，良渚时期的遗址上怎么会出现“夹炭陶片”呢？难道这里还存在着更为久远的遗迹？很快，蒋乐平对浦江县黄宅镇的上山遗址展开了大规模挖掘！然而，随着挖掘工作的不断深入，大量前所未见的陶片和石器出现了！

蒋乐平：“在当时的挖掘过程当中，大口盆复原的不多，但是它的形状已经出现了。大口盆在其他的文化遗址里面是没有发现过的。当时让我们印象最深刻的还是现在被称之为磨盘与石球的两种东西。因为我从事考古工作已经二十多年了，已经发掘了不少浙江的遗址，没有在任何其他遗址发现过这么多的石球和体量如此之大的石磨盘，当时就怀着一种疑惑的心情。”

出土的陶片越来越多，但是令人遗憾的是，考古人员始终没有发掘出一件完整的陶器，他们不得不将这些破碎的陶片进行复原。然而，当一片片陶片被拼接在一起时，人们惊呆了，一件件考古人员从未见过的器物出现了！

这种从上山遗址中挖掘出来的器物，专家们都叫它大口盆，顾名思义，它的造型是底座很小，口却很大，并且敞着口，确实有些像盆一样的感觉，而且这种大口盆的出土数量非常的多。其实，当考古人员发现这些大口盆的时候，他们也是心中一颤，因为，像这样造型的器物在长江流域的考古发掘中是从未出现过的。那么，现在就有一个疑问了，这些看起来还是非常粗糙的大口盆究竟是干什么用的呢？这个遗址中又到底隐藏着怎样的秘密呢？

因为浙江西部山区相对比较落后，有人认为这些是否是近现代人制造的生活用具呢？考古队员对出土大口盆的地点进行了重新挖掘。但是从考古地层来看，它们显然不属于现代物品的埋葬地层。敞口无盖、口子的外延远远大于底部，是上山大口盆的“体态特征”。那么，这种“敞口盆”的特殊形制，能给人们带来怎样的遐想？

蒋乐平：“为什么会有这么大的大口盆，我也经常在思考。大部分大口盆在出土的过程当中，都是以碎片的形式出现，被我们发现，然后被拼起来的。但是我们曾经也发现过一个器物坑，里面大约有七件器物，其中有两件大口盆口对口扣在一起，上面一件像盖子一样。从这两件陶器扣合的形式，说明当时可能还没有有意识地制作器盖。是否因为这样一种使用状态，导致了这种大口盆的数量特别多？”

虽然这些破碎的陶器无法让人们修复祖先原来的生活，但从上山遗址挖掘出来的大口盆陶器可以看出，这些陶器属于一种夹炭陶器。在古代我们的祖先逐渐学会使用制造陶器，陶器是新石器时代的标志之一。由于陶器的可塑性比石器大，更加能够代表一个群体的生活方式和文化特征。在上山遗址中，这种夹炭黑陶约占陶器总数的 80%，而且制造工艺已经相当发达。那么，这种陶器是怎样制成的呢？

牟永抗（浙江省考古学会顾问）：“上山这个地方的陶器是很有特点的，代表了东亚陶器起源阶段的一种情况。那个时候陶器制作还是很先进的一种工艺，刚刚处于起始阶段。过去有各种各样的说法，现在我们考古学就根据发现的标本进行研究，主要是根据所发现陶器的制作痕迹来确认，这种陶器的做法我们叫作‘贴筑法’。”

牟永抗是研究古陶器方面的专家，当上山遗址中出土的陶片被拿到他的眼前时，他一眼就看出这是新石器时期的陶片，而且制作的手法已经相当熟练。在仔细研究了陶片以后，他认为，远古的上山人是用泥条盘筑法手工制陶，在一些出土的大口盆上还可以见到泥片贴筑的痕迹。

牟永抗：“制作陶器的第一个阶段是成型，做出个样子来；第二个阶段是放到火上烧，烧到这个阶段。上山陶器还有一个很典型的特征，就是它的外表不但是红色的，上面还有一层陶印。我所见到的史前陶器，处于起源阶段即一万年左右的，江西或者是河北东胡林的。这个时期出土的陶器的颜色都是不均匀的，因为当时烧制的工艺还不是很稳定。现在我们看到上山这些陶器整体是红颜色，当时烧作陶器是一个很了不起的事情。这种陶器应该是在一个充分氧化的条件下烧成的，使陶土里面所含的氧化亚体，能够完全氧化成氧化体。现在我所看到的万年陶片里面，像上山出土的这样的陶器，还没有第二个。”

所谓的“夹炭陶”就是在黏土中有意识地加入大量的植物茎叶碎末、谷壳等有机质或事先炭化后再加入陶土烧成。那么，古人为什么要在陶土中加入大量的植物茎叶碎末呢?

牟永抗：“是工艺所需添加进去的，因为陶器的黏度越大，就要求颗粒度越细，但颗粒度越细，通过热胀冷缩，里面的水分很容易蒸发，到成器的时候，陶器就容易开裂。如果颗粒太粗了，又难以捏制成型，所以在陶土里面一定要加上我们叫作掺和料的东西，以增加陶土之间的黏性，防止陶土干裂。”

远古先民们的精湛制陶技艺不禁让人们惊叹不已，那么，这些陶器会是什么时期的杰作呢？而这些器形简单、出土数量巨大的大口盆背后又隐藏着怎样的秘密呢？这时，蒋乐平急于想知道上山遗址的年代。

蒋乐平：“当时在我们发现这个上山遗址之前，分布在宁绍和杭嘉湖的河姆渡文化，还有马家堡文化都是在全国很有名的，而这个地方被认为是晚一些的文化遗址，在当时可以说是非常符合逻辑，但是现在看起来不符合事实。实际上必须在遗址年代确定以后，才能真正进行比较。尽管暂时把当地的文化时期定在距今 6 000 年前左右，但是脑子里面一直抱着这样一种想法，想求证确切的年代。”

为了求证自己的判断，蒋乐平将 4 片夹炭陶片送到北京大学文博学院碳 14 实验室进行年代测定。碳 14 元素是在大气层上部受到外太空粒子的撞击而形成的，然后在大气层中逐步被生物体吸收。由于碳 14 元素不稳定，会逐渐向稳定元素碳 12 衰变。通过检测动植物残余物这类有机体中碳 14 元素衰减的比率就可以推断年代。

在等待碳 14 测定结果的日子里，考古现场的发掘工作仍在继续，蒋乐平希望更多有价值的文物能出现。夕阳西下，考古现场渐渐清静了下来，蒋乐平独步其中，这个未知的世界究竟能带给他什么呢？

一个月以后，北京大学文博学院给浙江省考古所寄来了 4 个惊人的测年数据：在 4 片夹炭陶片中测出来的最早数据为距今 11 000 年，最晚数据为 9 000 年。也就是说上山遗址的年代约距今 11 000 ~ 9 000 年，是新石器时代早期的遗址。

蒋乐平："说实话，原来根本没有想过这些陶器的年代有这么早。当时去测年的时候，是想把年代定下来，只不过是为了比较这一带和宁绍、杭嘉湖的河姆渡文化。这里有上万年的历史是出乎意料的。实际上我们都没有敢马上就公布这个数字，总觉得跨湖桥的年代还存在争议，怎么一下子又冒出个距今一万年前的上山遗址，好像放卫星一样，所以我们除了向领导做了一些比较确实的汇报之外，并没有开始大规模的宣传。大家一方面是感到兴奋，一方面觉得这是一个非常严肃的问题。"

北京大学的测定结果着实令考古人员感到意外，但蒋乐平并没有急于向世人公布这一考古发现，因为他觉得还有很多疑问尚需求证！

蒋乐平："这是个距今一万年的遗址，从某种意义上是原来不敢想象的，所以我们觉得更需要一个求证过程。不是一公布出去，大家就能认同你，要有一种较为理智的态度和心理准备。"

为了找到更加充分的证据，来证明上山遗址

考察现场

上山遗址

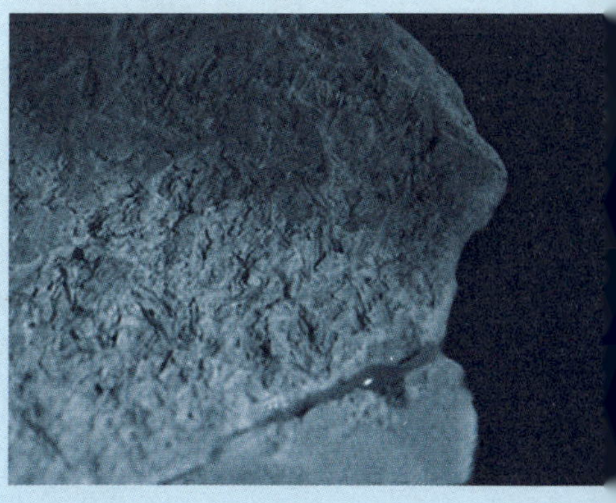

细节

的年代，蒋乐平仔细分析了它的地层分布。

蒋乐平："这是上山遗址的南区，这块塌方靠南壁的一个地层剖面，总共分了8个地层，从文化年代上来划分的话，七八两层是属于上山文化时期的，第六层实际上是相当于'跨五期文化阶段'，第五层相当于河姆渡文化阶段，第三层相当于春秋战国时期，二层、一层就属于近现代层。这个遗址的堆积不厚，实际上还不到1米左右吧，一万年的历史就堆积在这里面了。其中上山文化、'跨五期'文化和河姆渡文化这三个地层的关系，对于判断上山遗址的年代的久远性、延续性，判断浙江的史前文化的延续性是具有非常重要的参考价值的。这个例子有力地说明了，在浙江这一带，上山、跨五期、河姆渡是一个依次发展的三个文化阶段。"

河姆渡遗址和跨湖桥遗址分别是距今7 000多年和8 000多年的古人类遗址，它们的文化遗存依次叠压在上山遗址的地层之上，这就在地层关系上说明上山遗址的年代要早于河姆渡遗址和跨湖桥遗址的年代。

蒋乐平："刚开始上山遗址距今10 000年是一个探测性年代的测定数据，没有在地层类型分析上提供有利的一个支撑，所以当我们在遗址的北区发现跨湖桥文化类型的遗存，叠压在上山文化类型遗存上面的时候，我们就感到非常的兴奋。这就证明了，上山遗址肯定比跨湖桥遗址早，这就是对上山遗址年代测定的一个强有力的支持。"

上山遗址的发现，令考古界为之震动，因为它的文化内涵新颖独特，以大口盆为典型代表的陶器群，不同于长江下游地区以往发现的其他新石器时代遗址，它代表了一种新发现的、更为原始的新石器时代文化类型。经过对上山遗址的发掘证明，它的年代早于著名的河姆渡文化，是长江下游及东南沿海地区迄今发现的年代最早的新石器时代遗址。可以想象，早在10 000年前，我们的先民们就已经在长江下游生活了，而且已经掌握了精湛的制陶工艺。那么，在发掘中有大量的大口盆出现，这些大口盆在10 000年前究竟是用来做什么的呢？

远在一万年前的上山人制作这些大口盆又是用来做什么的，是盛器还是礼器，还是有着其他的用途呢？这些疑问一直困扰着考古人员，虽然专家们一时还难以做出判断，但是，在上山遗址的发掘过程中一个有趣的现象似乎令专家们找到了问题的答案。

蒋乐平：“上山发现的陶器有一个非常有趣的现象，它们都没有炊煮过的痕迹，我们观察了很多的陶片，包括完整的与不完整的，就是没有在哪片陶片的底部发现焰开的痕迹，也就是火烧过的痕迹。上山遗址为什么会没有炊具，他们难道吃生食吗？”

根据大口盆的形状，考古专家猜想大口盆是不是“石煮法”的工具。上山人用火将石头烧烫后，投入放置了水或食物的大口盆，就可以用来烧水或煮熟食物。那么，这一猜想能够成立吗？专家们打算作个实验一窥究竟。

蒋乐平：“为了证实石煮法这一种假设，我们做了一个实验。我们发现，用烧烫的石头投进大口盆里面，把一盆的水烧开实际上不是一件难事。比如在烧沸的情况下，把一些鱼片投进大口盆里，或者是放进一些流食类或者淀粉类的东西，完全可以把食物煮熟，通过我们的实验可以证明这一点。”

早在一万年以前，上山人真的会用这种石煮法来煮熟食物吗？我们今人对于那个遥远年代的认知显然太少了，为了能够获得更多有关上山遗址的信息，考古人员倒出装在编织袋中的石器、陶器，仔细察看，在他们的眼中感觉一切都变得“古老”起来。因为上山遗址有太多的疑问需要做出解答。

有一天，蒋乐平像往常一样，仔细查看着那些破碎的陶片，突然，他发现一块夹炭陶片的陶胎中好像有稻壳一样的东西存在，这个发现马上引起了他的高度关注。然而，让蒋乐平怎样也想不到，就是这个偶然的发现，竟揭开了一个考古学界为之困惑几十年的考古谜团！

2. 黑米粒的真相

上山遗址被发现以来，浙江省考古队先后进行三次大规模的发掘工作，为了能够从这些破碎的陶片及石器中获得更多有关上山遗址的信息，考古人员将这些陶片一点点进行整理，记录在册。

这一天，蒋乐平在做着同样的工作，突然，一块不起眼的陶片引起了他的注意！

蒋乐平：“从这个陶器的掺和料里面，我们发现了数量不少的稻壳的遗存。”

蒋乐平发现不少陶片当中都存在着稻壳一样的东西，只因年代久远，这些疑似的稻壳都已经炭化，甚至已经无法用肉眼看清它们的本来面目，即便是这样的发现，就足以让蒋乐平惊喜不已了！

蒋乐平：“我们知道上山遗址距今 10 000 年的这个测定结果以后，尤其要关注这个现象。往往像稻壳这种发现，都是在夹炭陶器上面，如果一万年前也有稻壳的话，那可是个了不起的发现。”

20 世纪 70 年代末以来，在长江下游地区相继发现和发掘了河姆渡、罗家角等与稻作有密切关系的新石器时代遗址，特别是距今 7 000 年左右河姆渡遗址的发现，为中国是稻作起源地提供了有力的证据，推动了中国稻作起源研究的深入进行。

郑云飞（浙江省考古研究所研究员）：“稻子的起源问题是全世界共同关注的。从 19 世纪 40 年代开始，我国的农学工作者，还有一些考古学者已经开始做这方面的研究工作。到了河姆渡遗址被发现了以后，世界上很多学者就都对稻作起源更加关注了。”

当年，考古人员在河姆渡遗址中发现了大量的稻谷遗存，引起了全世界的广泛关注，由此而引发的稻谷起源问题也就成为全世界许多学科的专家关注的焦点。但是，河姆渡遗址的发现，并没有解决考古学界所关心的关于稻谷起源问题。如果能够证明蒋乐平所发现的这些陶片中确实存在着稻谷，这将把长江下游的稻作历史上溯了 3 000 年，也将会证明长江下游是世界稻作和栽培稻谷的最早起源地之一。

蒋乐平：“大量的稻子遗存实际上是在陶片的陶坯里面发现的，当时发现的陶土里面掺和了一些稻谷、稻壳这类东西。发掘过程当中我们发现了这个现象，实际上可以说 80% 的陶片里面都掺有当时的稻壳。”

经过仔细地观察研究，蒋乐平找到了几片清晰可见有稻谷印记的陶片，他确信这正是稻谷壳无疑，但是，随之而来的另一个非常严肃的问题出现了！这些稻谷到底是野生的，还是人工栽培的呢？这一关键因素的确定将直接影响到我国乃至世界稻谷起源地的判定。

蒋乐平：“到底是野生稻还是栽培稻，这是一个非常复杂的问题，这对探讨稻作起源的价值非常大。”

那么，早在 10 000 年前的上山人，是否已经开始稻作农业了呢？蒋乐平将挑选出的陶片拿到浙江省文物考古研究所科技考古室进行分析，他希望能够借助先进的现代科技找到问题的答案。为此，他找到郑云飞博士对陶片及稻壳作了分析研究。

郑云飞：“这些陶片里面的稻谷和稻谷印痕，如果仅凭肉眼看的话，很难判别。而且在这个遗址里面，由于保存环境的关系，食物中发现的稻谷很少。用一例或者两例稻米来判断是野生的还是栽培的，有相当的困难。”

郑云飞博士在显微镜下对每一块陶片都做了细致的观察。那么，野生稻和栽培稻之间到底有着怎样的区别呢？

郑云飞：“它到底是栽培稻还是野生稻？一个是看小穗子，这个小穗子上的特征，是区分野生稻和栽培稻的一个很重要的特征。因为野生稻的稻穗一般是自然脱落的，就是说这个小穗子上面有一个脱离的痕迹；如果是栽培稻的话，一般是人工打击脱离下来的，这就是区别野生稻和栽培稻的一个很重要的指标。”

郑云飞经过仔细观察发现，上山遗址出土的陶片中稻壳的小穗子有很多都不是自然脱落的，存在着人工打磨的痕迹。

郑云飞：“从这个陶片里面的稻壳上看，我们认为它属于栽培稻的可能性很大，故而便对陶片进行了进一步的观察，结果在这个陶片里面发现了一粒比较完整的稻谷。我们还对这粒稻谷的形态进行了测验，发现它的形态是区别于野生稻的，和栽培稻比较相近。”

考古人员经过研究分析，得出了一个结论，就是这些陶片里的稻壳和现在的栽培稻很相似，但是还不能马上就判断说这就是人工培育的栽培稻了，因它还缺少一个关键性的证据，那就是上山遗址中还没有发现稻米。大家都知道，河姆渡遗址当中有着大量的稻米出现，是不是人工栽培的一下子就能辨认出来，那么，上山遗址中的水稻到底是不是栽培稻呢？

近年来，稻米的“长江中下游起源说”，成为学术界的主流。作为长江下游迄今为止发现最早的文明，上山遗址是不是栽培稻的起源地之一？此前发现的湖南玉蟾岩遗址，两度出土了超万年的有人工育化迹象的稻谷，但数量远不及上山遗址；江西仙人洞遗址也有距今超万年的水稻遗存，但仅仅是栽培稻的植硅石标本。那么，如果上山遗址的稻作遗存真的是人工栽培稻，那么，它的意义将不同凡响！

牟永抗：“上山遗址不但出土了万年之前的陶器，还在陶器里面发现了水稻的痕迹，人类的农业起源与陶器的起源是一起的，这两种起源，在整个人类文明史上，占一个非常重要的地位。东亚农业起源和陶器起源合二为一，现在发现最早的就是上山遗址。”

蒋乐平：“如果在上山文化里，能够确定当时的人类已经开始栽培水稻这种植物资源，那么对于人类的文明史的研究也是一个非常大的贡献，它的意义应该是非常大的。”

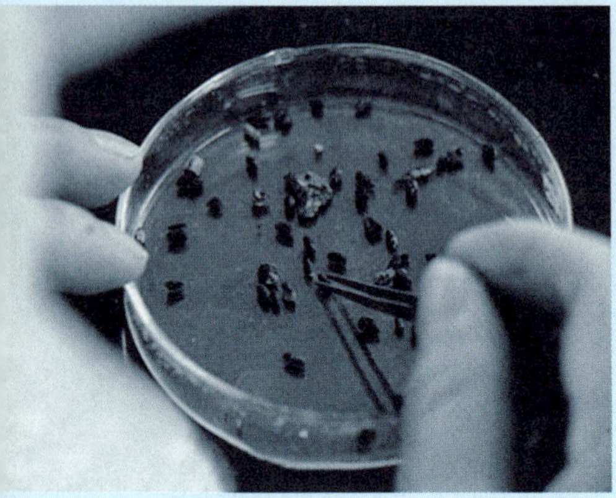

稻米种子

专家进行实地考察

要想进一步求证上山遗址中的稻作遗存是否为人工培植的栽培稻，最好的办法就是要找到稻米才行。可令人遗憾的是，在上山遗址的发掘当中并没有稻米出现。但蒋乐平认为，既然上山人已经用大量的稻壳来制作陶器，这说明上山人已经开始食用稻米了，那么，在遗址中就有可能会找到稻米的遗迹！

蒋乐平："得到的标本不多，这和保存条件实际上有关系。我们可以做出这么一个判断，就是不管是野生稻还是栽培稻，远古上山人已经在利用这么一种食物资源，这个判断应该不会有太大的差错。"

然而，要想在上山遗址中找到10 000年前的米粒又谈何容易，这仿佛就是大海捞针。但是，蒋乐平还是坚持想试一试，通过浮选的方法看看能不能找到米粒遗迹！

蒋乐平："浮选法实际上非常简单，是通过水的浮力，把沉的东西沉下去，把轻的东西浮起来，一般的植物种子是比较轻的，它就浮起来了，把它捞出来后再来进行分解，就容易找到一些当时的植物遗存，包括稻米这么一种东西。"

原来，像稻米这样的植物遗存，它们的比重都会比水要轻。而浮选法正是植物考古学家们根据炭化物质的特性而设计，专门用于发现和获取埋藏在考古遗址中的炭化植物遗存。它的原理实际很简单，只要将考古地层中的土壤用水不断冲洗就行了，一旦有炭化的植物就会显现出来。只不过这项工作的工作量将会极其巨大。

蒋乐平："我们浮选植物种子采用的是浮选机。它实际上就是利用水的飘浮原理，把这些比较轻的稻壳给飘浮起来，然后通过水进行筛选，就能够找到稻米的植物种子，所以我们通过这样的浮选，就找到了上山遗址类似稻米种子的物体。我们看到一些黑黑的、有可能就是食物种子的东西，只是肉眼一下子也不好鉴定，需要在实验室里面用显微镜去仔细观察分析才能判断出来。"

经过大量的筛选工作，蒋乐平在上山遗址的土壤中找到了一些疑似稻米，为了给它们验明正身，他再次来到浙江省文物考古研究所科技考古室，对这些"稻米"标本进行分析。结果很让人兴奋，专家们果然从中找到了一粒残缺的稻米。专家们如获至宝，那么，这粒千选万选而出的米粒到底是不是人工栽培稻呢！

郑云飞："从粒形上看，它和野生稻是有区别的；虽然这一颗炭化米还不是很完整，但是从它局部的一些特征判断，它和野生稻是有区别的，可能是人工栽培的米粒。"

通过对米粒形状的观察判断，米粒的长度比野生的短，宽度比野生的大，经过专家鉴定，米粒为经过人类选择的早期栽培稻。

专家们通过对这粒来之不易的稻米的研究，给出了明确的答案，那就是早在 10 000 年前，上山人就已经开始了稻作农业，可以说上山遗址的发现给农业起源的研究提供了更多解读的可能。

人类的起源现在至少可以推至300万年前，而农业起源也应该在1万年以前；在这之中的 299 万年，人类都是以狩猎和采集为生，人类历史发展的过程相对比较缓慢，那么，到了 10 000 年前，人类为什么会放弃持续了几百万年的生产方式而转为农业生产、种植庄稼了呢？又是从什么时候、从哪里开始这种转变的呢？现在，虽然上山水稻栽培究竟处于什么样的一个阶段还需要进一步研究，但是，它作为早期农业起源的一个遗址却有着不可估量的研究价值。现在对于考古人员来说，上山遗址还有着许多未知的领域需要去探索，就在他们还沉浸在获知上山稻米为栽培稻的喜悦之中时，另一个惊喜出现了！

原来，考古人员在上山遗址的发掘中发现了一种样子非常奇怪的石头，他们相信这有可能是上山先民开始人工栽培水稻的一个辅助证据。

蒋乐平："实际上这种石头在上山遗址里面出土数量非常多，应该是体现远古上山人生活方式的一种重要器具。"

起初，这种石头并未引起考古人员太多的关注，因为在新石器时期的考古发掘中，这种石头是很常见的。

蒋乐平："以前我们笼统地称为砾石，砾石的意思就是磨刀石。"

新石器时代的古人们，已经会使用和打磨各种石器，而砾石是其中不可缺少的工具；但随着发掘工作的不断进行，从上山遗址中出土的这种所谓"砾石"越来越多，这种现象引起了蒋乐平的注意！

蒋乐平："砾石和磨刀石，表面就更加的光滑，更加的细腻，这些磨盘表面往往有坑坑洼洼的凹窝。”

蒋乐平发现，这些“砾石”的表面怎么都是“满目沧桑”呢？它们并不具备砾石的光滑表面，而且具有明显的规则弧度：盘中心低凹，四周稍凸。仔细端详可以发现，盘面上有着许多坑坑洼洼的“斑点”。这些“斑点”并非天生，而是人类有意识地凿出来的。

那么，上山人会用这种奇特的石头来做什么呢？蒋乐平百思不得其解，一天，就在他对出土的陶片进行整理时，陶片之中的稻壳让他恍然大悟，这些凹凸有致的石头会不会是上山人用来打磨稻谷的呢？

蒋乐平：因为我们在上山发现的很多陶器的陶炭里面，杂有一些碎壳，这说明当时上山人已经取出里面的稻米在利用这种食物资源了，非常自然地就和稻米联系起来了。我们认为这个石磨盘是用来加工稻米的，具体地说，就是为脱壳用的。

为了验证一下自己的推断，蒋乐平找来稻米，打算和工作人员进行一次模拟试验，看看这种石头能不能达到使稻谷脱粒的效果。试验的结果表明，使用这种石头打磨稻谷，脱粒效果是十分有效的，磨不上几下，稻米就脱壳而出了！

蒋乐平：“它们能够用于加工食物，不仅仅是加工水稻，也可以加工一些块茎类的食物，比如番薯或者其他的一些东西，打磨几下可以产生淀粉，这是很多研究者的一种认识。”

夏末是黄宅镇渠南村最好的季节，在离上山遗址不远的水田地里，村民们正在收获着成熟的稻谷！也许，这些勤劳朴实的村民们无法想到，他们晾晒的稻谷在很久以前就开始在自己的耕地上生长了！遥想10 000年前的浦江，上山先民正将一捧捧稻谷放入磨盘之中，用他们的智慧和汗水打磨出了人类早期的农业食粮！

10 000年前，我们的祖先已经学会栽培稻子，证实了上山遗址所在地长江下游地区是世界稻作农业最早的起源地之一。人们不禁好奇，10 000年前的上山人是怎么生活的，又是生活在什么样的环境之中呢？

3. 史前上山人

可以想象一下，10 000 年前的上山人，他们已经有了锅、碗、盆这些生活用具，也有了香喷喷的大米饭；那么，他们住的怎么样，是不是还需要去捕猎，他们又是生活在怎样的环境当中呢？

浙江省浦江县博物馆里，自从上山遗址中出土的文物在此展出以来，每天前来参观的群众络绎不绝，当人们在一件件造型奇特的陶器前驻足时，不禁纷纷发出了赞叹！

参观者一："觉得我们古代的祖先确实很聪明，能够设计出这么独特的一个大口盆。"

参观者二："我感到很骄傲，作为一个浦江人很骄傲。我们浦江在 10 000 年以前就有这么智慧的人，所以我觉得很了不起。"

专家研究陶器

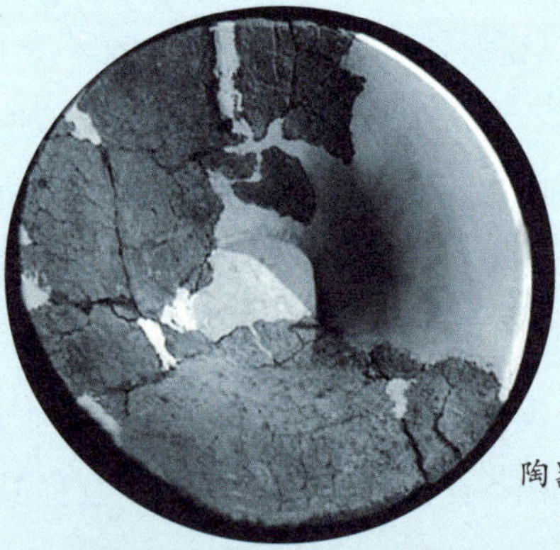

陶器

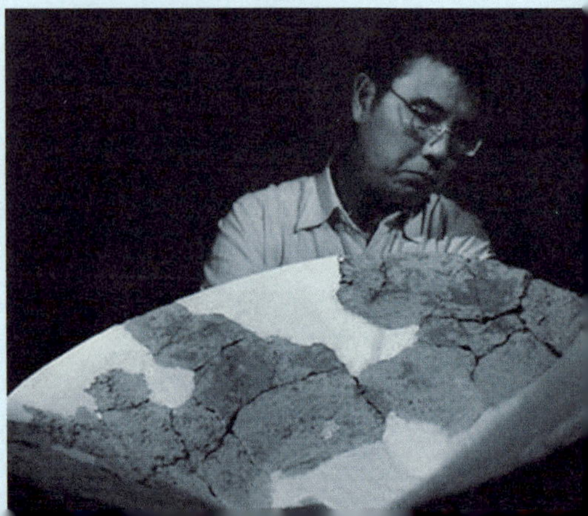

专家正在观察

这些参观者在赞誉与惊叹之余，也对这些出土文物的用途以及上山人的生活状态颇感兴趣，像这样硕大的敞口盆究竟会用在哪里，上山人是否已经居有定所，他们的房子又会是什么样的呢？这一个个有趣的疑问让参观者思绪万千！然而，这些问题也正是考古人员希望早日破解的研究课题！

蒋乐平："上山遗址，我觉得特别是北区我们还没有完全搞清楚，还要进行发掘。"

自打万年稻米被发现以后，上山人的生活状态便引发了考古人员的极大兴趣。10 000 年前的上山人是否还过着群居的生活，食物是否已经充足，他们的居住范围又会有多大呢？为了找到更多的线索，考古人员决定对上山遗址再进行一次细致的调查！

蒋乐平："到目前为止我们总共发掘了三期，一共 1 800 平方米，这个棚子的位置，就是属于南区的一个发掘区，南区以后可能要作为展示区域，现在都盖了棚子，北区现在还裸露于田野当中。这块遗址整体的面积应该说不小，说明了当时这个村落的一个规模，总共 2 500 平方米，据我所知，实际上在上万年的遗址里面，应该算是比较大的一个地方，说明当时定居在这里的先民，定居生活的水平已经比较高了。"

从发掘现场的遗址范围来看，上山人的部落已经初具规模，而且划分出了几个明显的生活区域，那些上山人的遗物就是在这里发现的！

蒋乐平："这个遗址里面我们发现了很多当时的生活用具和生产工具，生产工具主要是以陶器为主，其中大口盆数量最多，然后还有一些罐，总的来说年代比较久远。这些陶器的制作相对来说比较简单，比如说像大口盆之类的东西，在我们发掘出来的时候，它既可以做盆子、容器，又可以把另外一个大口盆扣在上面，所以当时连器盖都没有，说明当时的生活器具还是比较简单的。"

随着上山遗址发掘的扩大，考古专家们相信上山人已经过着农业定居生活，形成早期氏族村落。从清理过的遗址现场可以发现，上山人已经开始仓储食物了。

蒋乐平："这个坑制作得比较方正，底部还有一个坑，四周实际上还有四个小坑，据我们判断，这是一个食物储藏坑。当时把一些类似块茎类的食物，比如芋头、番薯，作为一种食物储藏，在收获的季节给保存下来。这个地方，据我们判断，这个坑的四周有四只脚的小坑，和底部的坑可能支撑了一个简单的建筑，所以这个食物储藏坑应该还是制作得比较讲究。”

既然上山人已经会搭建一些建筑来贮存食物，那么，他们是否已经会搭建房屋来居住呢！对于这个疑问现在考古专家还无法做出解答，因为到现在为止上山人的居住遗迹还没有找到！但是，蒋乐平在进一步的遗址调查中有了一个重大发现！

说到古人类的居住场所，从考古学的角度来讲，判定古人类是否已经居有定所是一个非常重要和关键的话题！因为这是判断古人类是否已经比较稳定地居住下来的一个重要依据，它也是旧石器时代进入新石器时代的一个重要特征。那么，上山人的居住情况究竟是怎样的呢？考古人员到底又有了什么重大发现呢！

蒋乐平：“在上山遗址的晚期就发现了类似的建筑基础。我们发现了三排柱洞，这三排柱洞肯定是埋木柱用的，从它以成排排列的形式构成这种结构来看，和河姆渡的栅栏建筑有共同之处。”

原来，考古人员在上山遗址的发掘过程中发现了三排清晰可见的柱洞，这一发现令蒋乐平喜出望外，因为这是古人类构建房屋的重要基础！

蒋乐平：“河姆渡的栅栏建筑非常的有名，是一种用木柱架成的建筑形式，已经出现了榫卯建筑，非常发达，令人叹为观止。”

1973 年夏天，浙江余姚河姆渡村北边有一条叫姚江的大河。村民们计划在雨季到来之前，在一个低洼处建排涝站。就在他们挖到 1 米多深的时候，开始遇到了麻烦，一些杂乱的木头影响了施工的进度。

几天以后，考古人员来到河姆渡，于是世界上最早的干栏式建筑就这样被发现了。

李安军（河姆渡遗址博物馆馆长）：“因为他们当时身处沼泽地，为了防止野兽侵袭，他们的建筑基本上以干栏式建筑为主，就是下面筑空、立柱，上面架空，铺上垫板，再盖上茅草，是以这样的基础形式作为群居的结构。”

在河姆渡遗址中发现的干栏式建筑基址，长约23米，进深约7米。遗址中出土有数千件柱、桩、梁、板等木构件。这些建筑结构复杂，具有很高的建造技术水平。建造时先在地上栽立木桩，作为基础；再于立桩上架设横向和纵向的横梁，作为龙骨，用于承托铺设在上面的木板，由此构成一座架空的建筑基座。为使木构件之间紧密结合，他们甚至发明了榫卯结构，而这种发明一直沿用至今。

作为干栏式建筑的基础，往往需要先埋下成排的木柱，那么，考古人员在上山遗址中找到的三排柱洞是否也是干栏式建筑的基础呢？

蒋乐平："发现了埋柱子用的洞，这种埋柱子的方式说明当时有地面的建筑。可惜这种建筑未能保存下来，因为遭到非常严重的破坏，使我们现在不能一一给它复原起来。这些由柱洞构成的一些房屋机制说明了上山人已经比较稳定地居住在这个地方了。"

河姆渡遗址的干栏式建筑，代表着我国新石器时代的建筑水平，虽然出土的榫卯木构件仅上百件，只占构件总数的十分之一，绝大多数的节点还采用藤条绑扎加固方法，但这并不能因此而降低对河姆渡人建筑技术的评价。然而，如此高超的建筑技术是从什么时候开始的呢？上山遗址中发现的柱洞遗迹又会不会是干栏式建筑的起源呢？对于这些推断，考古人员还需要大量的证据进行深入的研究和考证。

蒋乐平："10 000年前的生活状态离我们非常久远，实际上很多问题都是个谜，需要我们一一去解答。"

但是，有一点可以肯定的是，上山人已经用他们智慧、勤劳的双手构建了木结构房屋。考古专家所发现的"成排木柱构成的建筑遗址"，符合原始农业产生必然伴随着定居生活的常规。人类开始离开洞穴生活到自由、平坦、开阔的山地田野，这是人类文明的一大进步，也许也是上山人的一大创举。

世界上任何创造发明都有一个发生、发展和日臻完美的过程，居宅的发明也是这样。在人类上百万年的历史长河中，绝大多数时间里人类的祖先是住在山洞里的，如大家熟悉的"北京人"和"山顶洞人"，这种利用天然洞穴作为居宅的时期人类还处于蒙昧时代。上山遗址的发现就证明了人类社会出现居宅可能就是近 10 000 年以前的事。

最初的房屋出现了，虽然它可能很简陋，但这毕竟是人类自己的创造发明，因此作为居宅，比起山洞来还是一个了不起的进步。那么，上山人又是怎么从山上来到平原的呢？是什么因素使他们放弃穴居生活的呢？他们又会选择什么样的地方来安家呢？

为了阻挡寒冷侵袭和野兽的袭击，山洞便成了原始人类最好的避难场所。然而，在 10 000 年以前，全球气温明显升高，平均温度比现在还要高出几摄氏度。这时候住在山洞里的原始人群从森林来到平原湖沼，而丰富的食物资源吸引住了这些山里人，他们在森林边缘、邻近河湖的高地上搭建窝棚开始定居下来。

蒋乐平："像我们国内发现的其他的上万年，甚至 10 000 年以前的遗址里面，有的甚至是住在洞穴里面的。上山遗址的先民们已经来到平原，他们可能采用了一种聚居性的迁徙现象，比如说到冬季了，回到了洞穴；然后等到春暖花开以后，就回到这个平原地区。这种迁居现象在当时是不是存在还很难判断。"

在迄今发现的万年以上的早期新石器时代遗址中，以洞穴、山地遗址类型为主，而上山遗址却位于浙中盆地，四周平坦开阔，是人类早期定居生活的一种全新选择。

蒋乐平："通过我们的勘探，这两个遗址实际上处于高地上，海拔大约是 50 米左右，高于周围的水田大约 3 ~ 5 米，分布面积相当于 2 500 平方米这么大。"

据考察，上山遗址处于浦江盆地的一个小山丘，比周边高出 3 ~ 5 米，上山人依山傍水而居，并且选择地势较高的地方作为居住点，可能是浦阳江的泛滥灾害频繁所致。加之浦江地区气候温和，四季分明，雨量充沛，水资源丰富，有力地保证了上山人原始农业和原始定居的条件。那么，这是否说明上山人已经完成了从采集、狩猎到农业经济的过渡了呢？

蒋乐平："我想上山人尽管已经开始利用稻米这么一种食物资源，学术界恐怕不会认为当时上山人已经以吃大米为主了，他们可能仍然处于从狩猎、采集经济，向农业经济过渡的一种状态。"

从遗址中不断出土的石球很多，专家认为这是原始的上山人进行狩猎的工具；在考古现场，考古人员还发现了很多水牛、鹿等动物的遗骨，这说明虽然上山人当时已经开始培植水稻，但肉食仍是上山人的一个重要食物来源。

蒋乐平："稻米的产生，肯定是一个逐步的过程，不是一下子就占据了经济生活中的主要位置。实际上农业发展的过程是非常曲折的，人类的生活状态实际上也不是一帆风顺的。所以说，我们不能因为上山开始出现了稻米，甚至出现了栽培稻，就认为当时已经把稻米作为主要的食物来源。实际上采集和狩猎还是当时非常重要的一个经济支撑。"

而在上山遗址的发掘之中，大量出土的石球也进一步证明上山人狩猎活动的密集程度，因为这些石球大部分都是用来猎杀猎物的。随着考古发掘工作的进展，考古人员发现，虽然上山人的原始村落已经形成，不过还没有建立专门的墓葬区。

蒋乐平："有部分坑里面埋藏了一些器物，比如一些陶器，我们认为有些是祭祀的仪器，有部分可能是随葬品。说明当时葬区和生活区实际上没有截然的分开，墓葬也就是在生活区的边上，是这么一种现象。"

在上山遗址的西侧，有一条新开挖的水沟。这条看似寻常的水沟，却是上山人活动半径的关键点——上山遗址的古河道。

蒋乐平："这条古河道，紧靠着遗址的西侧。它是一个流动的发展过程，要判断绝对的年代是比较困难的。但是我们在河床的最底层发现了上山遗址时期的磨盘，还有其他的一些文化遗物。从这些现象判断，我们认为这个古河道的年代，和上山遗址是同时期的，或者更早的时期已经存在了。"

从上山遗址的石器中，专家们发现这些石器都是以凝灰岩为主料。考古队对古河道进行研究，2 米之下有沙石层，是古河道的河床。而在河床中，考古队发现了用凝灰岩制成的石磨盘和石器。那么，上山遗址中的石磨盘和石器又为何会大量出现在河道之中呢？

蒋乐平："古河道实际上是不受约束的。现代因为有了河堤，人类征服自然的能力越来越强。这条河道基本上已经固定下来了。在几千年前，更不要说一万年前了，实际上这条河道是肆意犯难的，所以说这条古河道从什么时候开始到什么时候结束的，现在也不是特别清楚。但是最起码，它的晚期冲刷了上山遗址，也就是破坏了上山遗址。”

经过近 4 年的考古发掘工作，专家们已经对上山遗址有了一个较为全面的了解。由于它的文化类型独特，专家们认为，上山遗址可以独立命名为上山文化！

严文明（北京大学教授）：“命名一个文化是一件很慎重的事情。当时我们开了一个会，讨论的时候，大家都比较赞同这个意见，所以我在那个会上，宣布了这块遗址应该可以称为一种文化，就叫上山文化。”

上山遗址是迄今发现的长江下游地区年代最早的新石器时代遗址，它的文化内涵新颖独特，以大口盆陶器和石球、石磨盘等为典型特征的石制工具，不同于长江下游地区以往发现的其他新石器时代遗址，它代表了一种新发现的、更为原始但已经开始萌芽的原始农业新石器时代文化类型。更为可贵的是，远古的上山人已经在 10 000 年前开始人工培育水稻，这是人类文明史上的一大创举，对人类有着深远影响。而在遗址中出土的稻米遗存，也将给农业起源问题的研究提供十分珍贵的资料。

上山文化遗址勾勒了一个我们祖先生活的场景：他们已经摆脱了靠狩猎为生的窘境，也已开始尝试耕种，并且聚居在一起有了村落，懂得制造石器和简单的陶器，10 000 年前长江流域的文明已经开始繁荣。

（刘湘君）

皇帝的新衣

1956年，明十三陵中的定陵，出土了一批惊世的龙袍料。这些都是“织成料”，是当时皇帝为了追求“天衣无缝”，而严令天下能工巧匠打造的绝世精品。为了保护文物，决定复制这批龙袍，根据“腰封”最终找到了龙袍的产地——南京。南京云锦研究所临危受命，赴定陵考察复制。其中，一件大红的龙袍，尤其引起了专家的注意。这是一件皇帝祭天的礼服，地位尤为尊贵。虽然在地下埋藏了300多年，已经腐朽不堪，但是龙袍上的17条龙却仍然闪闪发光，这到底是怎么回事呢？

电影《满城尽带黄金甲》中，周润发穿的那身龙袍全部是用18k金片粘贴而成，是80个裁缝工人用了两个月时间织成的，总造价125万人民币，可谓价值连城。但是，比起复制的一件龙袍，那就是小巫见大巫了。这件龙袍当时在日本展出的时候，曾经有富商愿意出300万美金来购买，但是我国坚决不肯出售，因为，300万美金远远抵不上它本身的价值。这是一件真正的龙袍的仿制品，而真品是300多年前的一件宫廷宝物，而且，在这件龙袍身上，还有着很多的神奇之处。那么，这件龙袍到底是什么样子呢？这件事，还要从一场震惊世界的帝王墓发掘讲起。

1956年5月17日，坐落北京市郊区天寿山下的明十三陵，沉睡了数百年的寂静被打破了。一支考古工作队来到这里，新中国第一次发掘帝王陵墓的行动拉开了序幕。这次目标，是十三陵中的定陵，那位统治大明王朝 48 年的明神宗万历皇帝朱翊钧的陵墓。经过一年的努力，考古工作队终于找到了地宫的入口，使这座深藏了 300 多年的古老幽深的地下玄宫重见天日。

玄宫后殿，有 3 个硕大无比的朱红色棺椁，静静地排列在棺床上，里面分别是墓主人——万历皇帝和他的两位皇后。当考古队员打开万历皇帝的棺椁，一个奇迹出现了，下面整整齐齐地堆放着一层层的织锦坯料。清点了一下，竟然有 100 多层！

王岩（中国社科院考古研究所研究员）：为什么说这是一个地下的丝织品宝库呢？一个是出土数量多，多达几百件。第二个是品种太丰富了，有妆花纱、妆花缎、妆花罗，还有各种各样的绫罗绸缎，只要史书上记载的明朝丝织品种类，基本上这里都有了。

龙袍发掘现场

中国丝绸工艺最高的是织锦，而织锦发展的巅峰是在明朝，但是明朝织锦存世数量极少，学者们要进行考古研究，只能找到几块腐朽不堪的残片。现在一下出土这么多，而且大部分都是成匹的面料，这真是意外之喜。据统计，这里共有成件的袍服 117 件，面料 233 匹，大多比较完整。那么，这些服饰都是做什么用的呢？专家再仔细研究，发现其中大部分图案都是龙纹，游动在江水海崖之上，气象万千，这难道就是失传了300多年的大明皇帝的龙袍吗？

黄能馥（中国工艺美术学院教授）：“龙袍，据文献记载，应该是在尧帝传位给舜帝的时候，就告诉他，你做皇帝，应该穿这 12 种花纹的服装。这个 12 种花纹怎么解释呢？它们是‘日、月、星’，表示能够光照大地，还有‘山龙’，为什么用龙？龙是能够千变万化的，表示很有神力的意思。”

龙，是古时人们对风云变幻的自然现象感到恐惧的时候，虚构出来的掌管风雨雷电的神灵。后来，龙逐渐地成为皇家专用的符号，皇帝自称“真龙天子”，所穿的礼服也被称作“龙袍”,成为皇权的象征。一般的黎民百姓别说是亲手摸到,就连见都没见过。但是,令人奇怪的是,定陵出土的这些龙袍,为什么大都是未经剪裁的面料呢?形式也很古怪,都是一段一段的图案,好像是拼接的衣料。这有什么特殊的含义呢?

黄能馥:“龙袍料在皇宫中要经过专门的画师设计;大样、小样地画好以后,经过户部审查,审查同意以后送给皇上批准,然后再送到南京去织造,它有一套很严格的审批手段。织成以后,每一件龙袍料边上都有编的暗线,根据那个暗线剪裁下来,一缝就是成品了,所以这叫织成料。”

织成料是什么意思呢?原来,皇帝的龙袍不是现在的量体裁衣,而是“量体织衣”,就是根据皇帝的身材尺寸,来设计面料,直接上机织造。织好袍料以后,只要剪去多余的部分,最后拼接起来,就是一件完整的龙袍,这就是“织成料”。

有人说了,这样织也太费事了吧,皇帝为什么要给自己找麻烦呢?这里面有几个很重要的原因。古代的帝王,身体尊贵,不允许别人接触。一个裁缝,身份低贱,在身上摸摸量量,这就触犯了皇帝的尊严。此外,万一这个裁缝是个刺客怎么办?借量身的机会,暗中行刺,这也不是不可能的。还有一个更重要的原因,龙袍上都有巨大的龙纹,织成以后,按照剪裁线剪好,就能保证每条龙都非常完整,没有丝毫的缺失,这就是所谓的“天衣无缝”。皇帝就是要这个吉利,至于费不费事,麻不麻烦,他可从不考虑这个。这批龙袍料的出土,不仅填补了织锦业的空白,也解开了学术界多年的困惑。但是,谁能想到,这样一批国宝,当时却正面临着一场前所未有的劫难。

公元1572年,明穆宗驾崩,皇太子朱翊钧登基。此时,他年方10岁,第二年改元万历,从此开始了长达48年的统治。定陵是万历皇帝22岁时开始修建的,6年后完工,耗银800万两,相当于两年的全国财政总收入。这座豪华陵墓修成后,闲置了整整30年,才迎来了它的墓主人。但是,用800万两银子修建的陵墓,并没有保护好万历皇帝的“龙体”,300多年后,定陵被发掘,万历皇帝重见天日,已经腐烂殆尽,只剩下尸骨。不仅如此,就连这些珍贵无

龙袍图案分析

龙袍织造研究

比的龙袍料，也遭了殃。

金文（南京博物院研究员）：“我们知道，万历皇帝的尸体被挖掘出来就只剩下尸骨了，他的肉身是没有了。肉身到哪儿去了？都变成尸水淌到料子上去了，滴到的地方料子就变色了，有点腐朽。”

国宝蒙尘，令人痛心不已。复制文物，代替展出，已经成为当务之急。但是，遍访天下，竟然找不到会织造龙袍的工匠。这就奇怪了。除去舞台演出、景点照相那些粗劣的龙袍不算，光是故宫当时就有上百件龙袍，怎么就没有人会织造呢？原来，在定陵发掘之前，流传下来的，都只是清朝的龙袍。由于满汉风俗习惯不同，满族统治者崇尚骑射，所穿服装都是紧身窄袖，和明朝沿袭的宽袍大袖、峨冠博带的汉服大不相同。明朝灭亡，清朝问鼎天下，在全国推行剃发改服，历经数百年，前明服饰早已经难觅踪影，龙袍，就更是闻所未闻了。

黄能馥：“明朝的服装是大袖子，清朝为小袖子，而且袖口这个地方还要加一个马蹄袖，这是清朝的特点。上身，在腰部收紧了以后，捏折，然后底下敞开来，是裙子的格式。清朝的服装这么做，因为这样骑马方便，清朝把满族的一些风俗习惯带进来了。”

专家最终在这些龙袍料的腰封上，查到龙袍是出于江南织造之手。明朝在南京曾经设江南织造，织锦业十分发达。史料记载，当时南京从事织锦的产业工人有 30 万人。家家户户都有机杼声，昼夜不停，响彻秦淮河畔。千锤百炼之下，南京出现了一个传世的品种——云锦。云锦，以其色彩美丽，如天上的云霞而得名，兴于东晋，盛于明清，进入皇家已经有700年，成为宫廷的御用之物，平民百姓不得染指，其身份高贵，可想而知。云锦有三大品种：库锦、库缎和妆花。专家考证，定陵的这些龙袍，正是南京云锦的巅峰之作——妆花。

王岩："明朝在北京和南京，分别都设有内外织染局，供应皇室用的丝绸。当时，南京除了内外织染局，还有神帛堂和南京供应机房。据史料记载，明朝初期，内织染局供应丝织品2万匹，外织染局供应丝织品5万匹，加起来就是7万匹，总花费超过480万两白银。"

妆花织造，最核心的技术就是挑花结本。首先要画出衣服的结构素描，也就是纹样，然后涂上对应的颜色，这叫作意匠稿。最终按照古代结绳记事的方法，把意匠稿变成一根根的丝线，最后连贯起来，成为一团团的花本。在织造过程中，把平面的图画放大成立体的结构，还原到衣服上。两个工人昼夜不息，也只能织1寸多，称为"一寸妆花一寸金"。但如今，妆花技艺早已经失传了，没有一个人懂得妆花龙袍的织造方法。

王宝林（南京云锦研究所所长）："历史上记载，要做一件龙袍，从开始做一直到做成功，要花10年的时间。因为从图案、设计、颜色各方面都要反反复复地考量，它是给皇帝做的东西，不是简简单单的东西，搞不好要杀头的。而且云锦本身是一个集体工艺品，没有一个人从头到尾都会的，它需要几十道工序，本身就是一个集体创作的东西。但万历皇帝做完这些龙袍料以后就没再做，等下一任皇帝再要做的时候，会这种手艺的人衰老或死亡了。"

本来，龙袍织造就是官府作坊的秘密，严禁外传，否则有杀头之罪。南京云锦研究所也曾经花大力气，聘请老艺人，复活了一大批云锦的种类。可这里面，唯独没有龙袍。连这些老艺人的师傅也没有见过龙袍，他们又怎么会做呢？但是，如果不尽快复制的话，眼看着这些珍贵的龙袍料就要损毁殆尽，人们今后再也不可能一睹它的皇家风采了。最终，南京云锦研究所还是答应，替定陵博物馆复制这批龙袍料，而且一下子就是8件。研究人员打起背包，来到定陵。此时离定陵发掘已经过去了几十年，当时这些龙袍料如今都已经乌黑僵硬，像

龙袍细节花纹

松树皮一样，看不出原来是什么颜色了。所以首先，要对这些龙袍料进行色彩分析和组织结构分析。但是，其中一匹龙袍料，尤其引起了专家的注意。因为它确实古怪。古怪在什么地方呢？它竟然是红色的！

众多的龙袍料中，有一件特别引起了专家的注意。这是一匹用纱做成的面料，重量只有 900 克左右，显得格外轻薄。最引人注目的是，根据记录，它当初从定陵出土的时候，是大红色的！这就奇怪了。所谓“黄袍加身”，皇帝的龙袍不都是黄色的吗？怎么会变出一件红龙袍呢？

黄能馥：“明朝的国色是红颜色。此外就是皇帝服装的颜色，不只是一种：祭月亮的时候，是浅蓝色；祭太阳的时候，是大红色；祭土地神的时候，穿黄色，这是根据不同场合，穿戴不同颜色。”

历朝历代，都讲究五行之说，金木水火土，五行相生相克。元朝崇尚金德，所以明朝崇尚火德，以火克金，火就是红色。还有一个原因，就是明朝的皇帝姓朱，朱也是红色的意思，所以明朝就以红色为正色。这件龙袍在明代称为绛色，所谓“红染三次为绛”，因为当时都是植物染色，用红花来染，只通过一次染色的话颜色

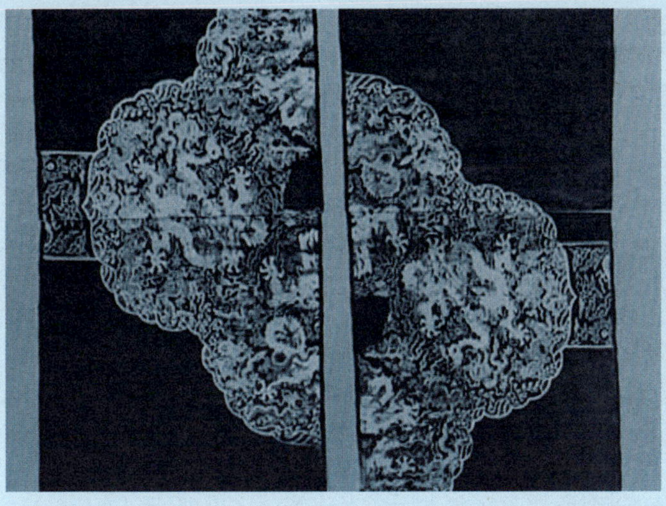

龙袍上的花纹

不够鲜明，所以要连染三次，看起来才能红云缭绕，光彩夺目。

金文：“皇帝龙袍的颜色有一个标准，就是一般是用纯色，红就是大红，黄就是明黄，都是最纯的颜色，一般不加金色。看到一件袍子如果是咖啡色了，那就不是皇帝穿的，可能就是亲王、官员穿的马袍了，皇帝穿的一定是正色的袍子。”

明代对龙袍的纹样要求非常严格，每条龙的大小、位置都不可有丝毫的改变，否则织造者就有杀身之祸。一种“柿蒂型”龙袍，穿上去以后，刚好一个龙头在前面，一个龙头在后面，在颈部交会，明朝称之为“喜相逢”。整件龙袍全身上下大大小小 17 条龙，但是大龙只有 9 条。从前面看，从后面看，都是 5 条大龙，加上衣襟里面藏着的一条大龙，总共是 9 条大龙，隐喻皇帝是“九五至尊”。

黄能馥：“龙袍料是挑人体形，根据体形几个不动的地方，固定不变的地方，比方说前胸，一个人怎么动，前胸不会动，然后是后背、两肩、膝盖底下这些不会变的地方。织工拿这几个地方做装饰点，其他地方是空着不装饰的，所以这个一对比，显得效果特别好，特别气派庄严，远看效果特别好。”

这匹大红龙袍料经测量，幅宽二尺一寸，长度竟然达到5丈4尺长，这样做成的龙袍，腰围在4尺左右，身长就突破了5尺，应该是一个膀大腰圆，身高1米8以上的魁梧大汉所穿。但是，据定陵出土的万历皇帝尸骨检验结果，明神宗朱翊钧身高只有1.64米，而且上身驼背，左足微跛，根本不是一个能撑起这件巨大龙袍的伟丈夫。这是怎么回事呢？原来，皇帝都喜欢穿宽大的衣服，尤其是重大场合，穿上厚底朝靴，长袍垂地，显示帝王的威严。

黄能馥："前一个阶段，《满城尽带黄金甲》正在上映，里面那件龙袍听说也花了很多很多钱，可是我一看那一件龙袍，就觉得这件龙袍不是中国的，它是走古罗马波斯那个路子，全身都堆满了花纹，没有一点空隙的地方，所以看起来全身都是珠光宝气，没有我们的龙袍那么气派。"

南京云锦研究所接下了复制大红妆花纱龙袍的千斤重担，这件大红的龙袍货真价实，是一件真正的龙袍。可以想见，它的地位何等尊贵。

而且，最令人惊讶的是，这件龙袍从定陵出土时，已经严重褪色，红色成了褐色，呈现出的是黑灰色，全身上下更是千疮百孔，腐朽不堪，但面料上的大大小小17条龙竟然还金光闪闪，而且间杂着神秘的五彩光芒。这是怎么回事呢？专家一分析，明白了，原来，这17条龙都是用一种特殊材料织的。什么材料呢？金子。

黄金，不仅是一种象征皇家地位的昂贵金属，也是一种永不褪色的神奇材料。定陵出土的这件大红妆花纱龙袍，历经300多年岁月，别的地方都已经腐朽变色，唯有17条龙却仍然金光闪闪，因为这都是真金线织成的。把金块做成金线，织进龙袍里，叫作织金，是云锦的一种特殊工艺。古时，皇帝的龙袍是从来不洗的，稍有污损，就换上新衣。除了皇家奢华富有之外，其实主要还是怕金线洗过以后斑驳脱落。

李宝祥（南京金箔金线总厂厂长）："明清两代皇宫贵族的袍服和凤冠霞帔，必须用真金。南京云锦就是最有代表性的。之所以叫云锦，金线是不可缺少的。那么可以说，没有真金线的云锦，不能叫云锦。"

制作真金线，首先要把金块制成金箔。两人相对而坐，轮流举锤，经过3

万多下的锤打，把一块厚重的黄金，硬是变成了轻如鸿毛的金箔，这叫作“打了戏”。然后，把金箔挑出来，轻轻吹平，进行包装。这时的金箔只有0.1微米厚，娇嫩柔软，稍微吹重一口气，就会破碎。其中最核心的机密，就是夹金箔的乌金纸。一块金子都被打成比纸还薄，而乌金纸竟然不破不碎，真是令人称奇了。

李宝祥：“我们叫作三分手艺，七分工具，所说的七分工具就是指的乌金纸，50年代建厂初期，老艺人是没钱入股的，他们就携带这个夹层纸来入股，有了这个夹层纸你才能做出好的金箔来，所以到现在为止，夹层纸没有绝迹。中国能够打制非常好的金箔的厂家，我厂目前还是唯一的。国家保密局已经把我们夹层纸制作技艺，列为国家保密的民族产品，几乎跟同仁堂的大葫芦丸、六神丸、景泰蓝的秘籍齐名了。”

真金线的制作工序有上百道，褙金、研金、切金、搓金线，经过重重加工，最后和蚕丝相互缠绕，加捻搓成，就是织造龙袍的真金线。古代皇家独占真金线的制作工艺，严禁外泄，而且只有皇室可以用真金线，平民百姓即使富可敌国，也不能用黄金来做金线，而只能用银子来代替。是否用真金线，成了检验龙袍真假的重要手段。

研究现场

李宝祥：“做龙袍复杂，就是因为它必须要用传统的技术去做这个真金线，但是如果用那种真金线去制作龙袍，那给人看了就非常假了，为什么呢？因为真金线太光亮，它镀出来的金箔非常光亮，而做黄袍使用的真金线，必须呈现黄金的本色。”

龙袍的真金线的金箔真是非常薄，必须小心翼翼。在金箔制作中，有一句说法，叫作“一两黄金打一亩三分地”，可以想象最后打出的金箔有多薄。实际数据是，捶打1克18k黄金，能延展到一个平方的空间，这可真是千锤百炼了。金线之谜总算是解开了，研究人员遍访龙潭，找到了明代打箔工的后代，用手工方法，做出了和妆花纱龙袍上一模一样的金线。但是，还有一个问题摆在面前。记得当时龙袍出土时，除了金线的光彩，还有隐隐约约的五彩光芒，这是

服装展示

模特身着绫罗

什么材料呢？研究人员认真分析，查找史料，没想到，却在《红楼梦》里找到了答案。

王宝林：“大家看过《红楼梦》都知道，《红楼梦》里有一回是讲晴雯雪夜补裘。以前我们以为这都是作者杜撰的，没有这回事情。通过我们复制这件龙袍成功以后，就证明确有其事。曹雪芹能把这一段写到作品里边去，说明他生前看到过，亲眼见到过这个东西。因为他曾祖父、祖父、父亲三代，都是在江宁任织造官，可能见过这个东西，所以他把它写到文学作品里边去。”

清朝初期，在南京设江宁织造府，生产供皇室使用的绫罗绸缎，是江南行省的财政支柱。而曹雪芹的曾祖父、祖父、父亲和叔叔，三代竟有四个人担任江宁织造这一要职。康熙皇帝6次下江南，其中4次都住在曹家。曹雪芹在江宁织造府长大，对各种丝织贡品都非常了解，特别是皇家专用的云锦，更是耳濡目染，了如指掌，把它写进书中，也是很自然的事情。

金文：“不知道其他人有什么感觉，我们做云锦的人看《红楼梦》，满眼皆是云锦。所有人物的出场，我们很明确有一个印象，这个人物出场穿的什么衣服，能想象出来他是穿一个什么样的衣服，应该是何种云锦，什么纹样。”

“晴雯补裘”一回里，讲到这件衣服叫作“雀金呢”，是“俄罗斯国拿孔雀毛拈了线织的”，金翠辉煌，碧彩闪烁。而定陵这件大红妆花纱龙袍出土时，也是金翠交辉，发出五彩光芒。会不会这件龙袍，也是用了孔雀毛编织的呢？云锦研究所派出人马，奔走全国，从动物园找到了一团孔雀羽毛，经过无数次试验，终于成功地编织出了孔雀金线。

金文：“孔雀羽毛本身是平铺的，这样的东西封不住这样的效果，但是对它进行了加工以后，孔雀羽毛就不是这个形态了。一捻之后这个毛全部张开了，在这种情况下，对不同的光线反射是完全不一样的，所以就有了正看一个样、侧看一个样的效果，有宝石般的七彩光芒。”

孔雀只有雄的才会开屏，才有五彩斑斓的羽毛，而一只孔雀身上并没有几根合适的羽毛可以做金线。因为，这样的羽毛要符合以下几个条件：必须是活孔雀身上拔下来的，如果是死的孔雀，羽毛缺乏根部滋润，就会暗淡无光；只能剪很少的一部分绒羽，过长过硬的毛都用不上；一根长长的羽毛上有大约100根绒羽，手艺娴熟的工匠能捻出3米长的丝线。但是，整个龙袍复制所需孔雀丝线却长达300多米，也就是说，要100多根羽毛。我们知道，一只孔雀身上才有多少根长羽啊？100根，就是把孔雀拔成秃毛鸡都不够！更别说捻制孔雀金线的手法多么繁杂了。

明朝是有孔雀羽毛织进丝线的工艺，只是后来失传了。曹雪芹应该是见过孔雀金线织成的东西，但是已经不认识了，所以就杜撰是俄罗斯的。其实，这就是中国的云锦。是金线和孔雀羽，共同勾勒出这件神奇的龙袍，在300多年的光阴里，保持了它的美丽。那么，现在原料俱备，该上机织造了，应该一帆风顺了吧？恰恰相反，更麻烦的还在后头。首先，第一关，织机就遇到了麻烦。

龙袍平铺图

一件龙袍，用色50多种，丝线上百万根，每一经一纬，都不能有丝毫错乱，否则，就会牛头不对马嘴。古时，皇帝的龙袍织造，非常慎重，送到江南以前，都要选择吉日良辰，祭拜神灵，请求天地保佑。而织工更是战战兢兢，如履薄冰，稍有不慎，不是大不敬，就是欺君之罪，便会满门抄斩。现在，虽然没有了这些峻法酷刑，可这毕竟是复制一件 300 多年前的龙袍，极其耗费心血，而且还要把这么多珍贵的黄金和孔雀羽织进去，一旦出错，就会给国家造成不可挽回的损失。这就要求织工有极高的悟性，不仅熟悉花本结构，而且能把各种微妙的变化，转化为手的感觉。

金文："过去在织造局里头，有这样一个称谓，叫高高手、总高手，就是织造高手才能去做龙袍。能做这个龙袍的人，本身在那个年代也享受特殊的待遇，这不是一般的人能承担的。"

宝林："就像我们现在搞火箭、搞导弹、搞发射的，最高一级、最高水平的人集中在一起做这个事情。做龙袍也一样，不是一般人能够做这个事情，而且云锦进入皇家有 700 年的历史，所以从管理到人员选拔都有严格的要求。"

南京地处江南，气候湿润，四季分明。各个季节的温度、干湿度都大不相同。最麻烦的是，龙袍要求"天衣无缝"。织成的面料，剪裁后要完美的对接，每条龙不能有丝毫错乱，否则就前功尽弃。但一幅龙袍料，织成时间最少也要一年，这一年之中，阴晴雨雪、天气的变化，对织造影响极大。前面织好的面料，和后面织好的面料，缩水是不一样的。特别是组织材料差异最为明显，蚕丝、黄金、孔雀羽毛，能平稳匀称地结合在一起，已经是非常困难，它们的干湿度、热胀冷缩都大不相同，怎样能保证天衣无缝地融合在一起，这是最头疼的问题。

金文："南京还有一个黄梅季节，到了黄梅天的时候，整个城的空气都是湿答答的，织机摸上去所有的嵌线都是潮湿的，梭子也是锈斑斑的，每天都要擦，在这种气候条件下，布料的编织一定会受极大的影响。到秋季的时候，南京又极其干燥，所以说潮的天气和干的天气要复制龙袍是极其困难的。"

"前世打爹骂娘，后世投进机房。冬天不能烤火，夏天不能乘凉。"穿越 300 年的光阴，聆听这首流传于南京的古老歌谣，仿佛又看到了当年机工辛苦忙碌的身影。古时龙袍织造，属于官府的机密技术，云锦工匠不管是寒风呼啸，还是酷热难耐，都只能在闷罐子一样的机房里挥汗工作。而且，因为云锦的特点，是使用大量的金银线，如果烤火的话，金银线和一氧化碳接触，就会发黑变色，所以绝对不能烤火取暖。而到了夏天，容易有穿堂风，吹断织机上的丝线，所以也不能打扇乘凉。但这样一来，只苦了那些整日穿梭的工人们。

金文："最早记载《天工开物》有一段关于龙袍的章节，里头写了这么一句话，就是这个做龙袍的机器和做普通云锦的机器没有什么两样，没有什么特别，'但人工慎重与资本皆数十倍'。同样这个机器，为什么要大数十倍的工本，就是因为它创作了一个完全特别的东西，对皇帝以尽忠孝之意，这其实就是表现忠孝的一个方法。实际上这些官员，这些制造工艺者，用他们的智慧，用他们的劳动，去创造一个我们现在讲的精品。"

万历皇帝在位 48 年，是明朝皇帝中在位时间最长的一个，但他又是中国历史上有名的怠工皇帝，竟然长达二十几年不上朝，整日就躲在深宫，沉湎于酒色。尽管他不理朝政，搜刮民财倒是变本加厉，尤其是袍服供应，逼得民不聊生。万历初期，张居正独掌朝纲，曾经减少龙袍织造，使江南休养生息。

张居正死后，万历皇帝独断专行，屡次增加袍服供应，从每年 2 万匹一路加码到 15 万匹！每年花费国库 270 万两白银，而万历初年全国财政总收入也不过 400 万两，这其中，最贵重的就是龙袍。一般的龙袍都要花费数千两白银，而一件皇帝大婚时的龙袍，耗费白银竟然达到 18 万两！如此贵重的龙袍，当然要顶尖高手来织造，即使这样，织造一件龙袍，也要一年时间。如今，南京云锦研究所纯粹是摸着石头过河，每跨一步都特别艰难。就这样，一直耗费了 5 年的光阴，才织成了这件龙袍。

1984 年，万历皇帝大红妆花纱龙袍料终于成功下机。整件龙袍轻薄透亮，红光缭绕，大大小小 17 条龙遨游于江崖海水之上，王者气象，凛然生威。龙袍料复制成功的消息传出，在国内外引起了轰动。当时，定陵博物馆组织专家进行了验收，一致认为，这件龙袍料再现了文物的真实面目，不仅形似，而且神似，完全可以代替展出，堪称"传世稀珍"。同年，1984 年第四届全国工艺美术品百花奖评审会上获得最高奖励——金杯奖。

金文："我们当时有一个争议，是复制为新还是复制为旧？复制主要是替代这个文物展出，把原件收起来，去展示那个时代的辉煌。这个是很大的争议，到底怎么去做复制，后经反复推敲，最后决定应该展示那个时代的辉煌，如果再做一件破破烂烂、像文物那样的东西，一定不会有很好的展示效果，也不能了解那个时代。所以当复制龙袍做出来的时候，极其轰动，现在的话叫养眼，大家得到耳目一新的感觉，眼前一亮，原来那个年代皇帝的龙袍是这样的，应该说是很震撼人心的。”

一件惊世的龙袍，最终却复活了一项古老的艺术。南京云锦，已经成为中国非物质文化遗产名录中的一员。大妆花镂机、金线、孔雀羽、暗花，一系列传奇的工艺，正在越来越广泛地应用在现代云锦上。古老的技艺要传承，时代的步伐要跟上。皇帝和龙袍已经成为历史，但是云锦却在发展中的社会，重新变得年轻。

我们很高兴看到，终于织出了这件国宝龙袍，但我们更高兴看到，云锦没有被时代淘汰，而是重新焕发了青春。还有一个好消息，就是人工捶打金箔和云锦妆花工艺一同列入了中国非物质文化遗产的名单。一件龙袍，竟然挽救了两个非物质文化遗产，这恐怕是谁都没有想到的。让我们衷心祝愿，这些古老的文化能够迸发活力，走向世界，和全人类共享。

（宋前进）

解密三星堆

1986 年 7 月到 8 月，一件事让四川的广汉从一个默默无闻的小镇，变成了举世闻名的城市。当地农民两次寻常的取土挖掘中，竟然挖出两个埋藏了珍贵文物的土坑。令人惊讶的是坑内所有宝物的制作都非常精美，令人不解的是所有宝物都遭到了损毁。本以为是一个古代蜀王的大墓，但是当打开土坑之后才发现，只有宝物却不见墓葬的痕迹，宝物的来历成为千古谜团，历史学家也无法从现有的历史资料中给出确切的答案。那么从 3000 年前的青铜制作工艺上去找寻，能否找到宝物的制造者呢？千年宝物重现人间，却也带来了众多的未解之谜。

1986 年 7 月到 8 月，让四川的广汉从一个默默无闻的小镇，变成了举世闻名的城市。当地农民两次寻常的取土挖掘中，竟然挖出两个埋藏了珍贵文物的土坑。

1986 年的时候，就是到了广汉这个地方，询问“有人知道三星堆在哪吗”，那肯定没人知道。因为这个名字是考古专家后来命名的，当时这个地方还叫作广汉的月亮湾村。

之所以命名为“三星堆”，是因为当地有三堆小土山包一样的东西。三星堆现在在国内外的知名度已经是非常之高了，那里出土的青铜器、玉器、金器的精美绝伦，让人瞠目结舌，就是在考古专家的眼中也是独一无二的。

但是关于三星堆，还有太多的谜题至今没有答案：这些精妙得无与伦比的

埋藏文物的土坑

器物是由谁制造出来的？为什么人们会发现它们被人砸毁过，并且用火烧过？拥有他们的人当年做这些事情的时候目的何在？创造出如此灿烂的技术水平的人，他们最终去向了哪里？到底该怎么去理解三星堆这众多文化现象背后所代表的文化意义和社会功能？时至今日，关于三星堆的探讨依然非常热烈，甚至有人说它跟以色列消失的某个部落有某种联系。

走进四川广汉的三星堆博物馆，最吸引人眼球的就是大量体型庞大、造型怪异的青铜器。在博物馆展出的就达上百件。这些青铜器不仅给人带来震撼，也带来了千古谜团，谁又曾想到这么多精美又怪异的文物竟然都是无意中被发现的。

时间回溯到 1986 年，那时四川广汉的月亮湾还是一个平静的小村，不知什么时候村里多了几个外乡人，他们似乎在找什么，不时地跟当地人打听着，这都是些什么人呢？

其实很多人不知道，早在 1929 年广汉的月亮湾在考古界就已经很出名了，那时一个叫燕青保的农民和他的兄弟在挖蓄水沟时，意外地发现了一处宝藏，他们挖出了上百件大型石环。这些石环炒热了月亮湾，可是谁也没想到，就在离燕家不远的地下，埋藏着为数更多的千年宝藏。直到 57 年后的 1986 年，这些珍宝才得以重见天日。

那些村人不认识的外乡人正是四川省考古队的队员，他们在这里进行了多年考察。就在 1986 年一次意外发生，他们在这里进行了最大规模的考古挖掘。那时领队是陈德安，副领队是陈显丹。那一年，是中国的虎年，按照传统的说法，会有许多人成为命运的幸运儿。

陈德安："我大学一毕业就到三星堆了，那时候目的很明确，就是到三星堆来进行考古挖掘。主要是抢救性挖掘，因为这个地方在 20 世纪 70 年代就出现了一批砖瓦窑，取土的时候，涉及三星堆遗址，就会挖出很多文化层来。"

在遗址上因为有三个平行的较大的厚土堆，所以被称为三星堆。也正因为这里土层较厚，又没有发现什么文化层，所以考古人员允许当地的农民在这里取土制砖。而两个宝藏坑就是农民在取土时，无意中挖出来的，前后只相差了一个月的时间。

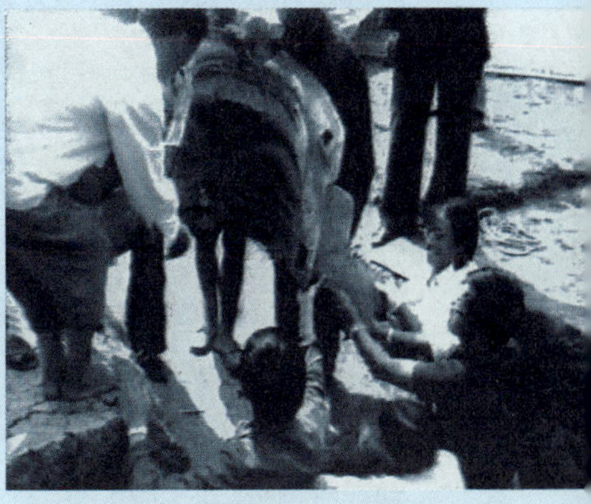

发掘现场

在看似平静的三星堆遗址上，一边是考古者小心地揭示着表土下面的蛛丝马迹，另一边是砖窑厂的工人们热火朝天地加大力度拼命挖土。当时所有的人都不知道，一个巨大的宝藏已经触手可及。1986 年 7 月 18 日清早，砖厂工人一个惯常的动作突然改变了考古发掘的全部节奏。

土坑中的文物

陈德安："1986 年的 7 月 18 日，早上 8 点多的时候，一个农民来我这里报告，说陈老师，那边挖出这么长的玉刀来了，金光闪闪的，很亮，很锋利，你赶快去看呀。我们赶去一看就很吃惊，玉器表面很光滑，而且金光闪闪，太阳一照格外耀眼。"

这时考古人员已经触到一个宝藏的门，但是"入门"之后会出现什么呢?

陈显丹："我们觉得这是一个很特别的墓葬，当时推断是一个强盛时代的古蜀王的墓葬。"

猜测一号坑是个古蜀王的墓葬，是因为在坑中发现的第一件物品，就是一条长达 1 米多的金腰带，而这条金腰带也算是一号坑里最贵重的一件文物了。可是往下再挖时却只有十几件青铜器和一些玉石器，并没有发现有人的骸骨。而且还有一个奇怪的现象就是坑里所有的物品几乎都曾经经过烧毁，有些都已经面目全非。因为没有墓葬的痕迹，再加上所出土的文物几乎都属于祭祀使用

祭祀坑

青铜器

的神器，所以有的专家就把它定为祭祀坑。在广汉是第一次出土如此有价值的东西，令所有考古人员都非常兴奋。可是令他们没想到的是，更兴奋的事情还在后面。

时隔一号坑被发现一个月之后，考古人员刚刚把一号坑所有的文物都清理干净。也就是1986年8月14日下午，又发生了一件令考古人员始料不及的事情。砖厂工人在距离一号坑仅仅30米的地方挖土时，又一个埋藏着宝藏的地点暴露出来。

陈德安：也跟一号坑差不多，都是当地农民发现的，因为他们在这个地方挖土，掏到铜器了，便考虑这个事究竟报不报。当地的农民很纯朴，没有想到掏一件文物出来卖钱。他们仅想的是：我如果报告了这件事的话，就失业了，没有事干了。

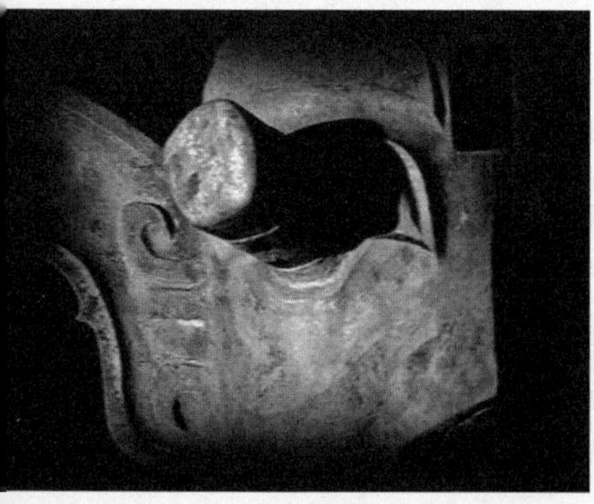

青铜器细节

农民犹豫再三，到了傍晚的时候还是跑去告诉了考古队，他们又发现了宝贝。一开始考古人员并不相信，难道神话将再次出现？

陈德安："当时确实有点不敢相信，我们这边才清理完，你那边又挖出东西了，哪有这么巧的事呀！"

考古人员跟他们到现场一看，兴高采烈，因为这次被工人挖出来的都是比较大的青铜器。

陈德安：“二号坑的人头像挖出来的时候，我记得当时下了雨，土地比较的湿润。青铜人像的眉毛上画了黑色的颜料，包括眼眶、眼睫毛都是用黑色的颜料画过的，清清楚楚。人像的嘴唇和耳孔、鼻孔里面涂的朱砂颜料，也是非常的清晰，整个人像给人活灵活现的感觉，当时我们看到都是非常的惊喜。”

1986 年 8 月 27 日下午，考古所的人对二号坑开始进行清理，当夯土层被打开后，首先出现在人们眼前的是几乎铺满坑面的几十根象牙，而在坑的一角有一件奇怪的东西吸引了考古人员的注意力。

陈德安：“当时农民说，这个坑里面发现了一把铜椅子，这个青铜器实际上不是铜椅子。我们也觉得奇怪，但是也不能马上弄明白，必须慢慢往下挖，你得一点一点等，等着真面目出现。”

考古人员压住心里奔涌而出的巨大疑问在仔细搜寻，这么大的青铜器到底是什么东西？

陈德安：“挖到一定深度的时候，青铜器上的眼睛出来了，这双眼睛很奇怪，和螃蟹眼睛一样，而且比螃蟹眼睛更突出。因为是倒扣在那里的，眼睛出来了，眉毛也就出来了。那时候就知道是个人脸状的东西，而且耳朵是立起来的，我们就基本上晓得这是一个面具，但不是一般的人面具，是一个很怪的面具。”

这个奇怪的巨大面具，用五六个人合力才抬出坑外。这么大的青铜器被挖掘出来，在当地就引起了轰动，不仅引来众多的围观者，考古人员心里也是非常激动。

这个奇异造型青铜面具大得惊人，宽度达到 138 厘米，这么大的面具绝不是用来戴在脸上的。最令人不解的是那对留在眼眶内有 16.5 厘米的巨大的眼球。看到它，人们的第一想法就是这是人的眼球吗，什么样的人才能有这样的眼球？这件奇怪的面具到底代表着什么，专家们是众说纷纭，莫衷一是。

段渝：“有人说它是蚕丛纵目，就是和古史的传说联系起来。四川是一个多雾的地区，一到冬季夜雾特别多，所以这些古人可能是为了让自己的视觉更加发达，为了看得更远，然后突出了瞳孔的这样一个功能，以为眼球伸得越长，就能看得越远。”

孙华：“我认为青铜面具的眼睛突出，因为这是作为一种神的标志来进行铸造的，这是当时人们对神灵的一种刻意的表现。”

陈德安：“基本上我们认为这是一个面具，但不是一个人面具，面具很怪，可能表示神灵之类的东西。我因为研究巴蜀这一阶段的考古，对有关巴蜀方面的文献还是很熟悉的。大家都知道文献中记载的‘纵目’，突出的眼睛显然和纵目有关系。虽然说这种联系还无法确认，但我们就是这么想的，应该和蜀人的神灵有关系。”

因为这两个凸起的眼球，所有专家都把这个面具和古蜀人的神灵挂起钩来。到底是不是这样的呢？

这个大面具可能算是三星堆青铜器中最为怪异的一件了。也正因为它的怪异，才引起对三星堆这些文物的种种猜想。

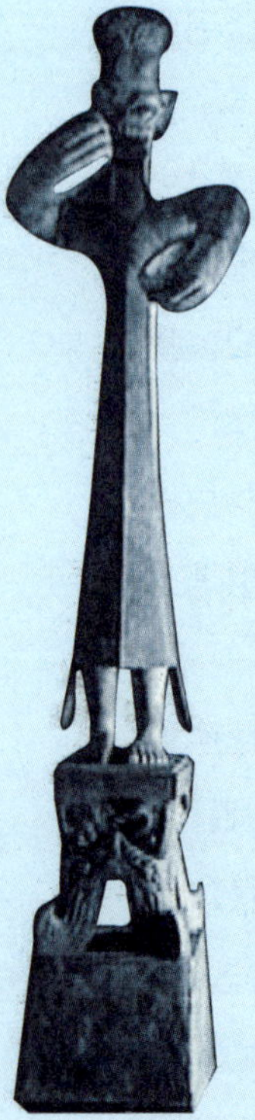
青铜造像

最早有的学者认为三星堆文明是“外星人”所创建的。他们论证说，三星堆的青铜造像和大型青铜面目，与中国传统文化格格不入，而且与全世界范围内的古代遗物的比较中，根本没有发现与三星堆文化相同的文明。四川平原在古时候被称为“蛮荒之地”，也就是贫穷落后的意思。很多人不敢相信，商代时中原地区还没有熟练地掌握这种青铜铸造方法，难道在古蜀就已经非常发达了？再看面具那诡秘奇特的造型，根本不符合地球人的思维，所以有人猜测三星堆文明是外星人根据自己的形象和思维创造的文化。

这听起来有点匪夷所思。话又说回来，这些精美的青铜器毕竟是在我国的四川发现的，所以最多的猜想还是属于古代的古蜀文明。像凸目大面具这样怪异的文物，专家在当地没有找到相关的信息，那么其他的文物呢？

当把所有物品都清理出来时，还有一件青铜器令在场的专家吃惊不已，那是一件被砸后断成两截的高大的青铜立人像。三星堆青铜立人像的头部与同时期出土的青铜人头的造型基本是一致的，不过拥有身体的大型雕像仅此一件。修复后的立人像底座高 78.8 厘米，人像高 163.5 厘米，冠高 17.7 厘米，人像及底座通高 2.60 米。立人像面部特征为高鼻、粗眉、大眼，眼睛呈斜竖状，宽阔的嘴，大耳朵，耳垂上有一个穿孔。

专家认为这不是一件写实风格的雕像，从人物的骨骼上分析，它的躯体不符合正常人的比例，且有粗壮的手臂，纤细的躯干。所以从这些表现看，大立人代表的不是一般意义的人。那么如此高大的一件青铜雕像会是谁呢？

孙华："我们看见的这个人像，身体很高，达 2 米多，站在底座上，衣着华丽，可能是统治阶级。"

段渝："青铜大立人的体态特别大，比起其他的雕像来说，它站在青铜的象头的一个方座上，显然是高高在上，它应该是最高的首领，我们认为它代表的就是蜀王。"

专家都认为立人像是蜀王，但是在坑中却没有出现人的骸骨。当把坑内的所有物品都整理出来，令考古人员迷惑的是，从二号坑里挖掘出几千件的文物残片，所有的东西都是经过焚烧的，还有明显被砸过的痕迹。

陈德安："二号坑发现这么多东西，我们的心情是非常激动，非常高兴的，因为感觉很神秘，在这个地方怎么会出现这么奇怪的东西，总觉得有很多的谜解不开，当时心里面怪怪的，说不清楚。"

二号坑就像一个神话一样出现在人们面前，坑内物品大致分上中下三层排列：最上面一层就是 60 多颗大象门齿纵横交错地叠压在一起。中间一层主要为大件的青铜器件，有一个巨大的青铜立人像，此外还有大型面具、人头像等 400 多件。最下一层主要是大量的草木灰烬、小型青铜器、海贝。

当把所有的东西都清理出来时，考古人员回看距离 30 米外的一号坑，这两个坑的朝向和在三星堆遗址上古老的城池、城墙的朝向完全一样，都是朝着北偏西 45 度的西北方向，这种方向的一致性如果不是巧合的话，这其中到底隐藏着什么玄妙的信息呢？

三星堆这两个坑内的东西，一定是某个国家或某个民族在其辉煌的时刻铸

立人像

青铜树（一）

青铜树（二）

造的器物。考古人员后来经过碳14测定和文化层的判断，测定这些文物应该出现在距今约3 000年前的商代晚期。据文献记载古蜀国最早的先王是蚕丛、柏濩、鱼凫，三代而下是望帝杜宇，其后是开明氏，商代晚期应该是鱼凫的时代。但是古蜀先王前四代仅仅只是传说，并没有确凿的证据，比如实物证实他们曾存在过。所以古蜀国的历史也一直是云遮雾罩，成为困扰着人们的难解之谜。但是既然有这个传说，再加上三星堆两个坑里的东西也是非常怪异，很多专家认为这些东西应该是某个蜀王制造出来的。可是在坑中没有出现人葬的痕迹，而且当地也没有留下有关这些东西的任何传说和文字。假如说这些东西真的是某个蜀王制造出来的，那么这些东西被制造出来是做什么用的？铸造这些青铜器肯定是非常不容易的，又为什么全部被砸坏烧毁了？从这些文物的精美和大气上看，它们一定是某个辉煌时刻铸造的东西，那么三星堆文明又是什么时候产生的？它持续了多长时间？又为何突然消亡了？这些巨大的谜团困扰着所有的专家。

在广汉没有留传于世的青铜铸造工匠，也没有这一手艺留传下来的痕迹，寻找青铜器制造者只好另寻线索。在四川平原上出土了大量的青铜器，让专家感到迷惑不解，四川平原没有铜矿矿藏，三星堆中出现的大量青铜器所需要的庞大的矿石原料又出自哪里？

即使测出了三星堆所出土的青铜器的矿石来源地，如果制作三星堆中青铜器的矿石真的出自云南，那么在3 000年前，人们用什么样的交通工具把大量的青铜器运往千里之外的广汉？如此重大的工程为什么没有留下任何蛛丝马迹？

三星堆遗址地处富饶的成都平原，自古就是一处宜人安居的鱼米之乡，祖祖辈辈生活在这里的老百姓，却不知道他们的脚底下埋藏着惊天动地的秘密。

两个加起来共约36立方米容积的土坑，像两个巨大的聚宝盆一样盛装着满满的金器、青铜器、玉石器等，尤其造型独特、工艺精美的青铜文物更是无人能比。但是它们的出现就是一个谜团，如此精美的青铜器是出自3 000年前古人之手吗？那时的青铜铸造技术发达到何种程度呢？

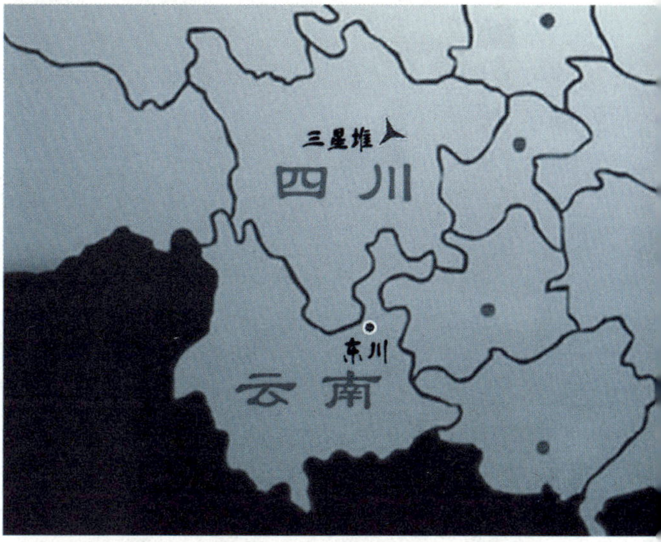

三星堆地处成都平原

三星堆这两个坑的出土物品确实让人觉得眼前一亮，亮过之后马上就进入到无尽的沉思之中了。在一号坑当中400多件文物里面，只有几十件青铜器，而且体量都偏小，但是到了二号坑里面绝大多数都是制作精美异常的青铜器，最关键的就是这些青铜器人物造型与铸造风格和中原地区是迥异的，而且和人类都不大像。

在三星堆的青铜器出现之前，人们一直认为中原地区的青铜器绝对是世界一流的，但是当看到了三星堆的一些细致的铸造方法之后，很多专家都震惊了，没有想到同时期这个地方的青铜铸造业居然要比同时代的商代不知道要高过多少，这让人觉得很诧异，这个文明就好像突然从地球上蹦出来，然后突然就消失了一样。它为何会拥有如此程度的灿烂文明，可是它的灿烂文明为什么只体现在这一点点上呢，为什么没有其他的东西遗留给后人呢？

（一）

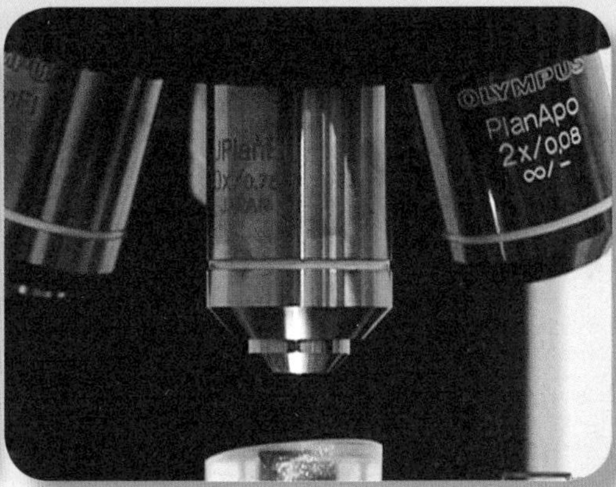

（二）

（三）

（四）

三星堆的铸造方法让专家震惊

1986 年 9 月 27 日，二号坑里的文物都被清理出来了，专家被看到的景象惊呆了，几千年前这里曾经存在着一个什么样的王国，当时又发生了什么事，使这些精美的器物全都被毁、被焚、被埋进地下！它们是谁创造出来的，为何又被毁掉后深埋地下？

如今已经修复出来的青铜器已经有几百件。在修复过程中，修复大师杨晓邬不断发现古人在铸造青铜器时所运用的一些令人吃惊的技术。

杨晓邬："比如说我们在化验这些青铜器成分时发现，有一些器物里面除了铜还含有一些磷。现代人铸造青铜器物时也要加磷铜，加磷铜的原因就是使铜水的流速加快，能够在铜还没有冷却的时候就能到达边角这些地方。"

这些技术的运用让三星堆的青铜器显得精美异常，但是古人在制作青铜器时，大型青铜器并不是很讲究，那些小型的青铜器，小到几厘米甚至只有成年人的一根手指那么大的却很精美。

杨晓邬："从形状上说，大型的青铜器比较粗犷，比如说大的面具，仔细去看，即使很大的地方还是非常精细的。比如说人面鸟身，它的鼻子、眼睛包括手的指甲都看得很清楚，而且它所用的铜的质地很好，就是小的地方也做得十分精细，铜的比例掌握得恰到好处。"

正因为古人掌握了合理的合金配比，才使得三星堆的青铜器大的让人震撼，小的给人精美感觉。现代人曾经模仿古人，利用古人的技术制作青铜器，皆以失败告终。

杨晓邬："当时三星堆在日本展出的时候，日本有意想按照古代方法去制作，结果失败了。"

现代人难以想象当时的工匠，是如何利用古代的工艺做出如此精美的青铜器的。杨晓邬说，在二号坑中出土的另一件青铜器上，还有着在当时来说更神奇的青铜冶炼技术。它刚从坑里被清理出来的时候，谁都不知道那是什么。

杨晓邬："它出土的时候，完全散落在祭祀坑里面，当时我们也不知道这个叫什么名字，从我的感受来说的话，好像是一个晾衣架。"

当把所有的残片都拼起来时，才发现这是一棵落有 9 只鸟、挂满其他东西的高达 4 米的青铜树。而它也是整个坑中铸造最复杂的一件青铜器。

杨晓邬："要看真正的铸造工艺的话，光看神树，就能把三星堆青铜器铸造的工艺大部分看完。大量当时非常先进的工艺被运用到这棵神树上，所以神树体现了当时古蜀所有铸造工艺的精华。"

青铜树采用了商周时期比较普遍的青铜铸造方法，也就是范铸法中的浑铸法，细微的地方还使用了嵌铸、补铸等工艺。最令专家叹为观止的是铜树还运用了在当时来说极为高超的铜焊技术。冶金史学界普遍认为，华北铸焊工艺起源于西周末东周初，到战国才普遍使用。而在这棵神树上却体现了非常纯熟的铜焊技术。

三星堆遗址应该是处于距今 3 000 年前商代中晚期，坑中的有些器物恐怕是使用了相当长的一段时间之后，才被人这样埋入地下的。他们为何会去制作这些青铜器这个问题可以先放到一边，但是另一个问题凸显出来，为何这些青铜器的制作工艺比中原的技术成熟几百年，这可是一个了不得的差距。依据常理的话，这种工艺应该能够逐渐流传下来，起码当地会有一部分人喜欢用铜器，或者这个地区制作铜器的店铺作坊特别多。但是问题就在于考古研究者找了一圈，什么也没有发现，真的好像昙花一现，消失得无影无踪了。

还有一个问题是人们不得不去面对的，那就是生产青铜器，必须先得有铜，巧妇难为无米之炊，想做好青铜器必须得有铜矿石。但是成都平原的广汉地区并不出产铜，铜矿一般都在大山里，那这些铜矿又是从何而来的呢？谁把铜矿带到这个地方的呢？或者是有人把这些青铜器做好了再运输过来的呢？

祭祀

青铜器的年代被测定为是商代时期的物品，但是同时期却没有有关他们的任何传说和历史资料的发现。它们的拥有者是谁？大立人、神树、大面具这些又都各自代表着什么意思？这些无从考证，也没人知道。

从目前三星堆已出土的青铜器的用铜总量来看，估计在 8 ~ 10 吨左右，这还不包括冶炼和浇铸过程中的损耗。按地质学上的经验，天然铜矿的含铜量一般在 10% ~ 14%左右，也就是说，要想得到 10 吨纯铜，大约需要 100 吨铜矿。这大量的铜矿到底从何处取得？为此三星堆遗址的挖掘者陈德安，曾经利用现代的高科技来寻找这些文物的真正产地。

陈德安："我们原来通过做三星堆青铜器的铸造技术成分，采用测铅同位素的方法，就是从矿料来源来着手来解决这个问题。"

当地居民

广汉地处成都平原，掘地 1 米多即可见水，根本无矿可言。3 000 年前的地平面比现在至少还要低 1 米左右。以广汉为中心向外画100千米半径，境内也没铜矿。矿生存于山中，平原无矿。从广汉的地理环境看，这些青铜器的矿石原料肯定不是出自本地，那

考古现场

特殊的青铜器

么陈德安对青铜器的测定有没有找到什么线索呢？

陈德安："有一定的线索，就是我们做这个三星堆铅同位素比值分析的时候，发现三星堆青铜器铅同位素的比值大部分属于低比值铅。"

这样就出现了一个事实，让专家如坠雾里摸不着头脑。三星堆所有出土的青铜器，经物理化学测定都是低比值的铅，但是四川地区含有铅的铜矿并不多，尤其是低比值铅的铜矿几乎为零。这表明三星堆人所冶炼的青铜不产自本地，那么，三星堆的大量青铜又来自哪里呢？

陈德安："低比值铅的铜矿料，它的产地是有一定区域的。"

既然有区域就是有了范围，那么这个区域是在什么地方呢？

陈德安："现在比较典型的就是云南的云山这些地方，我只作一般的推测，很可能中原地区这种低比值青铜器的来源还是在西南地区。"

陈德安曾把矿石的来源锁定为云南，而无独有偶的是，就在陈德安做这件事的同时，云南的东川有一个人也在做这件事。云南昆明的东川区区长田文，在一次出差时曾去三星堆参观过，这次参观带给他很大的震动。

田文："第一次走进三星堆的时候，给我的一个感觉是非常具有震撼力和大气。因为我们从东川来，看到是铜做的文物，心里有一个疑问，四川地区不产铜，那么铸造这些青铜器的铜是从什么地方来的呢？"

三星堆的灿烂文明不仅吸引着各方专家学者游人来此参观，有心的人就会从中思考点什么。田文因为来自产铜地区，当看到如此精美的青铜器很自然地就和自己家乡的铜联系起来了。可是云南是在四川的千里之外，田文怎么会把三星堆的青铜器和家乡的铜联系起来的呢？

这也正是三星堆的奇特之处：地处平原地区是没有铜矿可找的，而相对矿藏储量庞大的铜矿又都在西南。而持三星堆文化本地说的专家就认为，三星堆的祖先应该属于古老的氐羌民族，而氐羌民族又是一个迁徙的民族，他们的迁徙路线就是人们常说的茶马古道，而古代的茶马古道又恰恰经过东川。这些因素结合起来，让田文很敏感地就想到了三星堆的铜是否是出自家乡的铜矿，这些因素为何会巧合地同时出现，三星堆的铜矿石来自云南有没有可能呢？

东川铜矿有文献可考的历史可追溯到汉代，而且现在依然可以找到古老矿洞，有的古矿洞现在只留下一条窄窄的缝。

古人开采矿石和现在不同，他们是从山顶顺着矿脉往下开采，口里衔着用来照明的亮子，背上背着矿石艰难地一点一点往外掏。据记载，东川铜矿含量非常高，所以古代的东川人发明了自己原始的冶炼方法，就是火烧水泼法。

火烧水泼法也被称为是火烧水裂法，这是东川文献记载中最古老的一种铜矿的冶炼方法。因为当时没有采矿工具也没有火药等，面对坚硬的矿石，古人想出的办法就是，先用火烧，当岩石被烧热后，再用冷水泼，由于岩石热胀冷缩不均匀等因素，岩石会自然崩落，当然这种方法只适用于含铜量较高的矿石。但是这种方法采到的就是最原始、最表面的一些矿。

而东川的铜矿据说在古代含铜量可以达到30%以上，有些甚至直接就能看到黄灿灿的铜。现在东川探明的铜矿藏储量依然可达300万吨。作为一个东川人，拥有着大量的铜矿藏，田文感到颇为自豪，所以当他看到三星堆大量的青铜器，不免就想到了东川的铜矿，根据专家的猜想，制作三星堆铜器的铜会不会是出自东川呢？

田文："我回来了以后就委托当时从成都来东川投资的一个化工企业，回去帮我做一些同位素测定。测定以后他们感觉到，从一般的实验室的结论来看，三星堆的铜的同位素测定结果和东川的铜的同位素测定是相同的。"

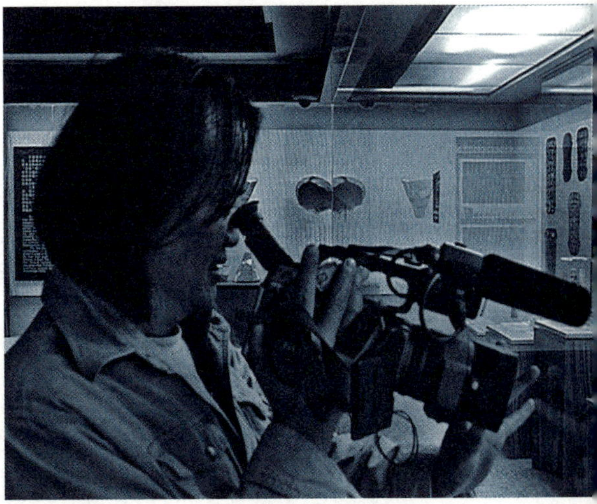

测定青铜器

三星堆青铜器所测定的铅的比值都在10%～15%左右，还有很多是在10%以下，而田文所检测的东川的铜的铅含量恰好就在这个范围内，古代一个发达的国家从这里运出一些矿石也并非完全不可能。

东川的矿区紧邻金沙江，据文献记载，明清时期各朝政府所制作的铜钱大都出自东川，而且由水路运出。那么制作三星堆青铜器的铜会不会也是由此路运出的呢？可是推测到这时还有一个谜题难以解开。

可以计算一下，实施冶铸这组青铜器的工程，即使最简单也需要这样一些工序：伐木、采矿、运输、建炉、冶铜、浇铸等，如此巨大的工程，需要大量的劳力，为什么这么浩大的工程却没有在历史上留下一点痕迹呢？

关于三星堆的文明工程和这个强盛古国的活动情况，没有任何传说；除了在三星堆的陶器上出现过 7 个比较成形的符号，并没有发现文字。难道因为当时还没有文字，就没有留下痕迹？古蜀所在地在古代被称为蛮夷之地，也就是少数民族居住的地方，而少数民族多数没有文字。从先秦史看，当秦进入长江流域统一中国时，很多少数民族都南迁进入我国现在的云南境内。会不会三星堆的先民也迁移南下了呢？

从金器、青铜器的制造水平看，这里 3 000 年前曾经有着一个发达的文明。但又没有出土有关这个古代发达文明的任何传说。人们利用现代科技虽然确定了铜矿的范围，但是也没有找到更多的相关文献或文物来证明，这些青铜器到底是谁制造的。

就在人们心怀疑惑，不知如何解释这些怪异造型的面具、人像和青铜树时，有一个人却语出惊人，说他能够读懂。

杨干才："我就觉得我能看懂它里面所要表达的文化内涵是什么。这是一种隐约的感觉，自己也很迷糊，觉得很奇怪。"

杨干才是云南昆明人，是一位民间的民族学家。他为什么说自己能看懂三星堆，他又能看懂三星堆的什么呢？

三星堆两个器物坑里所出土的文物吸引了世界各地的专家学者来到这个名不见经传的广汉市。就像中世纪以后，世界各地陆续发现了许多古代发达的文明，如金字塔、南美的玛雅文化、

民间学家

复活节岛上的石像等，由于这些文明富含的高科技技术无法用当时的生产力水平来解释，因此一直被视为“世界之谜”。迄今为止，这样的谜被公认为有八处，所以被称为世界八大奇迹，而三星堆文明的发现，被一些人认为是“世界第九大奇迹”。但是大部分来看三星堆文物的人都是抱着好奇而来，却又带着一团迷雾而去。谁也不清楚它们为什么那样的怪异。杨干才能告诉我们这些怪异代表着什么吗？

杨干才本是一位摄影爱好者，尤其喜欢拍摄少数民族。而就在2001年他在周游中国的边境线时，在中缅边境线上碰到了一个让他惊异的少数民族村落。

杨干才：“在视觉印象上，居住的全部还是茅草房，女人还穿着传统的衣服，不是像一般的少数民族就是只有过年过节的时候穿，他们在日常生活当中还穿着传统的衣服。他们的服饰很精美，只是非常的贫穷。我的印象最强烈的是，六七岁的男孩和女孩，基本上都没有衣服穿，光着身子。”

为了能了解这个村寨，杨干才和他的爱人竟然住了下来。令他们也没想到的是这一待就是6年，他拍摄下的这些人属于哈尼族一个分支的少数民族，他们自称为阿卡人。这个村寨是一个拥有316名村民的小村寨，他们在1996年才结束游耕生活，2003年结束刀耕火种生产方式；至今村民还可以吟诵上溯至60多代的口传史诗。杨干才说他能读懂三星堆的一些怪异符号，正是因为在那里生活了多年。

青铜铃

杨干才：“之前我并不知道三星堆是什么事，有一次偶然在中央电视台看到报道这个节目，就觉得很有意思。上面所有的专家说，看不懂三星堆所蕴含的意思；不是一个专家，连现场挖掘的专家、北京大学的专家、四川的专家，甚至日本的专家，许多人来看都没有看懂是怎么回事。但是我在看这个片子的过程当中，隐隐约约觉得我能看懂。”

杨干才所拍摄的这个寨子，直到2003年还点着松明子作为照明设备，最高级的工具就是一块包着铁刃的斧头。他们的贫穷和三星堆的辉煌恰好成了反比。杨干才凭什么把这里和三星堆牵扯在一起呢？

杨干才：“我对三星堆里面挖掘出来的，至少像鸟这类东西，能读懂它的内涵是什么。在三星堆里面，有一个称为鸟人的形象，下面是鸟足，上面是一个人，我觉得那个鸟我能看懂它，它是关于鸟崇拜的。”

杨干才说他能读懂三星堆的文化内涵，正是因为在跟踪拍摄这个村寨时，他见证了人类从远古的游牧状态，进入相对文明的农耕地时代，古老的生活方式能透露出很多原始的信息。

在三星堆遗址出土的文物，尤其是青铜器中鸟或者说是鸟形象的东西，占了大部分。也正因为看到青铜器中大量的鸟，才让杨干才把三星堆遗址跟阿卡人联系起来。

杨干才第一次看到这个村落的时候，曾回昆明查阅了有关哈尼族的相关资料，对于这个民族的来历，有位民族学家整理了阿卡人代代相传的史诗。而这些史诗的内容与杨干才 5 年来与阿卡人相处时听来的几乎是一模一样，在史诗中透露出这个民族有着强烈的鸟崇拜的观念。

民族学家：在他们的理念当中，人和鬼是一娘所生的，到了他们第十四代祖先的时候，按照他们的史诗传说，人和鬼就分家了。分开以后鬼由于好吃懒做，经常去偷人吃的东西，人就把这件事告诉到了他们的第一代祖先所米俄那里去了。

杨干才：“第一代祖先为了制约那些鬼，自己又不能常驻所有的地方，就派了他的坐骑来巡视天下，这个坐骑叫阿吉，是一种鸟，使这些鬼不敢出来捣乱了，然而这个阿吉是一个瞎子。”

阿卡人祖先所米俄的坐骑是一只盲鸟，为了庇护人类不受恶鬼的侵害，所米俄就把自己的眼珠挖出来借给了阿吉。任何鬼魂，只要被阿吉的眼睛看见，就将化为乌有，永远不能复生。最终阿吉就成了被崇拜对象，崇拜鸟其实就是崇拜祖先的一种表现。

这是阿卡人传下来的史诗中的内容，而且生活中他们也把鸟和眼睛作为自己崇拜的对象。也正因为阿卡人有着强烈的鸟崇拜和眼睛崇拜现象，杨干才才把他们和三星堆联系了起来。

杨干才："我个人觉得，像三星堆那个青铜的大面具是一种鸟型，它的眼睛之所以非常突出，我认为是在强调这种理念。"

杨干才的这一看法，恰好和一些专家的看法相同。

孙华："在三星堆器物里我们看到了很多人面鸟身的神像，而这些人面鸟身的神像，眼珠子也是突出的，耳朵也是尖尖的，所以我们知道它是人面鸟身的。三星堆里的这些人，应该是一个崇拜鸟的古代民族。"

直到现在，在阿卡人的房子顶上、门头上，依然会出现鸟的符号，或者是六边形的竹子编的东西，阿卡话叫"阿嚓咩"，意思是神的眼睛，护卫阿卡人，使鬼不能进入家门，阿卡人寨门上最多有 9 只。这个数字和三星堆青铜树上的 9 只鸟一样，这是一种巧合吗？

杨干才说他所拍摄的这个哈尼族的分支是一个有着强烈鸟崇拜的民族，而且他们的鸟崇拜其实就是一种对祖先的崇拜。可是要是查找我国古籍，关于鸟崇拜和鸟生传说相当多。如《左传》《史记》《山海经》等书中，阐述得很多。《诗经》中就有诗句为"天命玄鸟，降而生商"，意思是：传说商的母亲，在一个风和日丽的下午，去山上踏青，突然看到一只大鸟，生了一个蛋放在她的面前，她吞了这个蛋以后便十月怀胎，生下了商。也就是说商人的祖先就是鸟生的。我国古老的东部氏族中有太多关于以鸟为崇拜的神话，而杨干才所拍摄的属于哈尼族。曾有专家考证，哈尼族应该是由古代游牧民族氐羌系发展而来，古代的游牧民族是不是都具有相同的鸟崇拜现象，杨干才还能提供出什么证据呢？

三星堆遗址出土的两个坑，有很多专家把它定为祭祀坑，有的专家认为不是，但不管是不是祭祀坑，坑里的器物的用途，大部分专家意见是一致的，那就是它们是用来做祭祀用的。铜人、铜鸟、铜眼、眼形器都与祭祀有关。杨干才也正是在阿卡人的祭祀活动中，发现了更多的阿卡密码。

阿卡人中最隆重的祭祀活动就是葬礼，而杨干才有幸记录了阿卡人的葬礼过程，最震撼杨干才的是他们砍棺的过程。寨子里一位老人去世，全寨子的男人都去寨子外面为老人砍棺材，阿卡人的棺材都是现砍的木棺，而最让杨干才吃惊地是棺盖上最后砍出来的人偶。

棺盖上的这对人偶，让杨干才一下子就想到了三星堆的青铜头像，他们有着相同的特点，夸张的嘴、夸张的眼睛。难道这又是一个跟三星堆吻合的符号吗？

杨干才："这些人偶的额头、鼻梁、嘴的部分都非常宽大。鼻梁的高度和眉梁这两条，和三星堆的青铜像，从角度来说几乎一模一样。"

这种刻有人偶样子的木棺，是寨子里一代一代传下来的，寨里的老人说这种棺盖的意思就是死，其实是另一种意义上的生。

当杨干才看到展出的海贝时，突然指出寨子里也有海贝。三星堆出土了大量的海贝，多数海贝就像被展出的这些一样背面都有一个洞。除此之外，还有出土的 4 枚铜海贝，有 3 枚是连在一起的，从外形上看，这 4 枚青铜海贝应该是挂在神树上的。也正因为它们看似是挂在神树上的物件，很多人认为那棵大神树其实就是一棵摇钱树。

杨晓邬："说到铜贝挂在神树上，就是我们最早的摇钱树。贝是货物，那么做成铜的海贝，也是一种钱的象征，这就是最早的摇钱树，慢慢发展到后面的汉代，就有摇钱树了。"

据专家考证，海贝成为货币，是商丘的族人率先在以物易物过程中把海贝作为中介物。商朝建立后，海贝便成为货币。从海贝成为中介物到秦始皇统一货币时把海贝废止，海贝被人们使用了约 1 800 年。可以说，海贝是中国货币

专家考证

海贝

史上流通时间最长的货币。三星堆出土的青铜器被专家测定为是商代中晚期制作的文物，自然而然地人们看到海贝就想到货币。再加上那些青铜海贝还被认为是挂在树上的，因而有了先入为主的摇钱树的概念。三星堆的海贝被认为是贝币也是正常思维。可是杨干才却说阿卡人的寨子里的葬礼上出现了与三星堆一模一样的海贝，但是它们却并不代表钱币的意思。

三星堆中大量的海贝，几乎所有的专家都认为是财富的象征。但是杨干才却肯定地说，阿卡人在葬礼祭祀活动中使用海贝，并不代表财富。但是有一个相同的地方就是，阿卡人在葬礼上也把海贝摆在一个树枝上面。这些海贝是要随死者一起被埋葬的。那意味着要死者把这些海贝带给先祖。

杨干才："我曾经问过他们，为什么把海贝作为随葬品，并且放在三个节内的植物的三棵树上？他们回答说并不是把这个作为一种货币来看待，在阿卡人的眼中是一种生殖能力的象征，送给他贝币，让他带到祖先的迁徙地，实际上预示着他能在那个地方还有家，还能生育。"

而且杨干才无意中得知，在阿卡人的世界里，海贝并不是出自水中。

贝币

杨干才："我在寨子里曾经经历过一次很有趣的事，我们请寨子的巫医到家里吃饭，给她吃海带，她就问我，这个东西长在哪里。我在想，阿卡话说海他们很难明白，我想了半天不知道怎么回答这个问题，最后我跟她说，它跟贝壳、阿卡话叫巫喜，长在一起。结果老太太勃然大怒，说巫喜是长在天上的一棵树上面的，每年从上面落下来多少就可以表示能生多少孩子。"

仔细看在三星堆两个器物坑中出土的海贝，有一个奇怪的现象，专家并没有解释。那就是很多海贝并不是原有的样子，在一部分海贝的背面都被磨平，或者打出一个洞。四个青铜打造的海贝，背面全部都有个洞，从磨平的痕迹看是人为所致。

出现在寨子里的海贝恰好也有两种，一种是留在家里收藏，不用磨洞的，而在祭祀活动中使用的海贝都被磨出洞来，这是代表着生育的含义。

杨干才说除了那些巧合外，还有就是专家所考证出的哈尼族的迁徙路线，也是让他把阿卡人与三星堆联系起来的原因。

杨干才："这个民族几千年来一直在迁徙。有一些专家考证，他们是从两河，就是大渡河或者闽江流域，从青藏高原往下迁徙，那个时候他们还属于氐羌系，可能是在公元前，甚至公元前几千年的事。然后沿两江下来以后，他们逐步学会了在那里放弃了过去的游牧生活，开始进入农耕社会，在他们的史诗里面也是这样描述的。他们的史诗最早关于祖先居住地的描述是雪山、草地和巨大的石头，我也不知道是什么地方，是这么一种环境。"

通过对阿卡人的了解，杨干才对于三星堆有这样一个猜想：古蜀的先民应该是一个位于四川西北的青海、新疆地区的古老的游牧羌人的一支，为了生存迁徙南下，到达水草丰美的成都平原后定居了下来，并且在此创造了极其辉煌的文化。只因后来在与其他部族发生战乱时被打败，所以毁掉了象征着他们财富和辉煌的成果，带领族人继续南迁，最终到了云南边境。

杨干才所提供的阿卡密码是否就能佐证阿卡人与三星堆有关联呢？不能确定，但是既然在三星堆遗址周围还没有更多的考古发现，那么杨干才所提出的观点也许可以另辟蹊径。当然这还需要有关专家能从这里找到更多相关的信息，有一天能让三星堆出土的这些文物含义大白于天下。所有的阿卡密码，到目前为止，都是杨干才一人所提供。而且现在也只是在寻找阿卡寨子里与三星堆相似的东西和现象，当然寨子里肯定有很多与三星堆不一样的东西。就像在三星堆文明中人们可以找到中原文化的影子，可以找到良渚文化的痕迹，甚至看到西方文明的信息。但是不能因此说三星堆文明就属于中原文化、良渚文化或者说是外来的。阿卡密码也许只是众多密码的一个，在不久的将来，当有更多的证据出现时，会真正找到这些文物的主人，了解它们所代表的真正含义。

（王蔚华）

出水香炉

一个看似普通的香炉，转动时竟会喷溅出潺潺流水，700多年来从未间断，是神力，还是另有他情，水从何而来？又是何人所建？在这神奇景观的背后又隐藏着怎样的秘密呢？

相传元朝末年闽南大旱，民不聊生，此间，一位青衣老者为祈求甘露，在庙宇中焚香祷告，长跪不起，终于他的举动感动了神灵，焚香的香炉突然转动起来，股股清泉竟从香炉中喷涌而出，解救了村民。而后当地的村民便发现，每当他们转动香炉，香炉中就会涌出潺潺流水，直到今天还十分灵验！

大千世界无奇不有，如果有人对您说有一个焚香用的香炉能出水，您信吗？可是这个香炉就真实地存在于福建省漳州市的一座庙宇内。它的外表看起来就是一个石质的圆形香炉，但是只要有人去转动它，那么水就会从香炉中的中间部分喷溅而出，其景象真的是奇妙无穷，令人叹为观止。据文物部门的考定，这个香炉已经有近700年的历史了，是当地的保护文物。当地的老人讲这个香炉自古就有这种神奇的出水功能，可这个香炉为什么会出水？却一直无人知晓。那么，这个香炉中的水究竟从何而来？这个看似简单的器物背后又到底隐藏着怎样的秘密呢？

这个神奇的香炉就在福建漳州天宝镇路边村的威惠庙之中，香炉高不过一米，宽不过30厘米，整体看上去很像一个酒盅，就是这样一个器物它又怎么会出水呢？

村民一：“小时候也不知道怎么回事，反正就在那里转着它玩。”

村民二：“一转马上就会出水。”

村民三：“随时来磨随时有。”

村民四：“这是一个非常奥妙的东西。”

说起香炉能够出水的神奇现象，当地人可谓是无人不知、无人不晓，然而多少年来却没有人知道水究竟是怎么出来的？据说早在20世纪90年代，这个香炉就引起了文物专家的关注，然而，对于香炉出水的原因文物专家也感到十分困惑，由于它的外形呈莲花状，所以当时的文物专家便为其命名“出水石莲”。

钟武艺：“在我们漳州地头上居然有这么一个能出水的装置，太不可思议了。”

钟武艺，漳州市文物管理办公室管理员，自从参加工作他便得知天宝镇有这样一个神奇的器物。

钟武艺：“一个石头做的东西，一转居然能够出水，我受本能好奇心的驱使就觉得很奇怪。”

在好奇心的驱使下，小钟带着种种疑问来到路边村威惠庙，他打算亲自验证一下。果然在转动香炉后，水就从香炉的接缝中喷溅而出，一时间小钟有些不敢相信眼前所发生的一切，于是他再次转动香炉，结果看到的依旧是水流汩

香炉

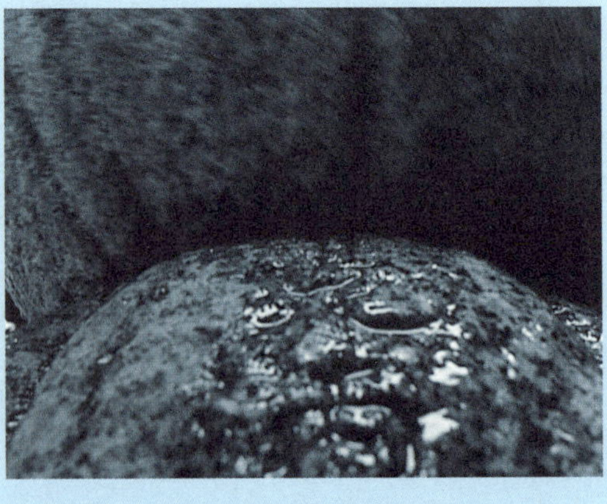

水从香炉中喷测出来

汩而出的神奇景象!

钟武艺:“我心里头也一直想弄清楚这么一个问题,它为什么能够出水?出水的原因到底在哪里?”

一个普通的石香炉里为什么会有水流出呢?这令小钟感到十分奇怪,直觉告诉他,这个石香炉不是一般的普通香炉,它的内部一定有出水的机械构造,而且它的建造者一定有着特殊的用意,那么,这个石香炉到底是谁建的呢?如果找到了建造它的人,是否也就找出了石香炉出水的秘密呢?可要揭开这个谜题又该从何处入手呢?正当小钟感到犯难之际,他意外地发现石香炉上刻着字迹!

石香炉上有字迹

钟武艺:“这个香炉高是 1.01 米,外直径是 66 厘米,而且上半部连接下半部的地方有一个球状的突出物。我在测量的过程当中,发现它腹部鼓出的地方铭刻着三层小字。”

这一发现令小钟喜出望外,这是否就是破解石香炉出水秘密的答案呢!

钟武艺:这三层小字是“泰定丙寅、灵龟山主、威惠庙立”,我就在想,泰定丙寅是在公元 1326 年,明确地说明了这个石香炉的建造年代,而灵龟山主又是谁呢?

小钟很快解读出香炉上明文的含义,一个名号“灵龟山主”的人在公元 1326 年修建了这座石香炉,那么“灵龟山主”究竟是谁呢,小钟连夜查找了文史资料,然而却找不到相关的记载。第二天小钟来到漳州市图书馆,查找当地的县志、府志。让他出乎意料的是在这些历史文献里居然也没有任何有关“灵龟山主”以及“出水石莲”的记载,小钟又查找了同时代的野史、杂史,结果还是一无所获。

本以为是离谜底越来越接近了,结果却是空欢喜一场,小钟在查阅了所有文史资料以后,却找不到有关“灵龟山主”的任何记载,这样一个神奇的器物也没有被记载在史料当中!是当时的人们还没有发现它的神奇所在,还是因为

香炉是谁建造的呢

它实在是不起眼儿而没有被载入史册呢？对于这些现代人恐怕都是难以揣测的，但是面对这么一个历史背景几近空白的物件，想破解它的出水之谜看上去更是难上加难了。而就在这时，香炉上刻着的文字给了小钟灵感，刻文上写着，“泰定丙寅、灵龟山主、威惠庙立”。那么，这个“灵龟山主”又会和威惠庙有着怎样的联系呢？这个神奇的石香炉又为何会出现在威惠庙当中呢？而威惠庙又有着怎样的渊源呢？

相传唐武则天时期，闽南一带发生蛮夷叛乱，武则天便派遣大将陈元光及其韩氏部将平定叛乱，后人为了纪念其公德，广立威惠庙奉祀，并尊他为“开漳圣王”。而天宝镇路边村的威惠庙就是闽南地区众多威惠庙之一，那么，当时修建路边村威惠庙的后人们会不会知道“灵龟山主”是谁呢？而“出水石莲”的出水原因他们又会不会知晓呢？小钟决定寻访居住在村中的韩氏后裔。

韩振木：“不清楚，我们不知道这个水是怎么出来的。”

韩顺利：“不知道，我们也非常好奇，怎么出水我们也没有想过，老人也没有交代过为什么会出水。”

令小钟感到遗憾的是，村中的韩氏后裔都对“出水石莲”的出水原因一无所知，更不知道“灵龟山主”是谁，对于这个神奇的石香炉，只有儿时玩耍时的喜悦成了他们心中最深的记忆！

韩振木：“一个小孩子坐在上面，几个人在磨，一直磨看谁出水最快，看坐在上面的那个人会不会淹死。”

据说，村里的老人在他们很小的时候就经常在这里玩耍，看谁转得最快，出水最多。然而就在这孩童的笑声中“出水石莲”的神奇却被完全湮没了，没有人知道它出水的真正原因。那么，这个石香炉到底是怎么出水的呢？其实要想破解这个谜题非常简单，如果把它拆开，那么一切不就真相大白了吗！

钟武艺："我很想把它打开，但是我不能这样做，因为它是一个文物，已经磨转了600多年了。我把它打开，万一它不出水了，这个文物就遭到了破坏，从我们的职业角度来说是不允许的。"

小钟的调查似乎要走到尽头了，所有的工作都显示没有找到任何结果，但是小钟坚信，这样一个神奇器物并不会平白无故的出现，一定有它存在的特殊意义，那么，"出水石莲"到底隐藏着什么秘密呢？喷溅出来的水又从何而来呢？小钟发现在威惠庙前几米远的地方，就有一口水井，那么，石香炉底下会不会也是一口水井呢？

钟武艺："我觉得这不太可能，因为我转动三圈它的水就出来了。"

这口水井的水位距地面至少也要十多米深，如果石香炉的下方也是口水井的话，那么，它的水位应该和庙前的水井是一样的，是什么装置能将水从地下十多米的深度瞬间提升到地面呢？而且还没有使用任何的引水设备，这在古代显然是一个无法完成的任务！那么，会不会是泉水呢？

钟武艺："我直观感觉就是这个(香炉的)水位应该高于地下水井的水位。"

小钟推测，石香炉底下是泉水的可能性很大，而在这时村民也向小钟透露了另一个有力证据。

村民："在去年大旱的时候，半年没下雨，一转这个香炉还是马上就会出水，无论是天晴地旱，一转马上就会出水。门口这口井，水都干枯了，这个出水石莲花一转，照样能出水。"

庙前

据小钟测量，庙前的水井距"出水石莲"也就是十几米远，外面的井水都干枯了，而"出水石莲"还是一转就出水，而且是从无例外，无论什么时候，只要转动它，水就会不断地喷溅出来。这一切都说明"出水石莲"里的水很有可能是泉水，因为泉水是由深层地下水形成，受地表水的影响微乎其微，所以

香炉分上下两个部分

即便是井水干了，“出水石莲”还是会有水流出。

这看上去是个很合理的解释，但是还存在着很大的漏洞，石莲香炉按结构分为上下两个部分，如果把下边的这个部分看作是一口很窄的井口的话，泉水由下向上流出，上边的部分就把它看作是一个井盖，把这个泉水给压住。可实际情况是，如果“出水石莲”下方真的是泉水的话，那它是压不住的，因为泉水就是靠它内部的巨大压力才形成的，也就是说要靠这么小的一个器物就把一眼泉水给压住，这是完全不可能的事！那么，石香炉里的水到底是什么水，水又是如何出来的呢？

这个小小的石香炉里面到底隐藏着什么秘密呢？小钟真的想把它拆开看个究竟，然而这样做是万万不能的，为了解开谜题，小钟请来了福建省文物研究所的专家，让他们一起参与研究！

钟武艺：“当我带着很多疑问去请教知识比较渊博的专家时，他们也弄不清楚准确的出水原理是什么，这就成为我继续往下探索的动力。”

小钟发现眼前这个司空见惯的石香炉越发的不简单了，没有史料的记载，也没有相似的文物可以比较，那么它的玄妙之处到底在哪呢？它和其他的香炉又有着怎样的区别呢？小钟发现这种石香炉在当地的宗祠庙宇中多有出现，并没有什么奇特的地方呀！为了便于分析研究，小钟仔细绘制了几处有石香炉的庙宇平面图，而就在他进行比较时却突然有了一个意外的发现，这个神奇的石香炉并没有摆放在它应该摆放的位置上。

钟武艺：“石香炉应该是放在靠近檐子，就是主殿的这个地方，但是威惠庙把它放在天井当中，我就觉得挺奇怪，为什么要把它刻意移动了呢？”

在中国古代，宗祠庙宇的建筑结构和内部设置一般都有着明确的样式，那么，路边村威惠庙的这个石香炉为什么要打破常规，把它从主殿的屋檐下挪到了天井当中呢？这样做难道是为了方便香客们焚香吗？还是石香炉的移动和它出水的功能有着直接关系呢？这一个个谜团让小钟感到更加困惑了！为了找到答案，小钟决定在庙宇的选址和建筑上进行研究。

钟武艺："寺庙这种公共项目选址是非常严谨的，因为这个象征着整个宗门未来发展的一个方向和命运。一般来说首先要选风水先生来摆罗盘确定方位，看我们这村庄周围的山川形势，要找龙脉。"

小钟发现当地人对宗祠庙宇的选址十分谨慎，他们讲究一种背山进水的说法。

钟武艺："当地人把周围的环境比作是自己的一个身体，其中很关键的一个元素就是泉或者是水能够作为我们身体的一个血脉来相通的，所以这个水在庙宇或者宗祠选址当中具有重要的象征意义。"

韩振木："这里的地理位置很好，我们这个村庄是卧龙宝地。"

当地的村民在修建宗祠或是居所时，人们总是希望找到一个活穴地，也就是有泉水的地方。小钟推测按照他们的习俗，路边威惠庙也会建在有水源的地方才对，那么，石香炉里流出的水也应该是地下的泉水呀！为了证实自己的判断，小钟对当地的其他庙宇也作了细致的考察，结果发现几乎所有的庙宇在选址建筑上都考虑到了泉水的问题！

庙管："这是一个龙喉，就像龙肚一样。以前有"咚咚"的声音，本来没封住，人家来拜佛的时候把脚给伸下去了，后来就把这里填起来了。"

我国古代在选宅邸上的确存在风水说法，古人把巍峨的大山比作一条巨龙，山间的清泉比作龙的血脉，也有古人把大山比作人力，把泉水比作财源。山越高人丁越兴旺，在这些说法的影响下，人们在盖房特别是选址的时候，都要找一个依山傍水的地方，其目的是为了博一个好兆头——家族兴旺，幸福安康。那么，到现在为止一切似乎都在证明，这个石香炉的下面十有八九应该有一口泉水才对，可这又与先前的解释相违背，那么，石香炉的水到底是不是泉水呢？如果是的话水又是如何出来的呢？而先前留下的谜题"灵龟山主"又会是谁呢？

石莲花香炉

可能在香炉下有泉水

这一天，威惠庙的管员给小钟提供了一个重要线索，他们发现威惠庙主殿中的一尊木观音像上刻着铭文。

钟武艺：“我让他们把这个神像请下来，把身上的衣服解开，我仔细读了那个铭文，其中提到姓名韩关佑，我想这个韩关佑是什么样的人呢？”

这一发现令小钟喜出望外，他马上想到韩关佑会不会就是“灵龟山主”呢？而就在这时，韩氏后裔韩枕木也找到了一本家族族谱，族谱中明确写着韩关佑正是此地韩氏后裔的开基始祖，他于泰定元年在此择地居住，也正是他重新修建了现在的威惠庙。

韩枕木：“我们祖先不在这里住，在漳州南门外，祖先的时候才搬过来。因为这个庙已经坏了塌了，那时候我们祖先比较有钱，所以就修庙了，第二年就修建了那个石莲花香炉了。”

韩关佑在此开基的年代与石香炉上的年代一致，那么“灵龟山主”就应该是韩关佑的名号了，而在这本家谱上小钟还有了一个重要发现，上面记载着韩关佑精治“堪舆之书”，这说明韩关佑是一个及其精通风水的人，那么他开基建业，当然会选一个风水宝地了！这进一步说明，从石香炉中喷溅出来的水更应该是泉水才对。小钟觉得要想破解石香炉出水的真相单凭自己的力量已是远远不够，他决定借助水利专家的力量一起来揭开这一神奇现象。

钟武艺：“专靠文物考古学家是解决不了这类问题的。还要依靠水文地质，或者机械动力学家，从不同的侧面来破译这其中的谜。”

陈占民，原闽南地质大队队长，从事水文研究工作多年，对漳州的地下水状况他是如数家珍。当他对石香炉进行实地考察之后，他判断香炉的下面很可能是一眼上升泉。

陈占民：“它有特定的地理环境，刚好下面有一个断裂带，这边左侧是天宝大山比较高，另一边低洼一点，所以这过来以后就是下水道，上升泉就是在这个基础上，形成了石莲花的这个泉水上面补给，这是一套循环水的过程。”

如果是泉水，那它为什么没有在压力的作用下外溢呢？原来这正是古人的智慧所在，古人通过长期的观察发现泉水在向上冒的时候，冒到一定高度它就不冒了，其实，它就像一个连通器的原理，这边的地下水位恒定，所以这边的泉水高度也就不变了，而在这种情况下，不转动石香炉它自然就不会出水了，那么转动香炉时水又是怎么出来的呢？石香炉的内部到底有什么巧妙机关呢？老陈提出了他的设想！

陈占民：“转转就流水，下面肯定有槽，转动的过程中，槽与槽之间产生负压真空的现象，快的时候水就出来了。”

按照老陈的推测，石香炉内并没有什么精密的设置，它的内部结构很简单，在香炉上下两部分的接触面各凿出一个凹槽，当转动石莲上部，在外力的作用下槽与槽之间产生负压，当达到一定速度时，内部负压就会在瞬间释放出来，也就出现了转动石香炉时，水会突然喷溅而出的景象了。

那么，“出水石莲”的出水原理真的就像老陈所推测的那样吗？为了展示一下“出水石莲”真实的出水状态，也为了验证一下老陈的推测，按照老陈的推理想象复原了一个“出水石莲”，它也能够打开，分为上下两个部分。下面部分已经盛满了水，现场试验看转动它到底能不能出水？结果还真是出水了，没想到这个神秘的“出水石莲”的出水原理会是这么的简单，但是古人的聪明才智我们还是不能小看的。想一想，在当时，科学技术可并不发达，能够利用自然界的特定条件，来修建这么一个巧夺天工的器物，这在当时乃至现在来说也是一件非常了不起的事。现在我们虽然破解了“出水石莲”的秘密，但我们最应该做的还是给它提供最好的保护，让这个神奇的石香炉完完整整保存在这个世界上，这也许就是我们对祖先最大的尊重了。

（宋岩君）